Python
web crawler

파이썬으로 배우는
웹 크롤러

파이썬으로 배우는

웹 크롤러

초판 1쇄 발행 | 2018년 1월 10일
초판 2쇄 발행 | 2019년 4월 10일

지 은 이 | 박정태
발 행 인 | 이상만
발 행 처 | 정보문화사

책임편집 | 최동진
편집진행 | 노미라

주 소 | 서울시 종로구 대학로 12길 38 (정보빌딩)
전 화 | (02)3673-0037(편집부) / (02)3673-0114(代)
팩 스 | (02)3673-0260
등 록 | 1990년 2월 14일 제1-1013호
홈페이지 | www.infopub.co.kr

I S B N | 978-89-5674-775-0

파이썬으로 배우는

웹 크롤러

박정태 지음

정보문화사
Information Publishing Group

머리말

2016년 이세돌과 알파고의 대결에서 알파고가 4 : 1로 이긴 것을 시작으로 많은 사람이 인공지능과 데이터의 중요성을 깨닫고 그 열기가 점점 더 뜨거워지고 있습니다. 이 책에서는 인공지능에 기반이 되는 데이터 중에서 웹에서 수집이 가능한 데이터를 수집하는 크롤러에 대한 내용을 담고 있습니다. 저자는 바둑을 좋아하며 이세돌과 알파고의 경기를 모두 지켜보았고, 이세돌과 알파고의 대결에서 내심 알파고를 응원했습니다.

이 책은 학교에서 우연히 들은 크롤러를 시작으로, 수년간 크롤러를 개발한 경험을 바탕으로 저술한 책입니다. 책에서 연습하고 있는 사이트는 저자가 직접 운영하는 블로그를 바탕으로 작성된 코드입니다. 저자와 소통을 원한다면 의견 및 궁금한 사항을 친절히 알려드리겠습니다.

blog.naver.com/pjt3591oo

github.com/pjt3591oo/python-crawler-book

강의를 하면서 전공자가 아닌 비전공자도 파이썬의 필요성을 느끼고 배우기 위해 노력한다는 사실을 알게 되었습니다. 강의로 지식을 전달하기에는 한계가 있어 이렇게 책을 집필하게 되었습니다. 이 책은 비전공자, 입문자도 최대한 쉽게 이해할 수 있도록 설명했습니다.

이 책에서는 크롤러뿐 아니라 서버와 머신러닝같은 기술도 같이 포함되어 있습니다. 다만 한 가지, 머신러닝에 알고리즘의 수학적인 부분은 전혀 다루지 않습니다. 여기서 우리는 누구보다 편리하게 머신러닝 알고리즘을 가져다 사용하는 방법을 배우게 됩니다. 저자도 머신러닝 알고리즘의 수학적인 내용을 완벽히 알고 사용하는 것보다, 사용법을 먼저 익혀 사용하는 경우가 많습니다. 대부분 머신러닝을 공부하다가 수학적인 내용이 어려워 포기하는 경우가 많은데, 우선 사용법을 익혀서 이런저런 결과를 보는 재미를 느끼고 그 다음 수학적인 내용을 이해해도 늦지 않습니다. 이 책은 여러분에게 즐거운 코딩을 위해 수학적인 방법보다 결과를 보는 과정을 위주로 저술했습니다.

이 책을 읽고 난 후, 웹 서핑을 하면 여러분들은 웹 페이지 말고 URL 창이 먼저 보일 것입니다. 그리고 '이 데이터를 수집하려면 이렇게 요청을 하면 되겠구나!'라고 생각할 것입니다. 그러다 가끔 '어! 이 사이트 구조가 좀 이상한데?'라면서 해당 사이트의 구조를 분석하고 있는 자기 자신을 볼 수 있을 것입니다.

이 책은 크게 세 단계로 구성되어 있습니다.

1단계

준비단계로 크롤러가 무엇인지, 클라이언트와 서버가 무엇인지 설명하고 마지막으로 파이썬 문법을 다루고 있습니다. 여기서 URL 구조가 어떻게 되는지, 클라이언트와 서버가 어떻게 데이터를 주고받는지, 웹이 렌더링을 어떻게 하는지를 중점적으로 보아야 합니다. 이 부분은 2단계와 밀접하게 연관된 부분입니다.

2단계

1단계를 기반으로 데이터를 수집하는 방법을 다룹니다. 2단계에서는 bs4, requests, selenium을 이용하여 웹에 있는 데이터를 수집하는 방법을 다루고 있습니다. 2단계에서는 각 라이브러리의 사용 방법을 중점적으로 보아야 합니다. 또한, bs4와 selenium을 병행하여 사용하는 방법을 소개하고 있습니다. 이 단계에서는 selenium을 언제 사용하며 왜 bs4와 selenium을 병행하여 사용하는지 예제를 통해 설명하고 있습니다.

3단계

2단계에서 수집한 데이터를 기반으로 활용하는 방법에 대해 다루고 있습니다. 이 책에서 가장 흥미로운 부분이 될 것입니다. 3단계에서는 1단계와 2단계에서 수집된 데이터를 저장, 서버, 머신러닝, 그래프에서 사용하는 방법을 소개하고 있습니다. 그리고 슬랙을 활용한 멋진 시스템을 구축하는 방법도 같이 소개하고 있습니다. 이 단계에서 파이썬이 왜 인기가 많은지 실감할 수 있습니다.

이 책은 데이터를 수집하기 위한 준비부터 활용하는 방법까지 소개하고 있습니다.

마지막으로 이 책을 집필하는 데 도움을 주신 출판사 관계자님들, 학교 후배, 동기, 선배님들, 그리고 이 책의 저술을 시작할 수 있게 추천해주신 코딩애플 박해윤 매니저님께 감사드립니다.

저자 박정태

목차 Contents

PART 3 … 웹을 구성하고 있는 요소

PART 4 … 파이썬 기초 문법

PART 5 … 파이썬 중급 문법

2단계 데이터 수집

PART 6 … 크롤링할 때 필요한 라이브러리

PART 7 ··· bs4

PART 8 ··· 가상 돔을 활용한 크롤러

3단계 데이터 활용

PART 9 ··· 데이터 가지고 놀기

개발 환경 준비하기

OS(운영체제)에 따라 파이썬을 설치하는 방법에 차이가 있습니다.

1 개발 환경 세팅

파이썬을 사용하여 크롤러를 만들기 위해 파이썬을 설치해야 합니다. 파이썬을 설치하는 방법은 두 가지가 있습니다. 첫 번째는 파이썬 공식 홈페이지에서 설치하는 방법이고, 두 번째는 아나콘다를 설치하는 방법입니다.

아나콘다는 파이썬에서 데이터 분석 및 처리하는 데 필요한 라이브러리들을 포함한 것이기 때문에 파이썬을 설치할 때보다 용량이 더 큽니다.

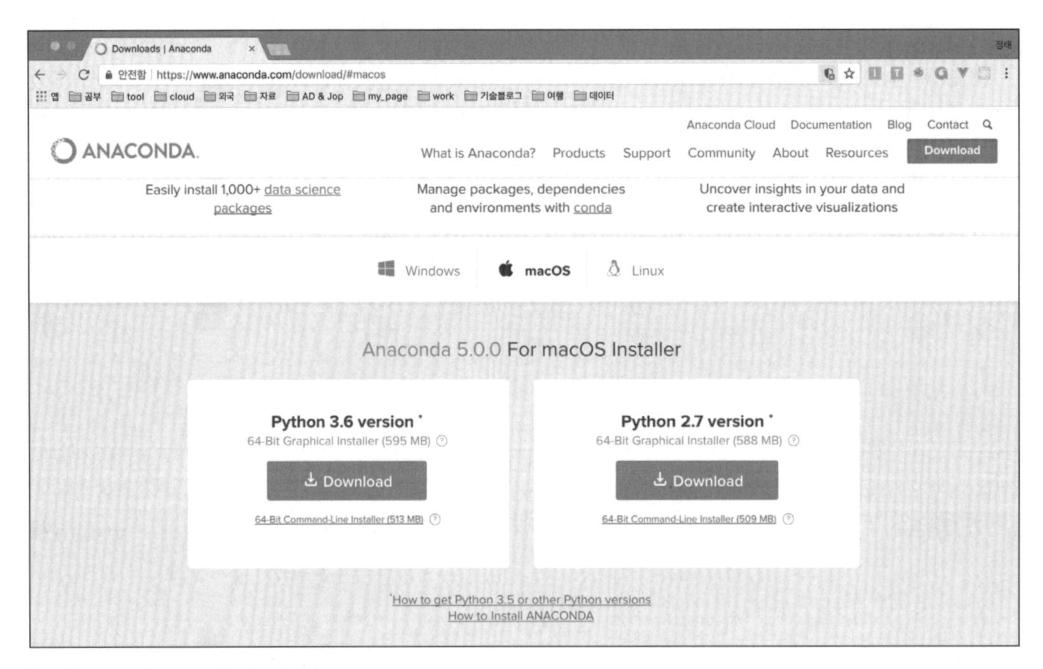

[설치-1] 아나콘다 공식 홈페이지 https://www.anaconda.com/download

2 설치 파일 다운로드

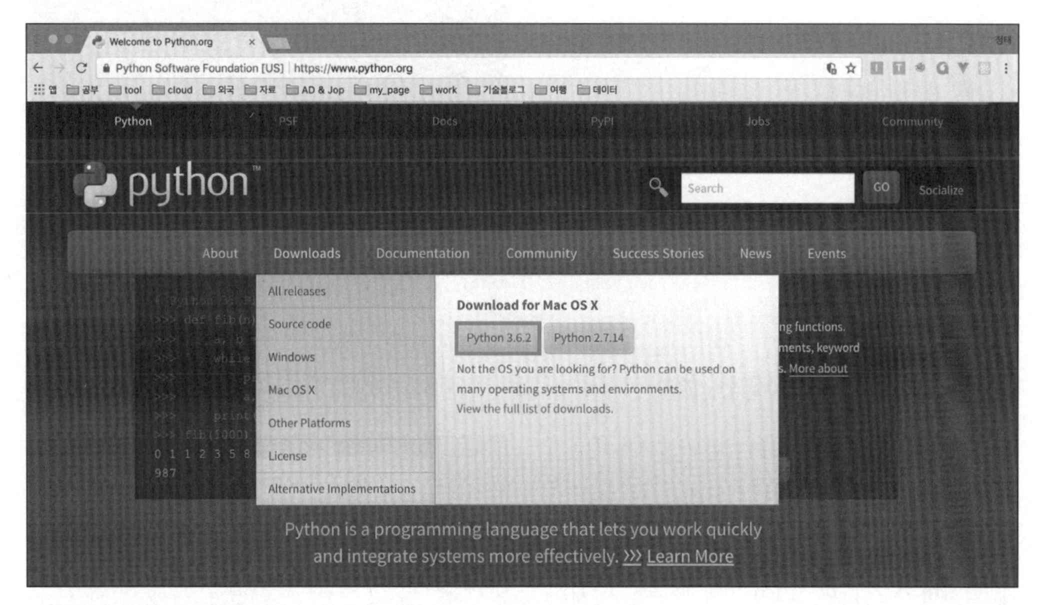

[설치-2] 파이썬 공식 홈페이지 https://www.python.org

[설치-1]과 [설치-2]는 각각 아나콘다와 파이썬 공식 홈페이지입니다. 파이썬과 아나콘다는 둘 중 하나만 설치하면 됩니다. 필자는 아나콘다 설치를 권장합니다.

최신 버전인 Python 3.6.2를 받아줍니다. 버전은 다운받는 시기에 따라 달라질 수 있습니다. 다운로드 탭에서 사용 중인 OS(운영체제)에 맞춰 설치합니다.

3 Windows 아나콘다 설치

아나콘다를 설치하다가 [설치-3]처럼 에러가 발생할 수 있습니다. 파일 경로에 한글이 포함됐을 때 발생하는 에러입니다. 파일 경로에 한글을 지워주면 해당 에러가 뜨지 않습니다.

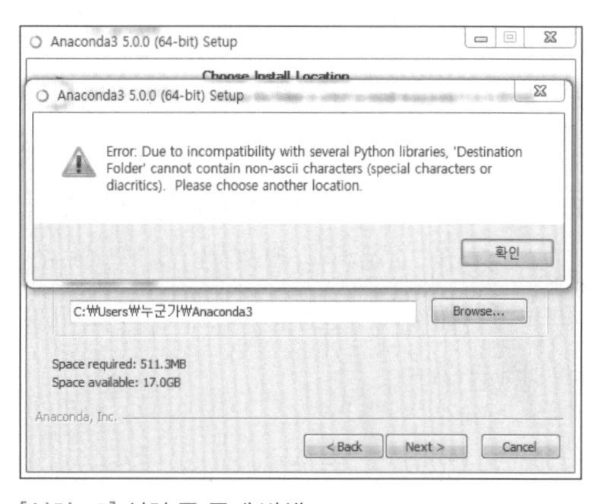

[설치-3] 설치 중 문제 발생

아나콘다 설치가 완료되면 Anaconda Prompt를 실행합니다. 실행하면 터미널과 똑같이 뜨게 됩니다. python을 입력해주면 [설치-4]처럼 바뀌게 됩니다.

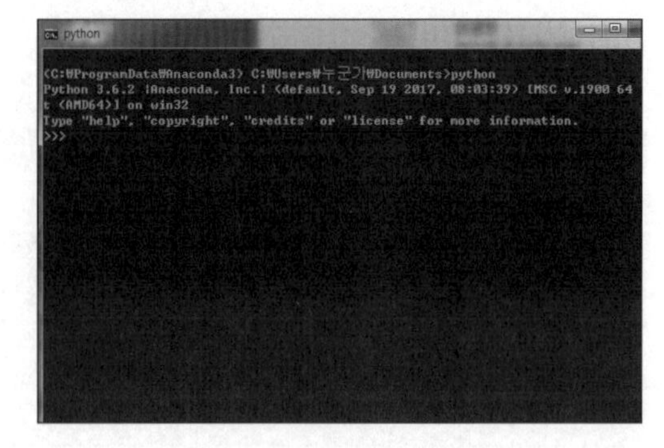

[설치-4] 아나콘다 설치 완료

4 Windows 파이썬 설치

아나콘다를 설치하면 600MB 정도 라이브러리가 포함되어 있습니다. 파이썬을 설치할 때보다 용량을 더 많이 차지합니다. 가볍고 빠르게 설치하고 싶다면, 파이썬만 빠르게 설치할 수 있습니다.

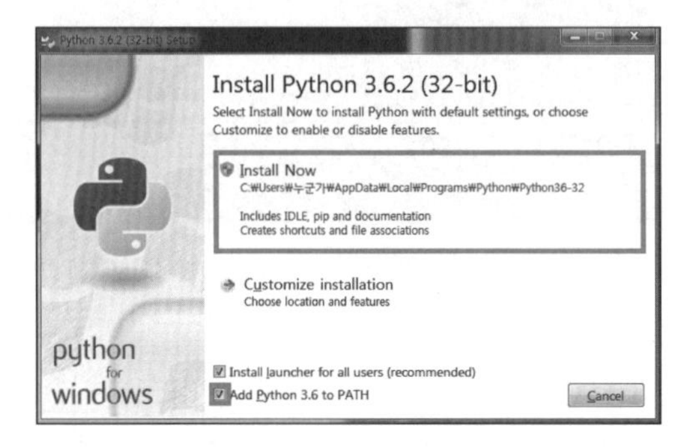

[설치-5] 파이썬 설치

파이썬 정식 홈페이지에서 내려받은 설치 파일을 실행하면 [설치-5]와 같이 실행됩니다. Install Now를 누르기 전에 Add Python 3.6 to PATH의 체크박스를 선택한 후 진행합니다.

설치 완료 후 터미널 창에서 python을 실행하면 [설치-6]과 같이 실행됩니다. 아나콘다 실행과 다른 점은 파이썬 버전 옆에 아나콘다 명시 여부의 차이가 있습니다. Anaconda Prompt과 터미널에서 파이썬을 실행할 때 각각 아나콘다, 파이썬을 실행합니다. 즉, 어디서 파이썬을 실행하느냐에 따라 다른 파이썬이 실행됩니다.

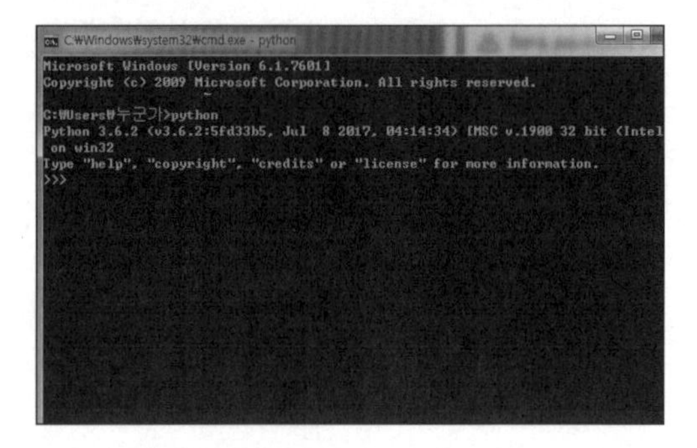

[설치-6] 파이썬 설치 완료

예를 들어, 아나콘다에서 A라는 모듈을 내려받으면 파이썬에서는 A라는 모듈을 사용할 수 없습니다. 파이썬과 아나콘다 둘 다 설치해서 사용할 수 있지만, 편의상 하나만 다운받아 설치하기를 권장합니다.

만약, [설치-5]에서 Add Python 3.6 to PATH의 체크박스를 선택하지 않고 설치를 진행했다면, 정상적으로 파이썬이 실행되지 않을 수 있습니다. 이럴 때는 직접 경로를 추가해 주어야 합니다.

[설치-7] 환경 변수 세팅-1

[제어판] – [시스템 및 보안] – [시스템]에서 좌측 탭 [고급 시스템 설정]을 클릭합니다.

[고급 시스템 설정]을 실행하면 [설치–8]과 같은 창이 뜹니다. 여기서 [환경 변수]를 클릭합니다.

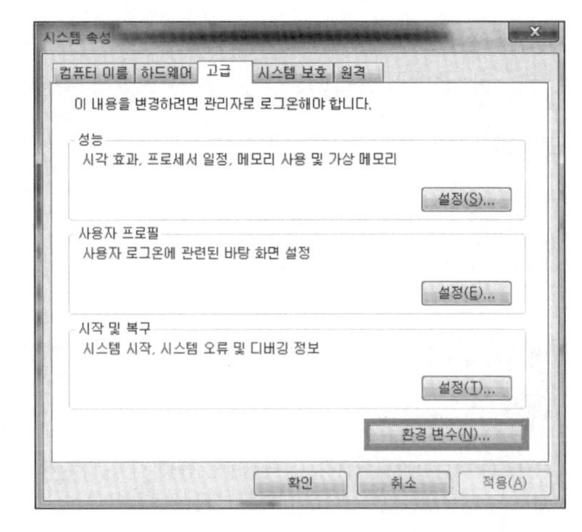

[설치–8] 환경 변수 세팅–2

상단에 있는 리스트에서 변수 Path를 선택한 후 [편집] 버튼을 클릭합니다.

변수값 마지막에 세미콜론(;)을 붙여주고 파이썬이 설치된 경로를 작성한 후 [확인] 버튼을 눌러줍니다. 필자는 **C:₩Users₩누군가₩AppData₩Local₩Programs₩Python₩Python36–32₩Scripts**의 경로에 파이썬을 설치했기 때문에 해당 PATH를 추가해 주었습니다. 이렇게 경로를 추가하고 실행하면 정상적으로 실행됩니다. 파이썬 설치 시 Add Python 3.6 to PATH의 체크박스를 선택하고 설치를 진행하는 것은 이 과정을 자동으로 해 주는 것입니다.

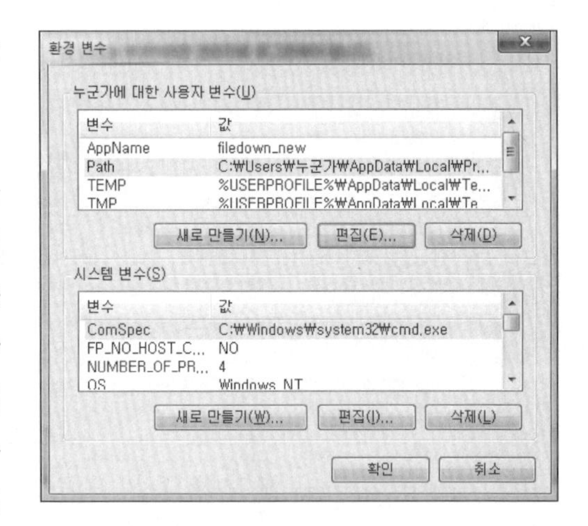

[설치–9] 환경 변수 세팅–3

[설치–10] 환경 변수 세팅–4

5 Mac OS X 아나콘다, 파이썬 설치

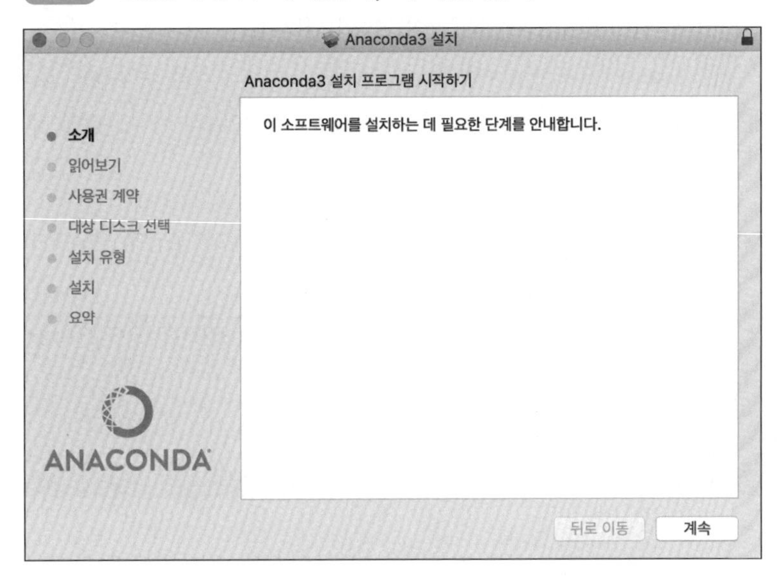

[설치-11] Mac OS X 아나콘다 설치

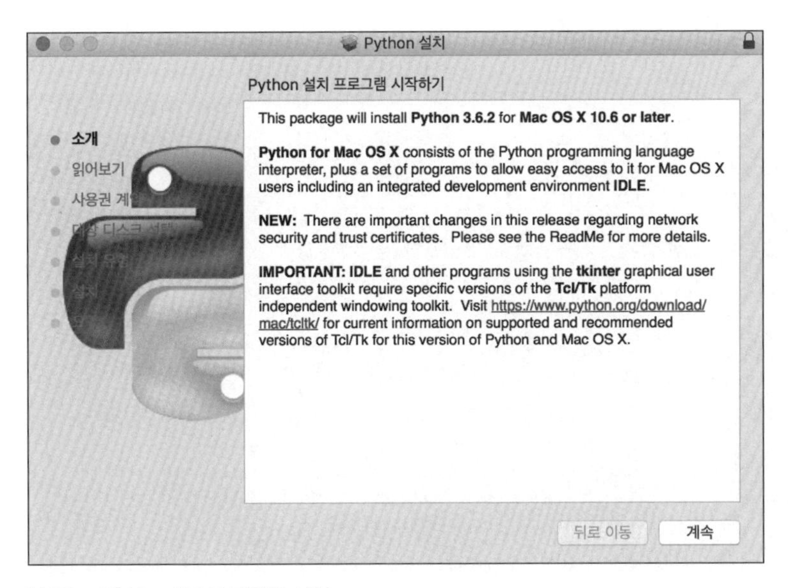

[설치-12] Mac OS X 파이썬 설치

Mac OS X는 윈도우처럼 환경 변수를 생각할 필요가 없습니다. 아나콘다, 파이썬 공식 홈페이지에서 내려받은 파일을 설치한 후 터미널에서 파이썬을 실행하면 됩니다.

Max OS X의 경우 윈도우처럼 Anaconda Prompt를 사용하지 않고, 터미널에서 python 실행으로만 아나콘다와 파이썬을 실행합니다. 맥의 경우 모듈 사용의 편의성을 위해 아나콘다를 내려받아 사용합니다.

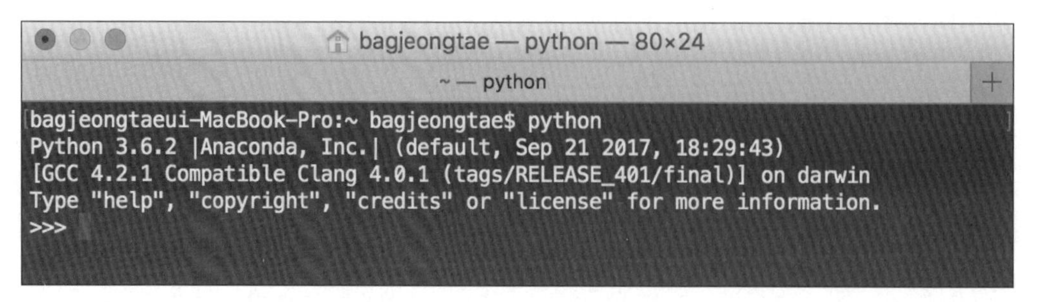

[설치-13] Mac OS X 파이썬 설치 완료

6 Ubuntu 파이썬, 아나콘다 설치

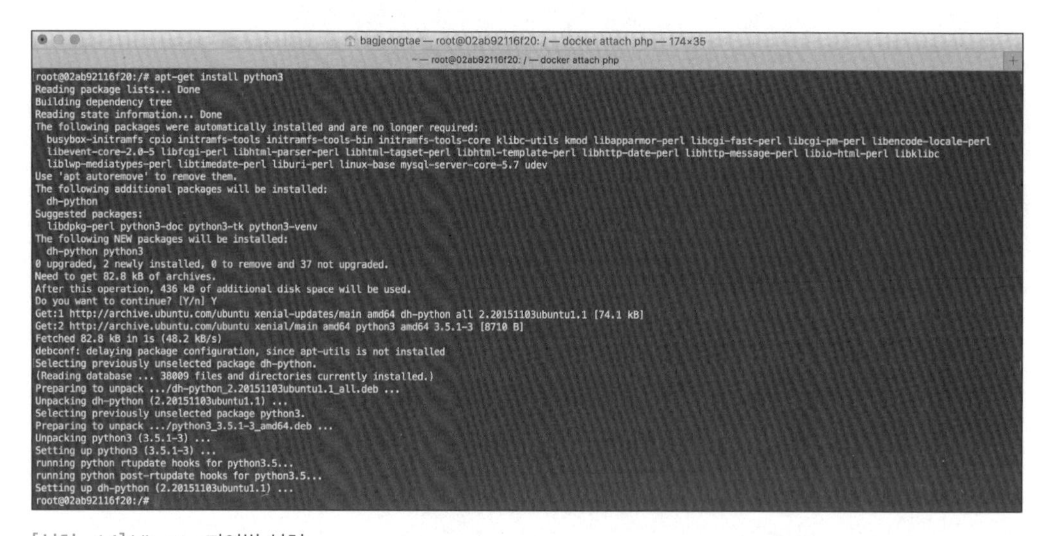

[설치-14] Ubuntu 파이썬 설치

Ubuntu는 리눅스의 여러 종류 중 하나입니다. ubuntu를 기준으로 설치하는 방법을 소개하겠습니다. 리눅스도 Max OS X처럼 환경 변수를 조작하지 않고 바로 사용할 수 있습니다.

Ubuntu는 터미널에서 바로 설치할 수 있습니다. sudo apt-get install python3를 실행하면 python3를 설치할 수 있습니다. 중간에 설치 진행을 계속할지 묻는데 이때 [Y]를 입력하고 엔터를 치면 됩니다.

다음으로 아나콘다를 설치해보겠습니다.

[설치-15] Ubuntu 아나콘다 설치 파일 다운로드-1

curl 명령어를 이용하여 설치 파일을 다운로드 할 수 있습니다.

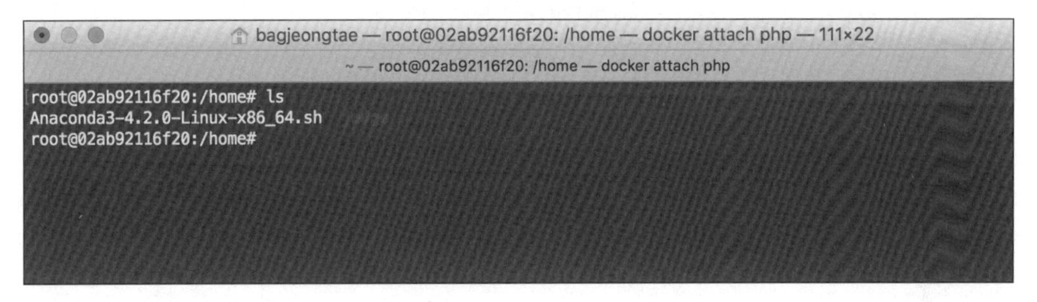

[설치-16] Ubuntu 아나콘다 설치 파일 다운로드-2

ls 명령어로 현재 디렉터리를 확인할 수 있습니다. 아나콘다 설치 파일을 실행합니다. ./Anaconda3-4.2.0-Linux-x86_64.sh는 해당 파일을 실행하는 명령어입니다.

```
$ ./Anaconda3-4.2.0-Linux-x86_64.sh
Welcome to Anaconda3 4.2.0 (by Continuum Analytics, Inc.)

In order to continue the installation process, please review the license
agreement.
Please, press ENTER to continue

>>>
```

계속 진행하려면 엔터를 눌러주라는 메시지가 뜹니다. 엔터를 클릭합니다.

```
. . . 중 략 . . .
cryptography
A Python library which exposes cryptographic recipes and primitives.

Do you approve the license terms? [yes|no]
>>> yes
```

엔터를 클릭하면 라이선스를 읽으라고 나오는데, 스페이스바를 클릭하면 yes와 no를 입력하라고 나타납니다. yes를 입력합니다.

```
Anaconda3 will now be installed into this location:
/root/anaconda3

    - Press ENTER to confirm the location
    - Press CTRL-C to abort the installation
    - Or specify a different location below

[/root/anaconda3] >>>
PREFIX=/root/anaconda3

패키지 설치

. . . 중 략 . . .
```

yes를 입력하면 어디에 설치될지 나오는데, 그냥 엔터를 칠 경우 /root/anaconda3 경로에 설치합니다. 엔터를 누르면 pandas에 포함된 다양한 라이브러리들을 내려받습니다.

```
Do you wish the installer to prepend the Anaconda3 install location
to PATH in your /root/.bashrc ? [yes|no]
[no] >>>  yes

You may wish to edit your .bashrc or prepend the Anaconda3 install
location:

$ export PATH=/root/anaconda3/bin:$PATH
```

```
Thank you for installing Anaconda3!

Share your notebooks and packages on Anaconda Cloud!
Sign up for free: https://anaconda.org
```

패키지 설치가 끝나면 PATH 설정에 대해 어떻게 할지 묻습니다. 여기서도 yes를 입력합니다. 만약 no를 입력한다면 윈도우처럼 직접 패스 설정을 해주어야 하므로 yes를 입력 후 엔터를 누릅니다.

```
$ export PATH=/root/anaconda3/bin:$PATH
```

마지막으로 해당 명령어를 실행시켜서 PATH를 추가해줍니다.

```
root@02ab92116f20:/home# python
Python 3.5.2 |Anaconda 4.2.0 (64-bit)| (default, Jul  2 2016, 17:53:06)
[GCC 4.4.7 20120313 (Red Hat 4.4.7-1)] on linux
Type "help", "copyright", "credits" or "license" for more information.
>>>
```

python으로 아나콘다를 실행시켰습니다. 정상적으로 설치되었다면 파이썬 버전 옆에 Anaconda 버전이 출력됩니다. Ubuntu의 경우 GUI(그래픽 인터페이스)가 제공되지 않으면, 이렇게 명령어로만 설치를 진행해야 합니다. 설치 파일에서 설정했던 것들을 그대로 명령어로 실행해준 것이고 다른 점은 없습니다.

1단계

준비

크롤러를 만드는 데 필요한 서버와 클라이언트, 웹에 대해 기초적인 개념을 배우게 됩니다. 우리는 파이썬이라는 언어를 이용하여 크롤러를 만들 예정입니다. 크롤러는 웹에 의존적인 프로그램이기 때문에 매우 중요한 개념입니다.

PART 1

크롤러Crawler

1장에서는 크롤러Crawler에 대해 전반적으로 설명합니다. 빅데이터 시대라고 할 만큼 데이터의 중요성과 관심은 점점 높아지고 있습니다. 중요성이 높아져가는 데이터를 수집하는 방법 중 하나인 크롤러를 소개합니다. 크롤러를 이용하면 API를 제공하지 않는 웹 사이트들의 데이터 수집이 가능합니다.

- **크롤러란 무엇인가?**
- **크롤러를 만들기 위한 선행 지식은 무엇인가?**
- **크롤러는 왜 만들어야 하는가?**

크롤러로 데이터를 수집할 경우 100% 정확한 수집이 불가능합니다. 하지만 데이터를 가공하여 100%에 가까운 데이터 수집이 가능합니다.

1 크롤러란 무엇인가?

이 책을 읽고 있는 독자분들 중 크롤러가 무엇인지 아는 분들도 있겠지만, 크롤러가 무엇인지 모르는 분들도 상당히 많을 것 같습니다.

우리는 무언가 만들거나 배우기 전에 만들려는 대상, 배우는 대상이 무엇인지 알아야 합니다. 인터넷에 크롤러를 검색하여 이미지 결과를 보면 거미와 거미줄을 볼 수 있습니다. 이 그림이 크롤러와 연관된 것입니다. 또한, 검색 결과 중 수영 영법 중 하나인 크롤, 지렁이의 의미를 가진 나이트 크롤러NightCrawler를 볼 수 있습니다.

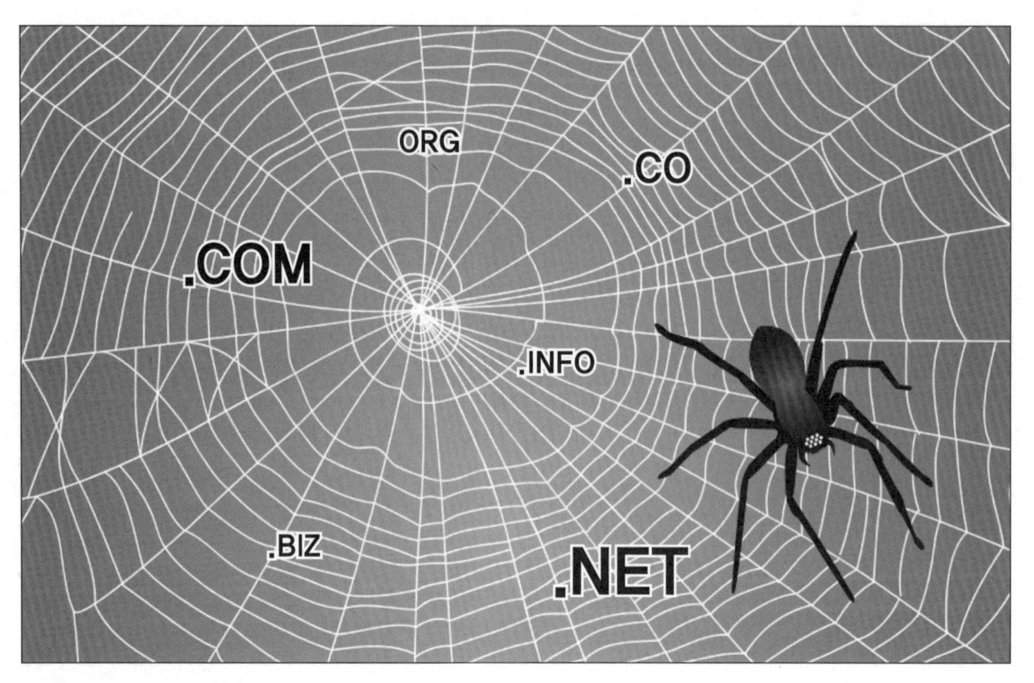

[그림 1-1] 크롤러 비유

거미, 지렁이, 수영은 거미줄, 물, 땅이라는 공간에서 자유롭게 움직이는 객체입니다. 크롤러는 WWW World Wide Web : 3W인 인터넷 속을 자유롭게 다니는 프로그램을 의미합니다. 조금 더 구체적으로 설명하면 자유롭게가 아닌 알고리즘에 의해 움직이며 데이터를 수집하는 프로그램입니다.

1-1 크롤러를 부르는 다양한 표현

크롤러는 알고리즘에 의해 인터넷을 탐색하는 프로그램입니다. 이러한 크롤러를 다양한 방식으로 표현할 수 있습니다.

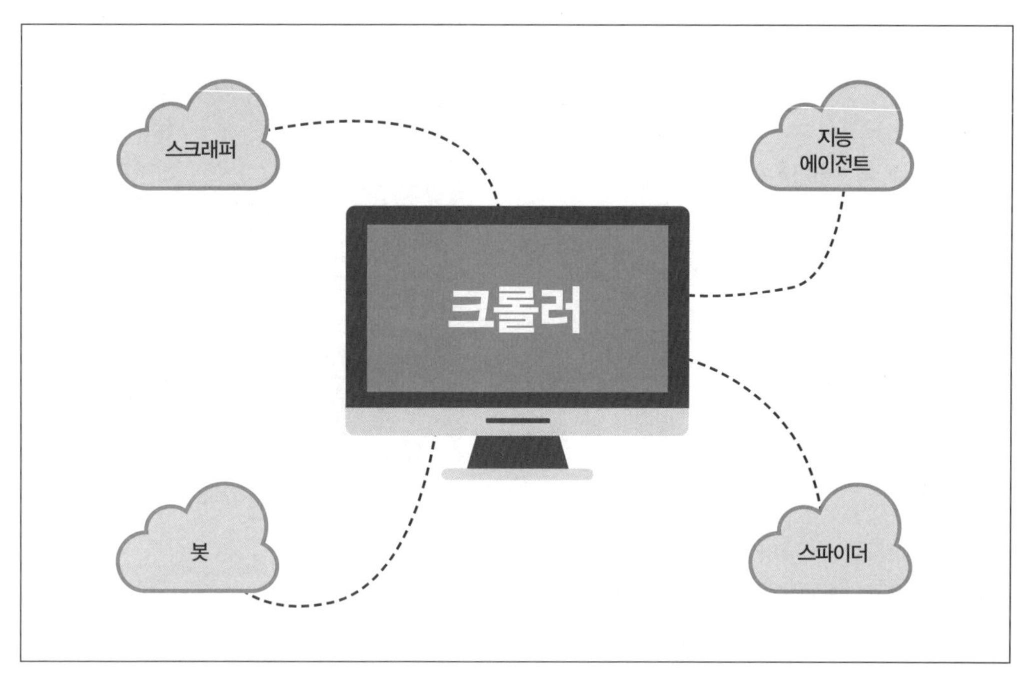

[그림 1-2] 크롤러의 다양한 표현 방식

[그림 1-2]처럼 크롤러는 **스크래퍼, 봇, 스파이더, 지능 에이전트**라고도 부릅니다. 이중에서 가장 많이 사용되는 용어는 **크롤러**와 **스크래퍼**입니다. 크롤러가 동작하는 것을 크롤링, 스크래퍼가 동작하는 것을 스크래핑이라고 부릅니다.

페이지를 돌아다니는 행위는 크롤링, 특정 페이지의 데이터를 수집하는 행위는 스크래핑으로 의미는 약간 다릅니다. 하지만 이 둘을 합쳐 통상적으로 크롤러가 크롤링한다고 표현합니다.
이러한 크롤러를 가장 잘 구현한 서비스는 모두가 잘 알고 있는 검색 엔진이 대표적입니다. 검색 엔진은 크롤러를 통해 다양한 페이지를 수집 후 검색 키워드에 맞추어 사용자에게 제공해 주는 서비스입니다.

2 크롤러를 만들기 위해 필요한 지식

크롤러는 인터넷을 돌아다니며 데이터를 수집하는 프로그램입니다. 인터넷을 돌아다니기 때문에 인터넷이 무엇인지 알아야 합니다. 즉, 인터넷의 기본 개념인 **클라이언트**와 **서버**를 알아야 합니다. 우리는 웹 브라우저로 인터넷을 사용합니다. 그러므로 웹 브라우저의 **작동 방식**을 알아야 합니다.

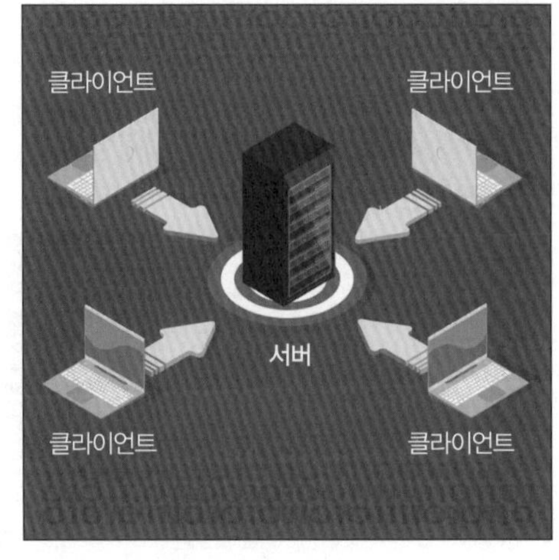

[그림 1-3] 서버와 클라이언트

물론 이들을 몰라도 크롤러를 만들 수 있는 페이지가 많습니다. 하지만 이러한 동작 방식, 개념을 정확하게 알지 못한다면 우리는 제대로 된 크롤러를 만들 수 없습니다.

크롤러를 만드는 데 다양한 개념이 필요한 이유는 크롤러가 웹에 대해 상당히 **의존적**이기 때문입니다. 크롤러라는 것은 우리가 수집하고자 하는 사이트에 따라 만드는 방식이 달라집니다. 그러므로 기본 개념을 잘 잡고 크롤러를 만드는 것이 중요합니다.

2-1 클라이언트

크롤러를 만들기 위해 필요한 지식 중 첫 번째는 **클라이언트**에 대한 개념입니다.

여기서 클라이언트란 **웹 브라우저** 및 **웹**을 의미합니다. 우리는 스마트폰을 쓰며 다양한 앱을 실행하고, 컴퓨터를 사용하면서 프로그램을 실행합니다. 우리가 사용하고 있는 각종 앱, 프로그램, 웹 브라우저를 클라이언트 프로그램이라고 합니다.

2-2 서버

크롤러를 만드는 데 필요한 지식 중 두 번째는 **서버**입니다.
클라이언트를 제외하고 보이지 않는 곳에서 클라이언트의 처리를 도와주는 것을 서버라고 부릅니다.

서버 없이 클라이언트가 존재할 수 없기 때문에 서버의 개념을 알고 가는 것이 중요합니다. 특히 웹은 서버 없이는 절대 동작할 수 없습니다. 우리가 주소를 치고 사이트에 접속하는 행위가 서버에 접속하는 것입니다.

서버는 클라이언트가 필요한 데이터를 제공해주는 역할을 합니다.

크롤러를 만들 때 서버의 개념이 꼭 필요한 것은 아닙니다. 하지만 복잡한 사이트의 경우 서버의 개념 없이 크롤러를 만드는 것은 불가능합니다.

2-3 언어(파이썬)

크롤러를 만들기 위해 필요한 지식 중 세 번째는 **프로그래밍 언어**입니다.

[그림 1-4] 파이썬

다양한 언어로 크롤러를 만들 수 있지만, 이 책에서는 파이썬을 사용하고 있습니다. 다른 언어보다 진입 장벽이 낮아 입문자도 쉽게 익힐 수 있는 장점이 있습니다.

파이썬은 다른 언어보다 데이터를 처리하는 데 매우 특화되어 있습니다. 파이썬이 인공지능, 데이터 처리에 관련된 다양한 라이브러리와 프레임워크를 제공하고 있기 때문입니다. **라이브러리**와 **프레임워크**에 대해서는 차차 설명하겠습니다.

3 크롤러를 만들어야 하는 이유

우리는 데이터가 넘쳐흐르는 시대에 살고 있습니다. 사람이 하루에 2GB 정도의 데이터를 본다고 합니다. 그럼 2GB의 데이터는 얼마나 많은 양일까요? 데이터의 용량을 가장 쉽게 이해할 수 있는 것이 바로 스마트폰입니다. 우리는 스마트폰을 사용하면서 데이터의 이용 요금을 지불하고 있습니다.

데이터의 이용 요금을 지불하는 시대일 정도로 데이터의 중요도는 점점 올라가고 있습니다. 스마트폰의 데이터는 상당히 추상적이지만, 만약 데이터를 판별하는 능력이 부족하다면 지불하지 않아도 될 돈을 지불할 수 있습니다. 그만큼 우리는 수많은 데이터 중에서 의미있는 데이터를 판단하는 능력이 필요합니다.

3-1 데이터 생산

2GB는 바이트로 환산하면 20억 바이트로 2바이트 크기를 가진 한글 문자 1억 자에 해당하는 엄청난 양의 데이터입니다.

[그림1－5] Data

각종 매체를 통해 끊임 없이 데이터가 생산되고 데이터에 노출됩니다. 페이스북, 인스타그램과 같이 SNS를 통해 다양한 정보에 노출되고, 인터넷 기사를 통해 쉽게 기사를 볼 수 있습니다. 유튜브를 통해 개인도 영상을 만들어 많은 사람들에게 쉽게 노출할 수 있습니다. 시간이 지날수록 데이터가 생산되고 데이터를 접하는 양이 점점 더 많아져 직접 데이터를 수집하기 쉽지 않습니다.

3-2 데이터의 사용

데이터를 많이 필요로 하는 분야는 **인공지능, 머신러닝, 딥러닝**같은 예측 분야입니다. 이 분야는 데이터가 많을수록 더 정확한 예측을 합니다. 이중 대표적인 예가 2016년 이세돌과 바둑 대결을 한 **알파고**입니다. 알파고는 스스로 대국을 두고, 다른 바둑 기사들과 대국하여 데이터를 쌓아나갔습니다. 알파고와 인간의 대결에서 4:1로 인공지능이 인간을 이기는 결과를 만들어 냈습니다. 알파고가 대국한 양은 인류가 바둑을 둔 것보다 훨씬 많을 정도로 엄청난 양의 데이터라고 합니다.

인간과 인공지능의 대결은 이번이 처음이 아닙니다. 1979년 백개먼 게임에서 AI가 인간을 7:1로 승리, 1990년 체커 AI가 인간을 이기기 시작, 2006년 스크래블 보드게임 AI는 3:2로 승리를 했습니다. 인간과 인공지능의 대결은 갑자기 이슈된 것이 아니라 과거부터 관심거리였습니다.

게임이 가장 대중적이기 때문에 많은 사람이 인간과 인공지능의 대결을 관심있게 지켜보지만, 인공지능은 게임뿐 아니라 애플의 시리와 같은 **음성인식, 금융/핀테크, 자동 운전, 검색 엔진** 등 다양한 분야에 사용됩니다.

3-3 데이터 수집 방법

데이터를 수집하는 가장 간단한 방법은 **API**를 활용하는 것입니다. API란, 특정 서비스가 데이터를 제공하는 방법입니다. 하지만 웹에서는 API를 제공하지 않아 사용이 불가능한 데이터들이 존재합니다. 이럴 때 크롤러를 만들면 웹에서 제공하는 데이터 수집이 가능합니다. 데이터 수집뿐 아니라 다양한 처리와 데이터 가공을 할 수 있습니다.

크롤러뿐만 아니라 API를 사용하더라도 데이터를 사용하는 목적에 맞춰 가공하는 것이 중요합니다.

PART 2

서버와 클라이언트

크롤러를 만드는 데 필요한 개념인 서버와 클라이언트에 대해 알아보겠습니다. 크롤러를 만드는 것은 사람이 웹 브라우저를 사용하는 것과 같은 클라이언트 프로그램을 만드는 것입니다. 서버와 클라이언트의 관계를 정확히 이해해야 완벽한 크롤러를 만들 수 있습니다.

- **클라이언트**
- **서버**
- **서버와 클라이언트간 데이터 주고받는 방법**
- URL

인터넷을 사용할 때 클라이언트 프로그램인 웹 브라우저는 인터넷을 편하게 사용할 수 있도록 많은 것을 해주고 있습니다.

1 클라이언트

일상생활에서 클라이언트는 고객을 의미합니다. IT에서 클라이언트는 데이터, 서비스를 요청하는 **프로그램**입니다. 그리고 요청한 데이터를 사용자에게 보여주기도 합니다. 마치 고객이 무엇인가 요구하는 것과 비슷합니다. 우리가 사용하는 컴퓨터 프로그램, 스마트폰 애플리케이션App 등이 모두 클라이언트 프로그램입니다.

이러한 클라이언트 프로그램을 만드는 방법이 다르겠지만, 기본적인 개념은 데이터를 요청하여 받아온 데이터를 사용자에게 제공합니다. 웹 브라우저도 하나의 클라이언트 프로그램입니다. 익스플로러, 크롬, 파이어폭스, 사파리 등 인터넷을 이용하기 위해 사용하고 있는 프로그램입니다. 우리는 이러한 브라우저와 같은 역할을 하는 프로그램을 파이썬으로 만들게 됩니다.

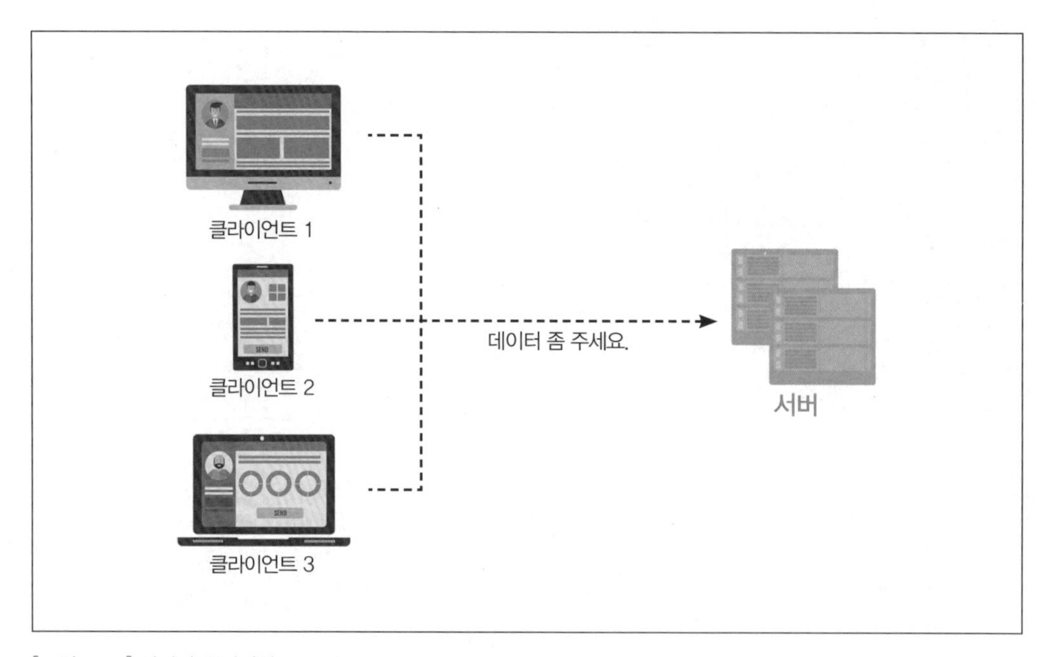

[그림 2-1] 서버와 클라이언트

2 서버

서버란 인터넷을 통해 연결된 클라이언트에 데이터 또는 서비스를 제공하는 프로그램입니다. 서버가 없다면 클라이언트는 존재하지 않습니다. 정확히 말하면 정적인 데이터만 제공할 수 있습니다. 서버가 존재해야 클라이언트는 새로운 데이터를 사용자에게 제공할 수 있습니다. 지금의 WWWWorld Wide Web:월드 와이드 웹는 초기에 문서를 공유하기 위해 만들어진 것입니다.

서버는 상당히 추상적인 개념입니다. 그렇기 때문에 서비스를 만든 개발자만이 어떻게 만들어졌는지 정확히 알고 있습니다.

크롤러를 만든다는 것은 이러한 서버를 어떤 구조로 만들었는지 파악하고 유추하는 것이 굉장히 중요합니다. 특히, 서버에게 응답받은 데이터를 찾고, 그 데이터를 서버에서 어떻게 가져오는지 판단하는 과정이 굉장히 중요합니다. 이 부분이 크롤러를 만드는 과정 중 가장 많은 시간이 걸리는 부분입니다. 그렇기 때문에 서버와 클라이언트의 관계를 정확하게 이해하는 것이 중요합니다.

이번 장에서는 서버와 클라이언트에 대해 큰 관점으로 설명하지만, 3장에서는 클라이언트인 웹에 대해 좀 더 깊게 다루겠습니다.

2-1 서버의 종류

데이터 또는 서비스를 제공하는 형태에 따라 서버의 종류는 상당히 많이 나뉩니다.

- **영상 제공**
- **파일**
- **도메인**
- **전자우편**
- **채팅 및 음성**
- **게임**
- **웹 서버**

이 외에도 우리는 실생활에서 다양한 서비스를 제공하는 서버를 접하고 있습니다. 단지, 서버는 클라이언트와 다르게 보이지 않기 때문에 쉽게 인지할 수 없는 부분입니다. 하지만 이러한 서버가 존재하지 않는다면 상당히 불편한 생활을 하게 될 것입니다.

2-1-1 영상

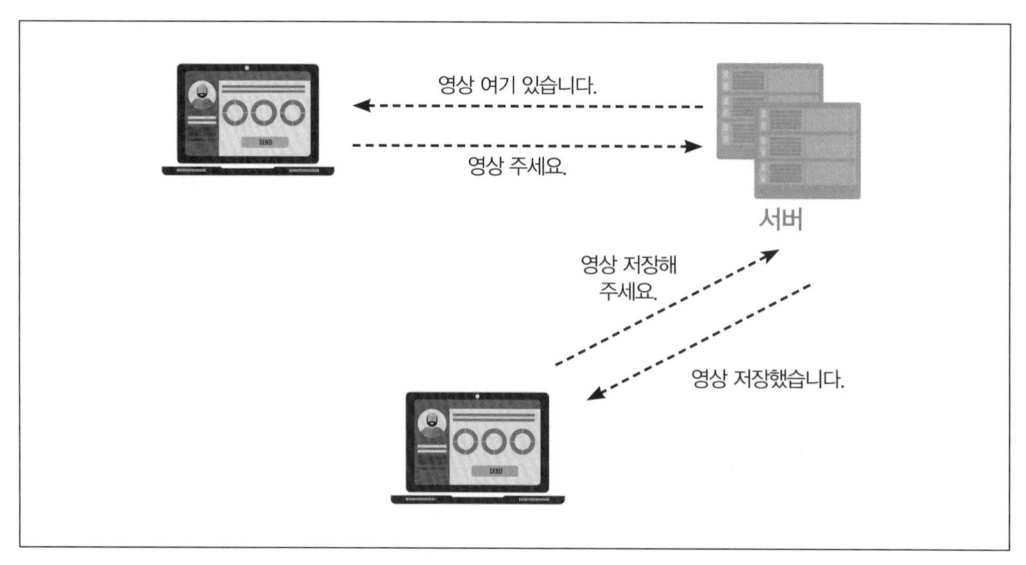

[그림 2–2] 영상 서버

만약 youtube같은 영상을 제공하는 서비스가 존재하지 않았다면 지금처럼 다른 사람의 영상을 쉽게 보지 못했을 것입니다. 누군가 영상을 찍으면 그것을 보기 위해 직접 영상을 받아와야 할 것입니다. 하지만 영상을 제공해주는 서버인 서비스가 존재하기 때문에 우리는 영상을 제공하는 플랫폼을 이용하여 해당 영상을 받아 볼 수 있습니다.

영상 서버의 경우 다른 서버와 다르게 데이터를 한 번에 주는 것이 아니라 [그림 2–2]처럼 일정량을 분할하여 전송합니다. 이것을 **스트리밍**이라고 부릅니다. 만약 영상을 한 번에 받는다면 부담되기 때문에 스트리밍 방식을 많이 사용합니다.

2-1-2 파일

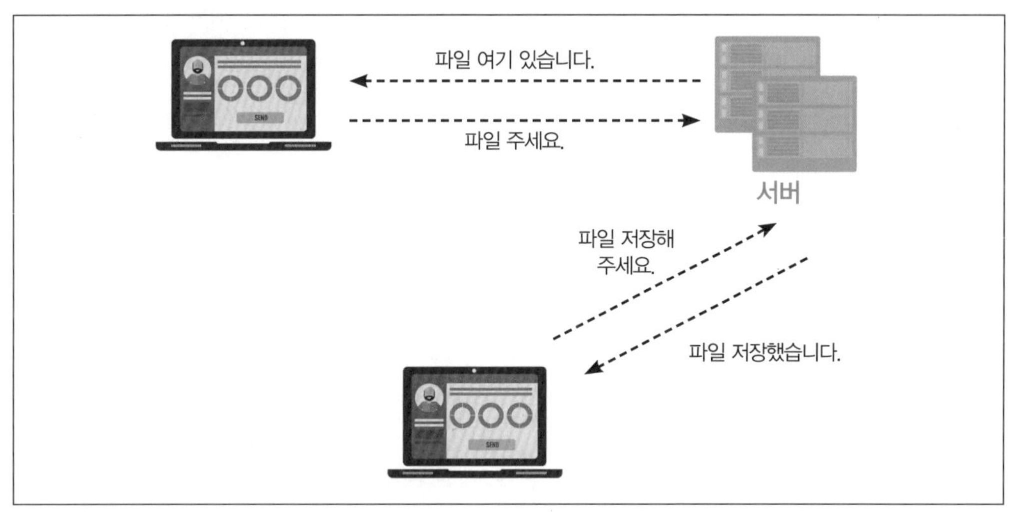

[그림 2-3] 파일 서버

과거 파일을 제공하는 서비스 중 대표적인 것이 P2P였습니다. 오늘날에는 토렌트나, 각종 드라이브를 사용합니다. 이러한 것도 서버의 한 종류입니다. 또한 FTP, SFTP를 이용하여 개인이 파일 서버를 구축하여 사용하기도 합니다.

2-1-3 채팅 및 음성

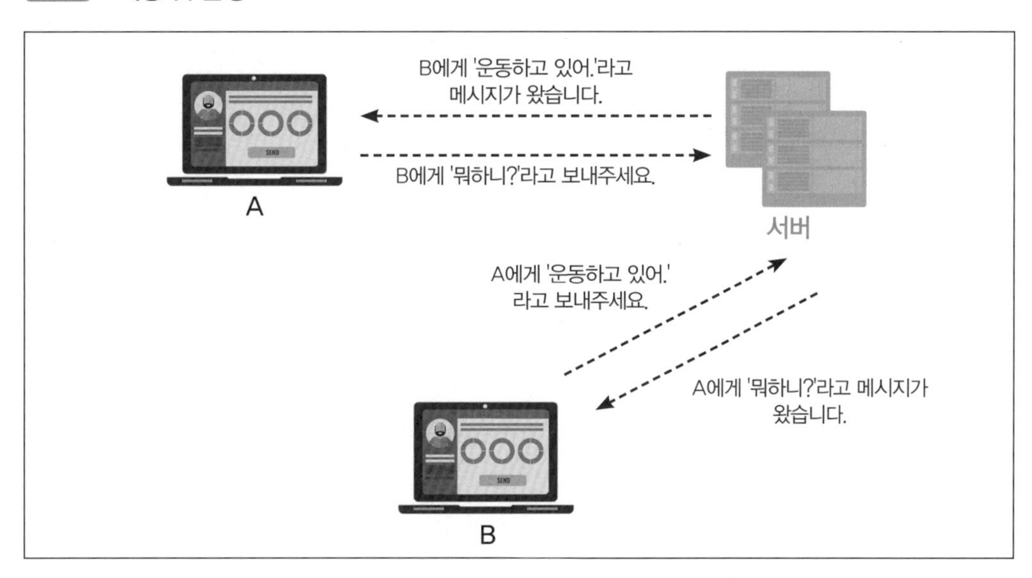

[그림 2-4] 채팅 서버

채팅을 제공하는 프로그램을 흔히 메신저라고 부릅니다. 과거에는 버디버디, 네이트온같은 프로그램을 사용했지만, 오늘날에는 대부분 카카오톡이라는 프로그램 또는 애플리케이션App을 사용합니다. 이러한 메신저 프로그램도 서버가 없으면 절대 동작할 수 없습니다.

2-1-4 도메인

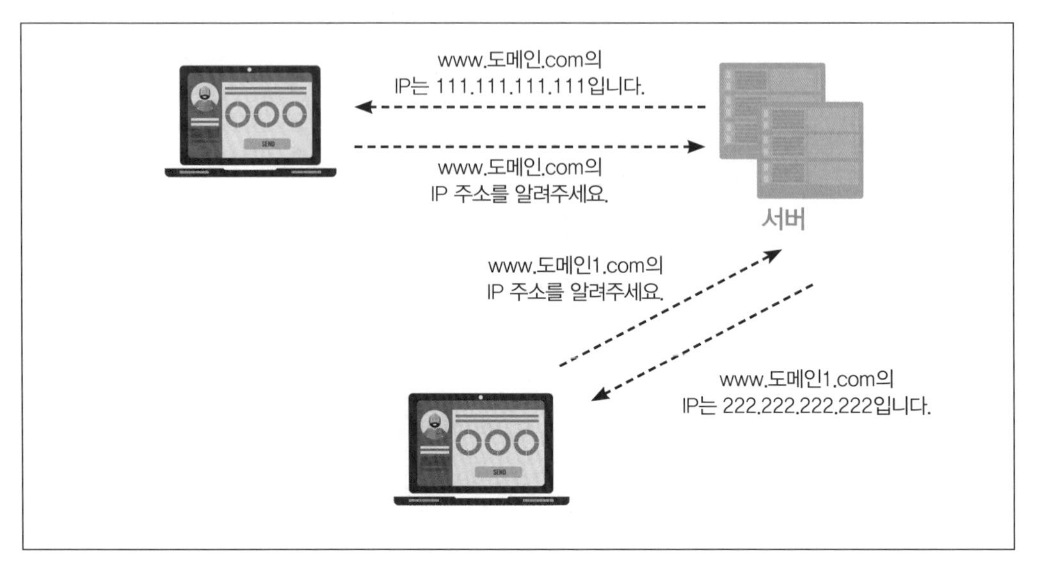

[그림 2-5] 도메인 서버

우리가 인터넷을 통해 www.domain.com과 같은 형태로 인터넷을 사용합니다. 실제로 이러한 문자로 된 것은 IP라고 하는 주소로 대응되어 있습니다. 도메인 주소에 대해 대응되는 IP를 알려주는 것이 DNS라고 하는 **도메인 네임 서비스**입니다.

2-1-5 게임

오늘날 우리는 다양한 게임을 PC 또는 모바일 형태로 즐기고 있습니다. 하지만 과거와 다르게 혼자 즐기는 것보다 주로 멀티플레이를 합니다. 그런데 신기하게도 게임 플레이를 하는 유저들은 모두 물리적으로 상당히 떨어져 있습니다. 이러한 게임이 가능한 이유는 바로 게임 서버가 존재하기 때문입니다. 게임 서버를 통해 인터넷으로 연결하여 마치 한 공간에 있는 것처럼 표현해 줍니다.

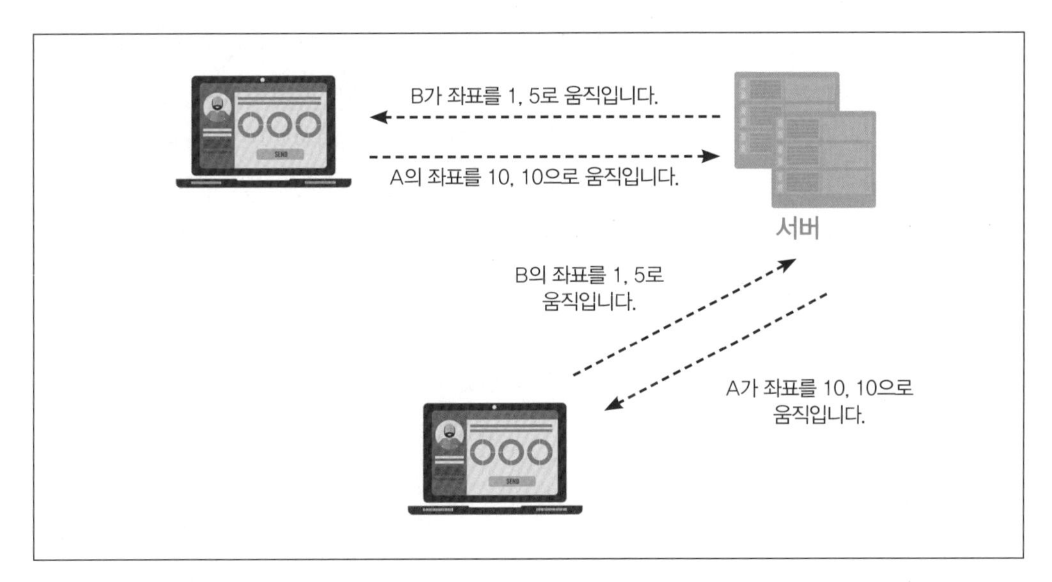

[그림 2-6] 게임 서버

게임 서버의 경우 채팅 서버와 구조가 비슷합니다. 채팅은 대화 내용을 전달하게 되고 게임 서버는 서로의 위치 정보를 주고받게 됩니다.

2-1-6 웹 서버

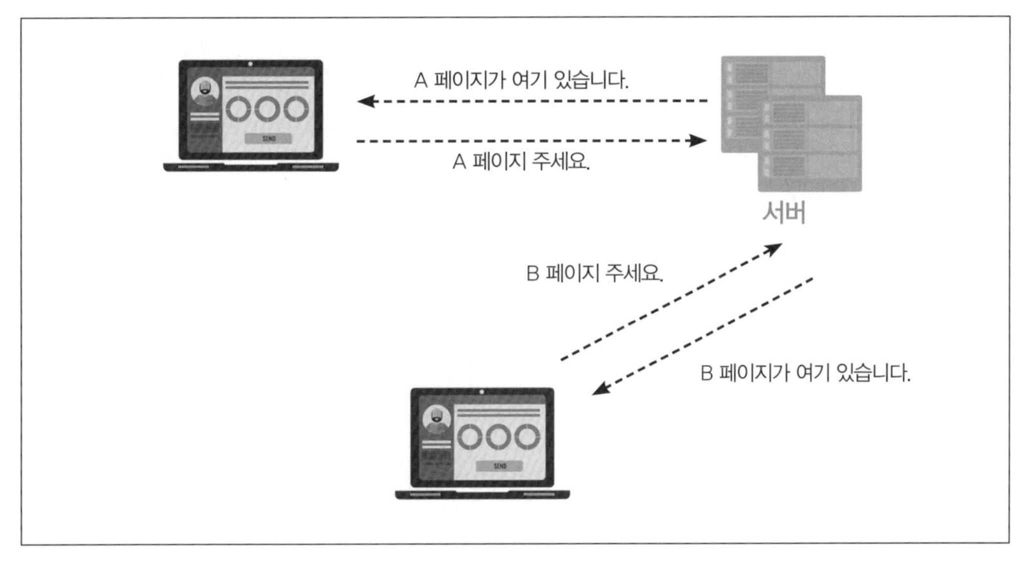

[그림 2-7] 웹 서버

웹 서버는 우리가 웹 브라우저를 통해 요청된 페이지를 받아오는 서버입니다. 웹 서버 또는 서버라고 부릅니다. 서버는 웹을 **정적 페이지, 동적 페이지**와 같은 형태로 제공합니다. 동적 페이지는 게시판과 같이 데이터가 늘어났다 줄었드는 페이지를 의미합니다. 페이지를 띄울 때마다 다른 데이터가 뜨는 페이지를 동적인 페이지라고 합니다. 정적인 페이지는 항상 같은 데이터를 띄워주는 페이지입니다. 정적 페이지와 동적 페이지에 대해서는 3장에서 좀 더 자세히 다루겠습니다.

2-1-7 정리

서버는 특정 데이터만 제공하는 것이 아니라 상황에 맞춰 다양한 데이터를 제공합니다.

3 서버와 클라이언트의 데이터를 주고받는 방법

서버와 클라이언트의 데이터를 주고받는 규약을 **프로토콜**이라고 합니다.

3-1 요청 메소드method

클라이언트가 서버에 데이터를 요청할 때 크게 네 가지의 타입이 있습니다. 읽기Read, 쓰기Create, 수정Update, 삭제Delete 이를 CRUD라고 합니다. 서버와 데이터베이스의 가장 기본적인 개념입니다.

게시판을 예로 들어보겠습니다. 게시판 사이트에 들어가서 게시판의 모든 게시글 리스트를 가져오거나 특정 게시글에 대한 정보를 가져올 때 Read합니다. 그리고 게시글을 추가하면 Create하고, 게시글을 수정하면 Update, 게시글을 삭제하면 Delete합니다.

하지만 클라이언트와 서버는 Read, Create, Update, Delete라고 직접 명시하지 않습니다. 이러한 요청을 헤더에 GET, POST, PUT, DELETE의 형태로 메소드를 정의합니다.

CRUD와 요청 메소드GET, POST, PUT, DELETE는 다음과 같이 매핑됩니다.

- GET : read
- POST : create

- PUT : Update
- DELETE : Delete

3-1-1 GET 요청

GET 요청은 클라이언트가 서버에 데이터를 요청할 때 사용하는 메소드입니다. CRUD에서 R[Read]에 해당합니다. 게시판으로 간단히 예를 들었지만, 웹 페이지를 요청할 수 있고, 특정 게시글을 요청할 수 있습니다. 영상 서버에는 영상을 요청할 것이고, 도메인 서버에는 IP를 요청할 것입니다. 서버 종류에 따라 다양한 데이터를 요청합니다.

3-1-2 POST 요청

POST 요청은 특정 데이터를 추가하는 요청입니다. CRUD에서 C[Create]에 해당합니다. 즉, 데이터를 만들어 내는 것입니다. 데이터를 만들어 낸다는 것은 데이터베이스에 데이터를 추가한다는 의미입니다. 게시판에서는 게시글을 추가하는 작업이 될 수 있으며, 쇼핑몰의 경우 특정 제품을 등록하는 행위가 될 수 있습니다.

3-1-3 PUT 요청

PUT 요청은 특정 데이터에 대해 수정하라는 요청입니다. CRUD에서 U[Update]에 해당합니다. 데이터베이스에 존재하는 데이터를 수정하게 됩니다. 회원 정보를 수정하여 데이터를 수정하는 행위를 예로 들 수 있습니다.

3-1-4 DELETE 요청

DELETE 요청은 특정 데이터를 삭제하라는 의미입니다. CRUD에서 D[Delete]에 해당합니다. DB에 존재하는 데이터를 삭제하게 됩니다. 회원 탈퇴를 하는 행위를 예로 들 수 있습니다.

3-1-5 정리

데이터를 요청할 때 데이터를 요청하는 형태에 따라 메소드를 달리합니다. 그러나 중요한 점은 데이터를 요청할 때 GET 요청만 할 필요는 없습니다. POST로 요청해도 되고, PUT으로 해도 되며, DELETE로 해도 큰 상관은 없습니다.

실제 사이트를 보면 GET과 POST를 이용해서 데이터를 요청합니다.

요청 메소드는 GET, POST, PUT, DELETE뿐만 아니라 상당히 많은 메소드가 존재합니다. 하지만 GET, POST, PUT, DELETE를 제외하고는 거의 사용하지 않습니다. 이 중에서도 GET과 POST 요청을 주로 사용합니다.

크롤러에서는 PUT과 DELETE의 큰 의미는 없습니다. 크롤러는 데이터를 가져오는 것이 관심 사항이기 때문에 데이터를 수정하고 삭제하는 PUT, DELETE 메소드는 신경쓰지 않습니다.

3-2 응답 코드 Response Code

응답 코드는 서버가 클라이언트 요청을 처리하고 난 후 상태에 따라 반환하는 코드입니다. 응답 코드는 크게 다섯 가지 종류가 있습니다.

- 1xx : 조건부 응답
- 2xx : 성공
- 3xx : 리다이렉션 완료
- 4xx : 요청 오류
- 500 : 서버 오류

3-2-1 1xx 조건부 응답

1xx는 클라이언트가 데이터를 일부만 포함해 보내어 서버가 데이터를 더 보내라고 하는 응답 코드입니다. 1xx는 100, 101, 102를 제공합니다. 하지만 1xx는 사용하지 않아야 합니다.

3-2-2 2xx 성공

2xx 응답 코드는 서버가 클라이언트로부터의 요청을 성공적으로 처리한 후 반환하는 응답 코드입니다.

- 200 : 서버가 클라이언트의 요청을 성공적으로 처리. 웹 페이지에서는 페이지 요청이 정상적으로 완료되면 200 코드 반환
- 201 : 서버가 요청된 클라이언트의 정보를 정상적으로 저장. POST 요청으로 데이터 저장 요청 시 잘 저장됐다면 201 반환
- 202 : 요청 접수만 되고 아직 처리되지 않은 상태. 서버는 현재의 상태를 보여주는 페이지를 제공해 주어야 함

- 203 : 정보를 신뢰할 수 없는 경우
- 204 : 클라이언트로 반환되는 데이터가 없을 때. 즉, 빈 콘텐츠 제공
- 205 : 서버는 요청을 성공적으로 처리. 반환되는 콘텐츠가 비어 있을 경우 클라이언트로부터 재설정시키는 코드
- 206 : 일부 콘텐츠
- 207 : 다중 상태
- 208 : 이미 보고됨

많이 사용되는 응답 코드는 200, 201, 204번입니다.

3-2-3 3xx 새로고침 완료

3xx 코드는 클라이언트가 요청을 완료하기 위해 작업이 남아있는 코드입니다. 보통 새로고침을 한 경우 반환하는 응답 코드입니다.

- 300 : 여러 선택 항목
- 301 : 영구 이동
- 302 : 임시 이동
- 303 : 기타 위치 보기
- 304 : 수정되지 않음
- 305 : 프록시 사용
- 307 : 임시 새로고침
- 308 : 영구 새로고침

많이 사용되는 응답 코드는 301, 302, 303, 304, 307번입니다.

3-2-4 4xx 요청 오류

4xx 응답 코드는 클라이언트의 요청이 잘못됐을 때 반환하는 응답 코드입니다. 즉, 문제 발생 원인이 클라이언트에 있습니다.

- 400 : 잘못 요청
- 401 : 권한 없음. 예를 들면, 로그인 페이지가 필요한 페이지를 로그인 없이 접속하려는 경우 반환되는 코드(인증 실패)

- 402 : 결제 필요
- 403 : 금지됨. 예를 들면, 로그인 된 사용자 관리자 페이지를 접속하려고 시도하는데 관리자가 아닐 경우 반환되는 코드(인가)
- 404 : 찾을 수 없음. 인터넷을 하다 보면 흔히 보이는 코드로 존재하지 않는 URL을 요청하여 페이지를 접속할 수 없을 때 반환하는 응답 코드
- 405 : 잘못된 요청 메소드 사용
- 406 : 허용되지 않음
- 407 : 프록시 인증 필요
- 408 : 요청 시간 초과(보통 timeout이라고 함)
- 409 : 충돌
- 410 : 사라짐
- 411 : 길이 필요
- 412 : 사전 조건 실패
- 413 : 요청 속성이 너무 큼
- 414 : 사전 조건 실패
- 415 : 지원되지 않는 미디어 유형
- 416 : 처리할 수 없는 요청 범위
- 417 : 예상 실패
- 420 : Enhance Your Calm
- 422 : 처리할 수 없는 엔티티
- 423 : 잠김
- 424 : 메소드 실패
- 425 : 정렬되지 않은 컬렉션
- 426 : 업그레이드 필요
- 428 : 전제조건 필요
- 429 : 너무 많은 요청
- 431 : 요청 헤더 필드가 너무 큼
- 444 : 응답 없음
- 449 : 다시 시도
- 450 : 법적 문제로 이용 불가

- **451 :** 리다이렉션
- **494 :** 요청 헤더가 너무 큼
- **495 :** cert 오류(cert = 인증키)
- **496 :** cert 없음
- **497 :** http to https
- **499 :** 클라이언트가 요청을 닫음

많이 사용되는 응답코드는 400, 401, 403, 404, 405번입니다.

3-2-5 5xx 서버 오류

5xx번 응답 코드는 서버의 설정, 코드 등의 문제로 오류가 났을 때 반환되는 코드입니다.

- **500 :** 내부 서버 오류. 보통 서버 코드의 문제 시 반환되는 응답 코드
- **501 :** 구현되지 않음
- **502 :** 불량 게이트웨이(웹 서버를 게이트웨이라고 부르기도 함)
- **503 :** 서비스를 사용할 수 없음
- **504 :** 게이트웨이 시간 초과
- **505 :** http 버전이 지원되지 않음. 이 경우 https 사용
- **506 :** variant Also Negotiates
- **507 :** 용량 부족
- **508 :** 루프 감지
- **509 :** 대역폭 제한 초과
- **510 :** 확장되지 않음
- **511 :** 네트워크 인증 필요
- **598 :** 네트워크 읽기 시간 초과 오류
- **599 :** 네트워크 연결 시간 초과 오류

많이 사용되는 응답코드는 500, 502, 503, 504, 505번입니다.

3-3 헤더Header

서버와 클라이언트 간 데이터를 주고받을 때, 헤더라는 정보를 포함하여 보냅니다.

우리가 편지를 보낼 때 주소, 우편번호, 받는 사람, 보낸 사람과 같이 주고받는 사람의 정보를 나타내는 것처럼, 서버와 클라이언트의 정보를 포함하고 있는 것이 **헤더**Header입니다.

클라이언트가 서버에 데이터를 요청할 때 포함된 헤더를 **요청 헤더**Request Header라고 부르고, 서버가 클라이언트에게 응답할 때 포함된 헤더를 **응답 헤더**Response Header라고 부릅니다.

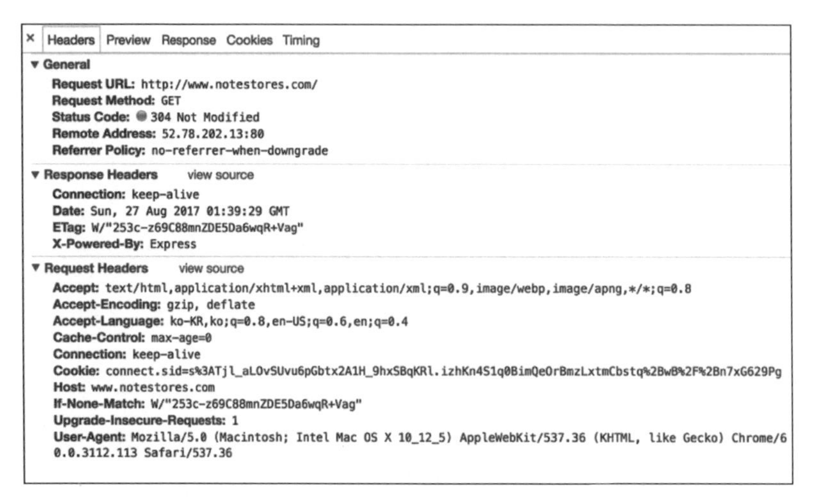

[그림 2-8] 헤더(Header)

[그림 2-8]은 www.notestores.com라는 사이트에 접속했을 때 만들어진 헤더의 모습입니다. **일반 헤더**General Header는 클라이언트와 서버 양측 모두에서 사용되는 일반적인 정보가 포함된 헤더입니다. [그림 2-8]에는 보이지 않지만 **엔티티**Entity Header도 존재합니다.

클라이언트는 **일반 헤더 + 요청 헤더 + 엔티티 헤더**의 형태로 만들어 요청하고, 서버는 **일반 헤더 + 응답 헤더 + 엔티티 헤더**의 형태로 응답합니다.

3-3-1 요청 헤더Request Header

요청 헤더는 클라이언트가 문서와 구성 형태 및 형식을 포함한 헤더입니다. 클라이언트(크롤러)의 주요 헤더가 됩니다.

- Accept : 클라이언트의 사용 가능 미디어 타입
- Accept-Charset : 클라이언트에서 사용할 수 있는 문자 집합
- Accept-Encoding : 클라이언트에서 제공되는 인코딩 방법(압축)

- Accept-Language : 클라이언트가 인식할 수 있는 언어
- Host : 서버의 기본 URL
- If-Match : ETag값 비교 후 메소드 수행
- If-None-Match : ETag값 비교 후 다를 때 → method 수행
- If-Unmodified-Since : 헤더값에 지정된 날짜로부터 수정이 없는 경우 메소드 수행
- Max-Forwards : 이 메시지가 거쳐갈 수 있는 최대 Proxy의 개수 지정
- Proxy-Authorization : 비공개 프록시 서버 유저 인증을 위한 코드
- Range : 자원의 일부분만 받을 때(이어받기 기능) 받을 범위 지정
- From : 메일 주소
- Cookie : 쿠키 정보
- refered : 클라이언트가 서버에 요청하기 직전에 머물렀던 주소(서버에서 해당 값을 검사하는 경우가 있기 때문에 크롤러에서 이 부분을 만들어 줘야 하는 경우가 있음)
- User-Agent : 브라우저 정보(클라이언트 프로그램 : 크롬, 사파리, 익스플로러, 파이어 폭스 등)
- Method : 요청 메소드
- HTTP-Version : http 버전
- Request-URI : 요청 데이터의 절대 주소, 상대 주소
- Authorization : 사용자 인증 정보

3-3-2 응답 헤더Response Header

응답 헤더는 서버가 클라이언트에 응답할 때 요청과 서버의 구성을 포함한 헤더입니다.

- HTTP-Version : http 버전
- Status-code : 응답 코드
- Respon-Phrase : 응답 코드에 대한 간략한 설명
- Location : 요구한 정보 실제 위치. 옮겨지거나 다를 경우 정보 주소가 실제 위치 정보
- Serve : 서버 프로그램의 이름과 버전 정보
- WWW-Authenticate : 사용자 인증이 필요한 자원 요구 시 데이터와 서버가 제공하는 인증 방식
- Age : 요구 후 원 서버Origin Server에서 응답을 생성하기까지의 시간
- Proxy-Authenticate : 프록시 서버일 경우 유저 인증을 요구하기 위한 헤더
- Public : 서버에서 지원 가능한 메소드 리스트
- Retry-After : 503 에러 시 해당 시간만큼 기다리라는 의미

- **Warning** : 상태 코드와 응답 구문에 추가적인 경고
- **Set-Cookie** : 서버측에서 세션 쿠키 정보 설정
- **Expires** : 캐시 유효 기간
- **Last-Modified** : 리소스 마지막 수정날

3-3-3 일반 헤더 General Header

일반 헤더는 서버와 클라이언트에서 일반적인 정보를 포함하는 헤더입니다.

- **Date** : 현재 시간
- **Pragma** : 캐시 제어(http1.1에서는 사용 안 함)
- **Cache-Control** : 캐시 유무, 업데이트 시간, 내용, 지움 등의 정보(캐시 정보)
- **Connection** : 연결 지속
- **Transfer-Encoding**: [entity-body]의 압축 방식
- **Upgrade** : 프로토콜 변경 시
- **Via** : 중계 서버(프록시, 게이트웨이 등)

3-3-4 엔티티 헤더 Entity Header

엔티티 헤더는 메시지에 대한 설명을 포함하는 헤더입니다.

- **Content-Encoding** : [entity-body]의 리소스 압축 방식(gzip, compress, deflate 등)
- **Content-Length** : [entity-body]의 리소스 크기(단위 : Byte)
- **Content-Type** : [entity-body]의 미디어 타입

[그림 2-8]처럼 굳이 모든 헤더 정보를 포함할 필요는 없습니다. 서버와 클라이언트는 상황에 따라 필요한 정보만 포함하여 헤더를 만듭니다.

서버의 종류, 서버의 구조, 요청 응답 메소드, 헤더에 대해 알아보았습니다. 여기까지는 데이터를 보내기 위한 준비 과정이고 실제로 데이터를 어떻게 포함해 전송하는지 알아보겠습니다.

4 URL

데이터를 보내기 위해서는 URL 구조를 알아야 합니다. 또한, URL 구조를 얼마나 잘 파악하느냐에 따라 효율적인 크롤러를 만들 수 있습니다.

URL은 Uniform Resource Locator의 약자입니다. 네트워크상에서 자원을 요청하는 규약입니다. 웹 브라우저뿐 아니라 스마트폰 애플리케이션, 컴퓨터 응용 프로그램들은 서버와 데이터를 주고받을 때 URL을 이용하여 데이터를 주고받습니다.

4-1 URL 구조

URL도 규약이기 때문에 작성하는 방법이 있습니다.

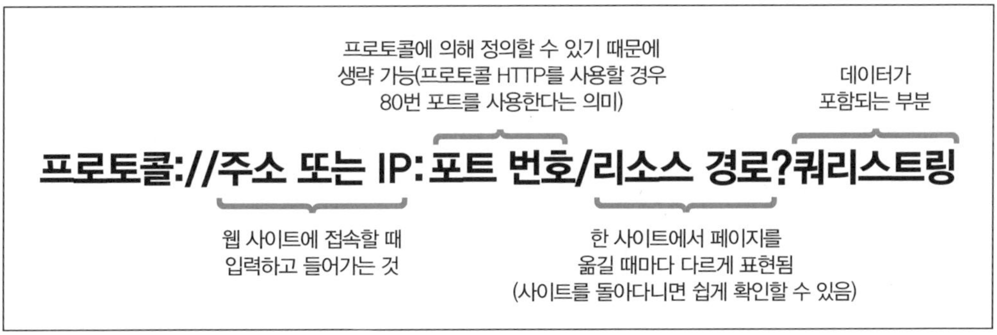

프로토콜에 의해 정의할 수 있기 때문에
생략 가능(프로토콜 HTTP를 사용할 경우
80번 포트를 사용한다는 의미)

데이터가
포함되는 부분

프로토콜://주소 또는 IP:포트 번호/리소스 경로?쿼리스트링

웹 사이트에 접속할 때
입력하고 들어가는 것

한 사이트에서 페이지를
옮길 때마다 다르게 표현됨
(사이트를 돌아다니면 쉽게 확인할 수 있음)

인터넷에서 주로 사용하는 프로토콜은 http입니다. 이 외에 FTP, SFTP, SSH 등 다양한 프로토콜이 존재합니다. IP 주소는 우리가 데이터를 요청하는 타겟이 됩니다. 프로토콜, IP 주소, 포트 번호는 우리가 요청하고자 하는 타겟을 의미합니다. 여기서 프로토콜과 포트 번호는 미리 정해진 규약이 있습니다. http의 경우는 80번 포트, https의 포트 번호는 443번을 사용합니다. 이 외에 파일 전송에 사용하는 FTP는 20번과 21번을 사용합니다.
원격 컴퓨터에 접속하는 프로토콜 telnet은 23번, ssh는 22번을 사용합니다. 이처럼 프로토콜에 따라 포트 번호가 미리 정의되어 있습니다. 우리가 웹 브라우저에서 http://사이트를 입력하면 http가 80번 포트 번호를 의미하기 때문에 사이트의 80번 포트 번호로 열린 서버에 데이터를 요청하는 것이 됩니다. IP는 목적지 컴퓨터가 되며 포트 번호는 목적지 컴퓨터에서 어떤 프로그램을 의미하는지 알려주게 됩니다. http는 웹을 제공해주는 서비스, ftp는 파일을 주고받는 서비스 등 다양한 서비스를 이용할 수 있습니다.

IP 주소와 프로토콜, 포트 번호를 이용하여 타겟에 접속하면 데이터를 요청해야 합니다. http와 https는 리소스 경로, 쿼리스트링과 헤더를 통하여 요청하고자 하는 데이터를 포함할 수 있습니다.

4-1-1 리소스 경로

주소 다음에 슬래시로(/) 시작하는 부분입니다. 클라이언트가 요청하는 리소스의 경로가 포함됩니다. 하지만 이 부분에 데이터를 함께 보낼 수 있습니다.

예를 들어, example이라는 사이트에서 3개의 제품 페이지에 들어갔을 때 다음과 같이 URL이 변한다면 해당 제품 페이지는 리소스 경로에 데이터를 함께 보내는 것입니다.

- **A 제품 페이지 :** http://www.example.com/product/1
- **B 제품 페이지 :** http://www.example.com/product/2
- **C 제품 페이지 :** http://www.example.com/product/3

이런 경우 1, 2, 3이 데이터에 해당합니다.

4-1-2 쿼리스트링

쿼리스트링은 클라이언트가 서버에 보내는 데이터입니다. 쿼리스트링은 리소스 경로 이후에 옵니다. 리소스 경로와 쿼리스트링은 물음표(?)로 구분합니다.

- **A 제품 페이지 :** http://www.example.com/product?pro=1&cate=2
- **b 제품 페이지 :** http://www.example.com/product?pro=2&cate=2
- **c 제품 페이지 :** http://www.example.com/product?pro=3&cate=2

? 뒤에는 **변수=데이터&변수=데이터&변수=데이터**의 형태로 엔드(&)를 이용하여 각각의 데이터를 구분하여 전송합니다.

4-1-3 header body

헤더의 **바디**Body라는 곳에 데이터를 포함하여 보낼 수 있습니다.

POST 요청을 하게 되면 데이터를 Body에 실어 보내게 됩니다. 앞의 두 가지 방식인 **리소스 경로, 쿼리스트링**에 데이터를 함께 보내면 데이터를 보내는 데 한계가 있습니다. Header의 Body라는 곳에 데이터를 함께 보내면 앞의 방식보다 더 많은 데이터를 보낼 수 있습니다. 이 경우 URL로 확인이 불가능합니다.

웹 페이지에서 마우스 오른쪽 버튼을 클릭하면 [그림 2-9]와 같이 나타납니다. 여기서 검사를 눌러줍니다. 윈도우와 맥 모두 메뉴 구성이 같습니다. 오른쪽 버튼 클릭이 방지되어 눌리지 않는다면 단축키(윈도우는 F12, 맥은 Command+I)를 눌러주면 됩니다.

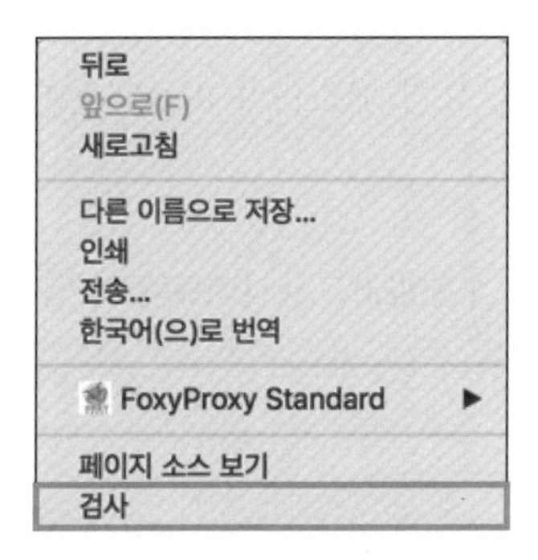

[그림 2-9] 웹 페이지에서 마우스 오른쪽 버튼 클릭

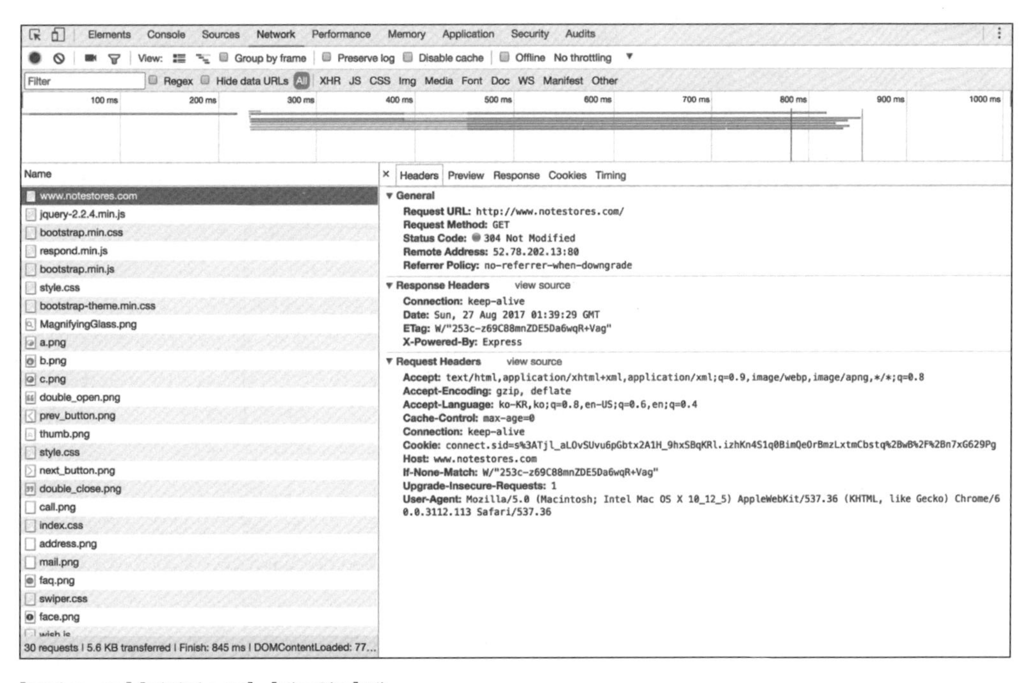

[그림 2-10] [개발자 도구]-[네트워크] 탭

[그림 2-10]과 같은 창이 웹 브라우저에 나타났을 때 상단 탭의 [Network]를 눌러주면 앞의 그림처럼 나타납니다. 만약 아무런 리스트가 없다면 새로고침을 합니다. Name 리스트에서 아무거나 눌러주면 오른쪽에 정보가 나타납니다.
Requests Method가 POST일 때만 Body에 데이터가 존재합니다. [그림 2-10]에서는 Body 데이터가 없으므로 나타나지 않습니다.
Body 데이터의 경우 네트워크 탭에서 Form Data라고 표현합니다. 쿼리스트링의 경우 Query String Parameters라고 표현합니다.

웹 페이지 접속, 새로고침과 같은 일반적인 접속 방식은 GET 요청이라 Body 데이터가 비어 있습니다. 하지만 POST는 데이터를 Body에 포함해 전송하기 때문에 요청 메소드가 POST라면 반드시 Body 데이터를 확인해야 합니다.

만약 사이트를 보다가 특정 작업을 했는데 URL이 변하지 않는다면, **[개발자도구]-[네트워크]** 탭을 확인해 봐야 합니다.

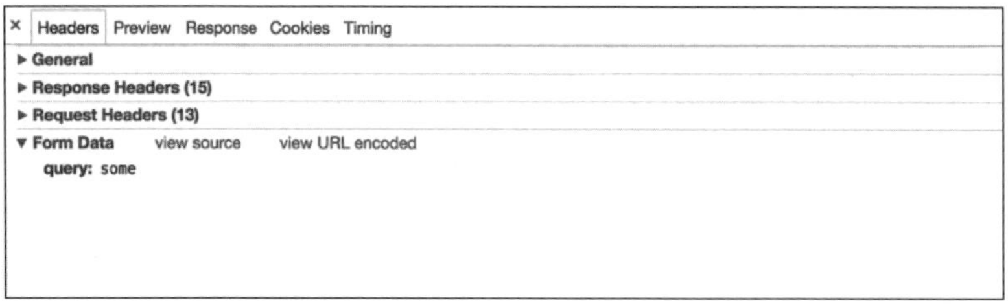

```
× Headers  Preview  Response  Cookies  Timing
▶ General
▶ Response Headers (15)
▶ Request Headers (13)
▼ Form Data    view source    view URL encoded
    query: some
```

[그림 2-11] Body 데이터 표현

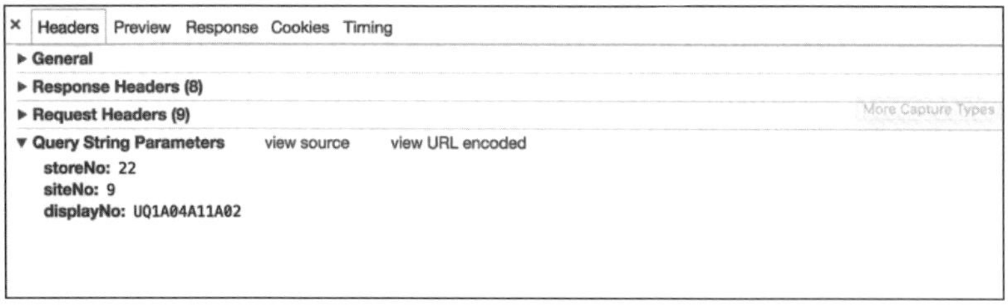

```
× Headers  Preview  Response  Cookies  Timing
▶ General
▶ Response Headers (8)
▶ Request Headers (9)                                More Capture Types
▼ Query String Parameters    view source    view URL encoded
    storeNo: 22
    siteNo: 9
    displayNo: UQ1A04A11A02
```

[그림 2-12] 쿼리스트링 데이터 표현

[그림 2-12]의 Query String Parameters를 URL 주소 형식으로 표현하면 다음과 같습니다.

?storeNo=22&siteNo=9&displayNo=1&displayMallNo=1&stonType=P

5 정리

이번 장에서는 서버와 클라이언트의 개념에 대해 알아보았습니다.

- 서버와 클라이언트
- 요청 메소드
- 요청, 응답 헤더
- 응답 코드
- URL 구조
- 데이터 전송 방법
- **헤더 및 데이터 확인 방법 :** [개발자 도구] - [네트워크] 탭 이용

다음 장에서는 크롤러를 만들기 위한 첫 번째 개념인 클라이언트 중 웹에 대해 자세히 알아보겠습니다.

PART 3

웹을 구성하고 있는 요소

이번 장에서는 웹에 대해 자세히 알아보겠습니다. 웹의 요소를 잘 이해해야 완벽한 크롤러를 만들 수 있습니다. 웹을 잘 이해하기 위해서는 웹을 구성하고 있는 3대 요소에 대한 정확한 이해가 필요합니다.

- HTML
- JavaScript
- CSS
- 웹 렌더링 원리

마지막으로 웹 브라우저가 세 가지 요소를 어떻게 표현하는지에 대한 이해가 필요합니다.

1 웹

우리가 부르는 '웹'이라는 용어는 **월드 와이드 웹**World Wide Web, WWW의 약자로 인터넷에 연결된 클라이언트들이 정보를 공유할 수 있는 공간을 의미합니다. 이러한 공간을 사용할 수 있도록 해주는 것이 **웹 브라우저**입니다.

우리가 웹에서 보는 페이지 하나하나를 **웹 페이지**라고 합니다. 이러한 페이지가 모이면 하나의 **웹 사이트**를 이룹니다. 우리는 웹 사이트 또는 웹 페이지를 URL과 IP를 이용하여 접속할 수 있습니다. 정리하자면, 하나의 웹 사이트는 여러 개의 웹 페이지로 이루어 집니다.

크롤러를 만들 때 하나의 웹 페이지 정보만 수집할 수 있지만, 웹 사이트에서 웹 페이지를 찾아 각각의 웹 페이지에서 정보를 수집할 수 있습니다.

1-1 웹 페이지 구성 요소

웹 페이지는 크게 세 가지로 이루어져 있습니다. 레이아웃을 잡아주는 HTML, 기능을 불어넣어 주는 JavaScript, 화면을 꾸며주는 CSS입니다.

이번 장에서는 HTML과 CSS, JavaScript를 활용하는 방법에 대해 알아봅니다. 크롤러를 만들기 위해서는 목표가 되는 웹 페이지의 구조를 이해하고 그 안에서 원하는 데이터를 찾아낼 수 있어야 합니다. 그렇기 때문에 웹 페이지의 구성 요소인 HTML, CSS 그리고 JavaScript에 대한 정확한 이해가 필요합니다.

2 HTML

HTML은 하이퍼텍스트 마크업 언어HyperText Markup Language의 약자로, 웹을 이루고 있는 가장 기본이 되는 요소입니다. HTML 파일은 확장자가 HTML로 된 파일을 생성하여 실행하면 웹 페이지를 볼 수 있습니다.

2-1 HTML 기본 구조

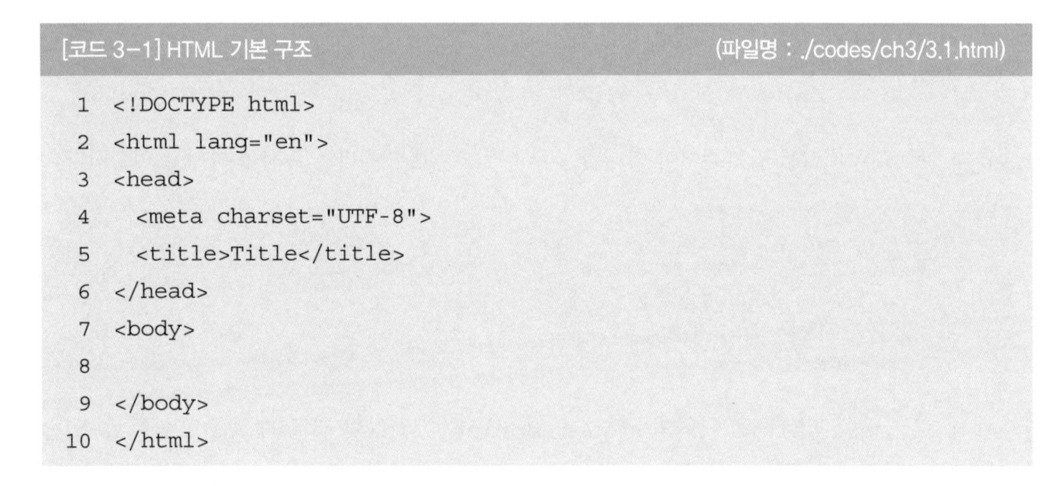

[코드 3-1] HTML 기본 구조 (파일명 : ./codes/ch3/3.1.html)

```
1  <!DOCTYPE html>
2  <html lang="en">
3  <head>
4    <meta charset="UTF-8">
5    <title>Title</title>
6  </head>
7  <body>
8
9  </body>
10 </html>
```

a.html

[그림 3-1] HTML 파일

HTML 파일을 저장하면 [그림 3-1]과 같이 나타납니다. 저장된 파일을 실행하면 웹 페이지로 확인할 수 있습니다.

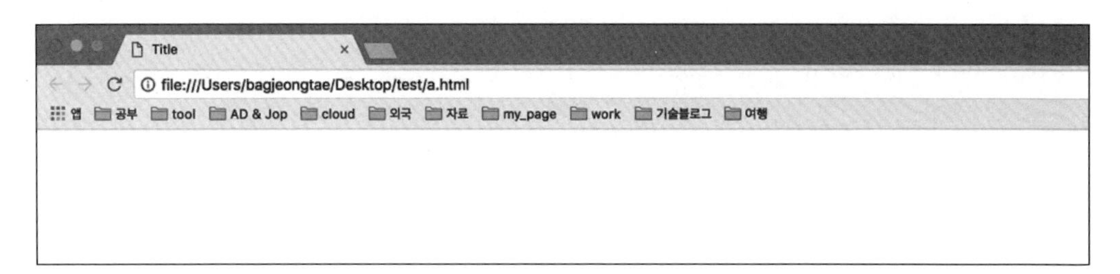

[그림 3-2] [코드 3-1]의 실행결과

[코드 3-1]을 실행하면 제목에는 Title이 표시되고 내용은 아무것도 나타나지 않습니다.

[코드 3-1]은 웹 페이지의 기본 구조입니다. 꺽쇠(〈 〉)로 감싸져 있는 것을 태그라고 합니다. 태그는 여는 태그와 〈 〉, 닫는 태그〈/〉 한쌍으로 구성됩니다. HTML에서는 여는 태그가 있으면 반드시 닫는 태그로 감싸주어야 합니다. 태그를 만들 때 태그 이름과 속성으로 태그를 만들 수 있습니다. 속성은 한 개가 아니라 여러 개가 될 수 있습니다.

```
 1  <!DOCTYPE html>
```

첫 번째 줄은 html5를 명시합니다.

```
 2  <html lang="en">
10  </html>
```

html 태그로 모든 태그를 감싸주어야 합니다. html 태그는 lang이라는 속성을 가지고 있습니다.

```
 3  <head>
 4    <meta charset="UTF-8">
 5    <title>Title</title>
 6  </head>
```

head 태그는 `meta`, `title` 이외의 `style`, `script`, `link`와 같은 태그를 포함할 수 있습니다.

title 태그는 문서의 제목을 나타냅니다.

meta 태그는 HTML 문서가 어떤 내용을 담고 있는지, 문서의 키워드가 무엇인지, 누가 만들었는지에 대한 내용을 가지고 있습니다.

```
<meta name="Subject" content="홈페이지 주제">
<meta name="Title" content="홈페이지 이름">
<meta name="Description" content="설명문">
<meta name="Keywords" content="키워드">
<meta name="Author" content="만든 사람 이름">
<meta name="Publisher" content="만든 단체나 회사">
<meta name="Other Agent" content="웹 책임자">
```

```
<meta name="Classification" content="카테고리 위치(분류)">
<meta name="Generator" content="생성 프로그램(에디터)">
<meta name="Reply-To(Email)" content="메일 주소">
<meta name="Filename" content="파일 이름">
<meta name="Author-Date(Date)" content="제작일">
<meta name="Location" content="위치">
<meta name="Distribution" content="배포자">
<meta name="Copyright" content="저작권">
<meta name="Robots" content="ALL">
```

meta 태그는 name과 content 속성으로 문서의 정보를 나타냅니다.

style 태그는 CSS 코드가 포함되는 태그입니다. link 태그도 CSS 코드가 담겨 있는 태그입니다. link 태그와 style 태그의 차이점은, link 태그는 CSS 코드가 포함된 CSS 파일을 로드하는 태그입니다.

script 태그는 JavaScript 코드가 포함된 태그입니다. style과 link와 다르게 script 태그로 JavaScript 코드를 작성하거나 JavaScript 코드가 포함된 파일을 로드할 수 있습니다.

script 태그의 경우 head 태그에 포함될 수 있지만 body 태그 가장 하단에 포함될 수 있습니다.

```
7  <body>
8
9  </body>
```

body 태그는 우리가 보는 웹 페이지의 내용을 담고 있는 부분입니다. 웹 페이지의 가장 중요한 부분이기도 하고 크롤링을 할 때 실제 데이터를 파싱해야 하는 부분이기도 합니다.

2-2 HTML 태그

웹 페이지를 이루고 있는 태그는 상당히 많습니다. 이번에는 어떤 태그들이 있는지 알아보겠습니다. 이런 태그들은 body 태그 안에 포함됩니다.

2-2-1 p 태그

p 태그는 문단을 나타내는 태그입니다.

[코드 3-2] p 태그 (파일명 : ./codes/ch3/3.2.html)

```
1  <!DOCTYPE html>
2  <html lang="en">
3  <head>
4    <meta charset="UTF-8">
5    <title>Title</title>
6  </head>
7  <body>
8    <p>파이썬 크롤러 책1</p>
9    <p>박정태</p>
10   <p>정보문화사</p>
11 </body>
12 </html>
```

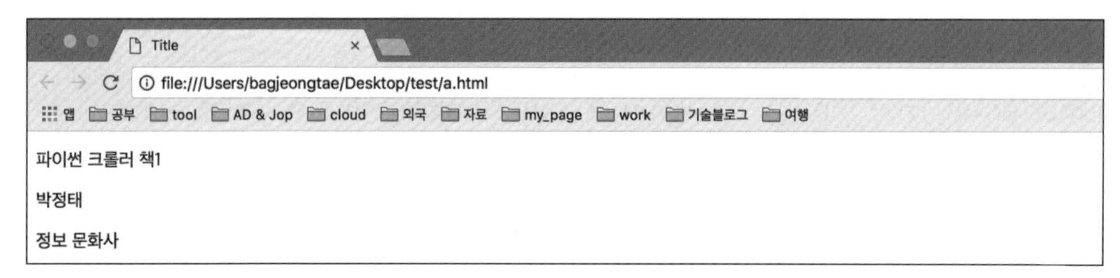

[그림 3-3] [코드 3-2]의 실행결과

p 태그를 이용하여 문단을 만들 수 있습니다.

2-2-2 h 태그

h 태그를 이용해서 폰트 크기를 설정할 수 있습니다.

[코드 3-3] h 태그 (파일명 : ./codes/ch3/3.3.html)

```
1  <!DOCTYPE html>
2  <html lang="en">
3  <head>
4    <meta charset="UTF-8">
5    <title>Title</title>
6  </head>
7  <body>
8    <h1>1</h1>
```

```
 9     <h2>2</h2>
10     <h3>3</h3>
11     <h4>4</h4>
12     <h5>5</h5>
13     <h6>6</h6>
14  </body>
15  </html>
```

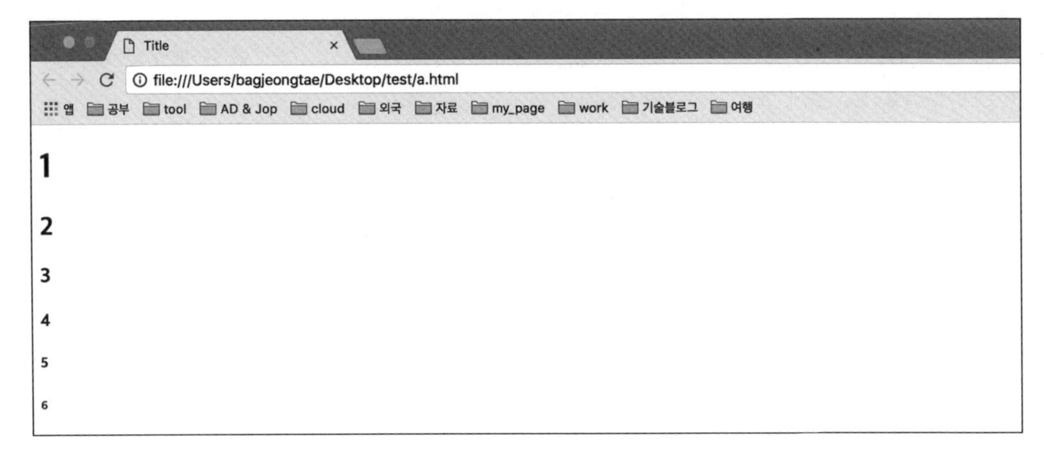

[그림 3-4] [코드 3-3]의 실행결과

H 태그는 숫자가 작을수록 폰트 크기가 커집니다. 1~6까지 지원됩니다.

2-2-3 ul, li 태그

ul과 li 태그는 리스트를 만드는 태그입니다.

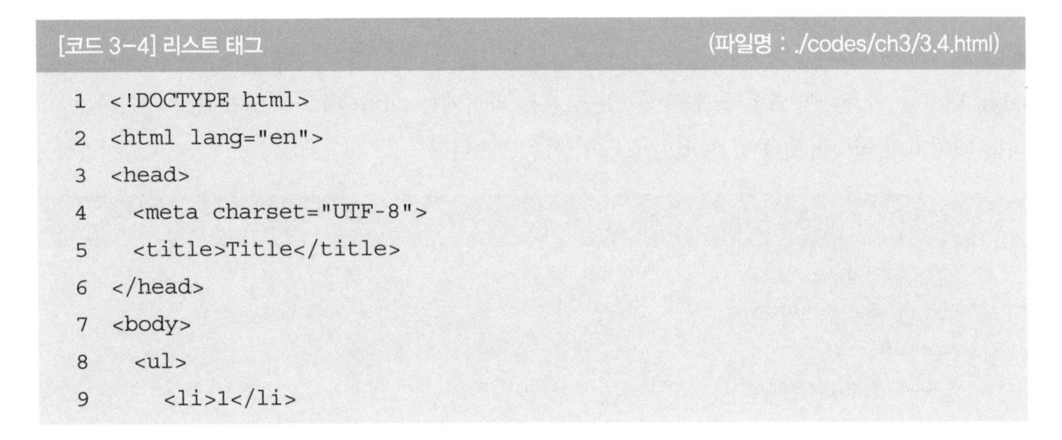

[코드 3-4] 리스트 태그 (파일명 : ./codes/ch3/3.4.html)

```
1  <!DOCTYPE html>
2  <html lang="en">
3  <head>
4    <meta charset="UTF-8">
5    <title>Title</title>
6  </head>
7  <body>
8    <ul>
9       <li>1</li>
```

```
10      <li>2</li>
11      <li>3</li>
12      <li>4</li>
13    </ul>
14
15    <ol>
16      <li>10</li>
17      <li>11</li>
18      <li>12</li>
19    </ol>
20  </body>
21  </html>
```

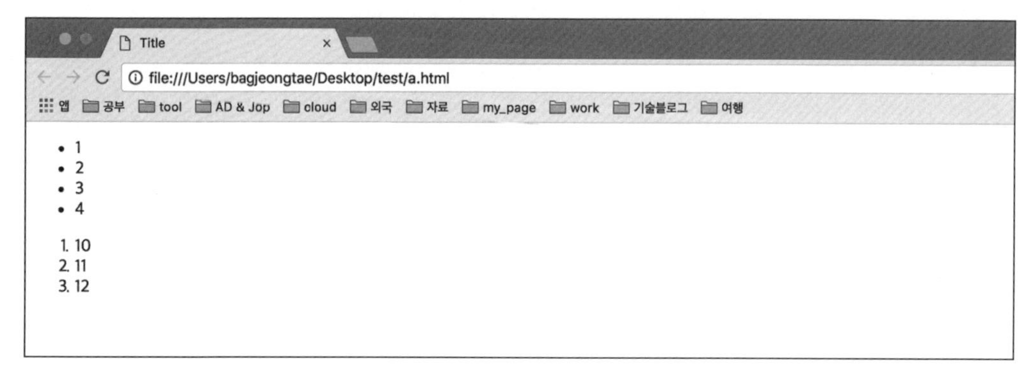

[그림 3-5] [코드 3-4]의 실행결과

ul과 ol 태그로 리스트를 만들 수 있습니다. 리스트 각각의 요소를 li 태그로 표현합니다.

2-2-4 table 태그

table 태그를 이용하여 표를 표현할 수 있습니다. 과거에는 table 태그를 이용해서 테이블뿐 아니라 페이지의 레이아웃을 잡는 역할로 많이 사용했습니다.

[코드 3-5] table 태그 (파일명 : ./codes/ch3/3.5.html)

```
1  <!DOCTYPE html>
2  <html lang="en">
3  <head>
4    <meta charset="UTF-8">
```

```
 5   <title>Title</title>
 6 </head>
 7 <body>
 8   <table>
 9     <tr>
10         <td>1</td>
11         <td>2</td>
12         <td>3</td>
13     </tr>
14     <tr>
15         <td>1</td>
16         <td>2</td>
17         <td>3</td>
18     </tr>
19   </table>
20
21   <table>
22     <thead>
23         <tr>
24             <th>1</th>
25             <th>2</th>
26             <th>3</th>
27         </tr>
28     </thead>
29     <tbody>
30         <tr>
31             <td>11</td>
32             <td>22</td>
33             <td>33</td>
34         </tr>
35         <tr>
36             <td>111</td>
37             <td>222</td>
38             <td>333</td>
39         </tr>
40     </tbody>
41   </table>
42 </body>
43 </html>
```

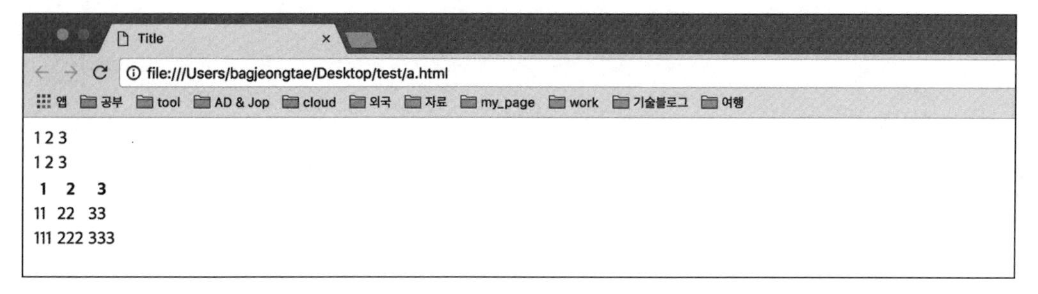

[그림 3-6] [코드 3-5]의 실행결과

table 태그는 내부적으로 thead, tbody를 가지고 있을 수 있으며, tr을 이용하여 행을 표현하고 th, td를 이용하여 각 행의 컬럼을 표현합니다.

th 태그와 td 태그는 한 행에서 컬럼을 나타내는 태그입니다. 이 둘의 차이는 th 태그를 줄 경우 해당 컬럼에서 가운데 정렬과 **굵은 글씨체**가 됩니다. th는 일반적으로 테이블의 가장 첫 번째 행의 컬럼에 넣습니다.

2-2-5 input, button 태그

input 태그와 button 태그를 이용하여 데이터를 넣는 폼과, 페이지를 조작할 수 있는 버튼을 만들 수 있습니다

[코드 3-6] input, button 태그 (파일명 : ./codes/ch3/3.6.html)

```
1  <!DOCTYPE html>
2  <html lang="en">
3  <head>
4    <meta charset="UTF-8">
5    <title>Title</title>
6  </head>
7  <body>
8    <input type="text" value="test1">
9    <input type="text" value="test2">
10   <input type="text" value="test3">
11
12   <button>bt1</button>
13   <button>bt2</button>
14   <button>bt3</button>
15
```

```
16 </body>
17 </html>
```

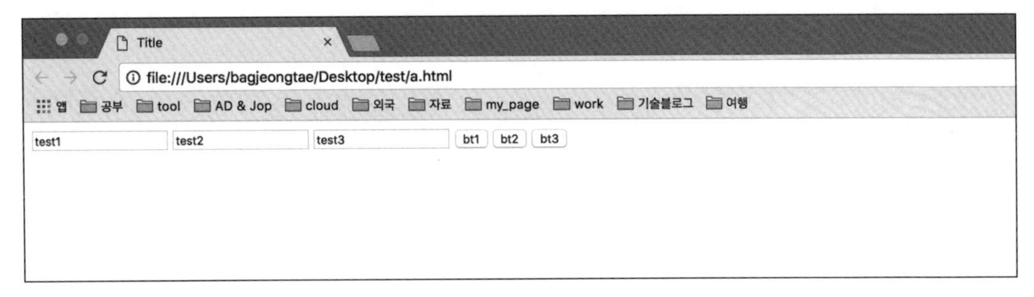

[그림 3-7] [코드 3-6]의 실행결과

input 태그를 이용하면 데이터를 넣을 수 있는 폼이 생깁니다. input은 type, name, value와 같은 속성이 존재합니다. button 태그는 버튼을 만들어 줍니다. 버튼은 input 태그로도 만들 수 있는데 input 태그에 type을 button으로 넣어주면 input 태그로 버튼을 만들 수 있습니다.

input 태그는 닫는 태그가 존재하지 않습니다. input뿐 아니라 몇 개의 태그는 닫는 태그가 존재하지 않습니다.

2-2-6 select 태그

select 태그를 이용하면 선택 리스트를 만들 수 있습니다.

[코드 3-7] select 태그 (파일명 : ./codes/ch3/3.7.html)

```
 1 <!DOCTYPE html>
 2 <html lang="en">
 3 <head>
 4   <meta charset="UTF-8">
 5   <title>Title</title>
 6 </head>
 7 <body>
 8   <select name="address">
 9     <option value="">주소선택</option>
10     <option value="파주">파주</option>
11     <option value="혜화">혜화</option>
12     <option value="홍대">홍대</option>
```

```
13       <option value="종로">종로</option>
14     </select>
15   </body>
16   </html>
```

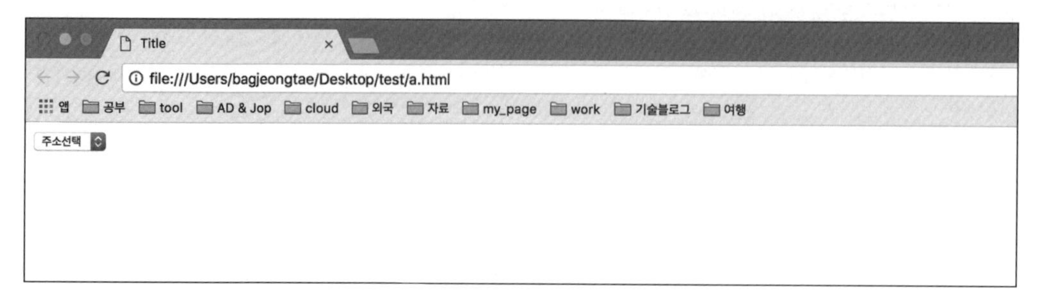

[그림 3-8] [코드 3-7]의 실행결과

select를 이용하면 [그림 3-8]과 같은 형태로 띄울 수 있습니다. select를 누르면 option 태그로 감싼 것들이 리스트의 아이템으로 띄워집니다.

2-2-7 a 태그

a 태그를 이용하면 다른 페이지로 이동할 수 있습니다.

[코드 3-8] a 태그 (파일명 : ./codes/ch3/3.8.html)

```
1  <!DOCTYPE html>
2  <html lang="en">
3  <head>
4    <meta charset="UTF-8">
5    <title>Title</title>
6  </head>
7  <body>
8
9    <ul>
10     <li>
11        <a href="http://www.naver.com">네이버로 이동하기</a>
12        <a href="http://www.google.com">구글로 이동하기</a>
13        <a href="http://www.facebook.com">페이스북으로 이동하기</a>
14     </li>
```

```
15        <li>
16            <a href="a">a로 이동</a>
17            <a href="path/a">path/a로 이동</a>
18        </li>
19        <li>
20            <a href="/a">/a로 이동</a>
21            <a href="/path/a">/path/a로 이동</a>
22        </li>
23     </ul>
24  </body>
25  </html>
```

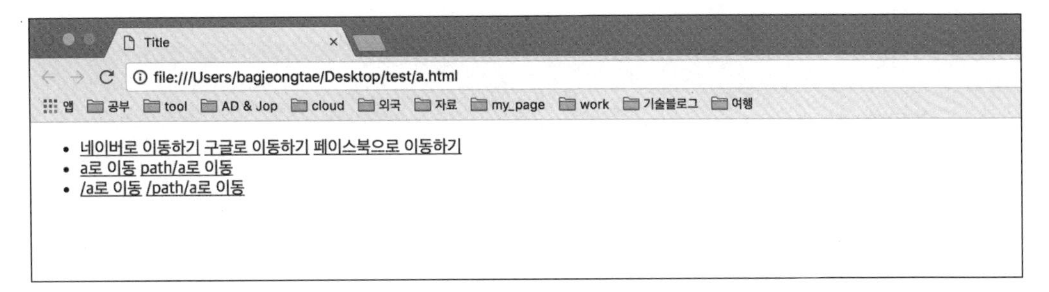

[그림 3-9] [코드 3-8]의 실행결과

a 태그는 href 속성을 가지고 있습니다. href는 클릭 시 이동되는 링크입니다.
링크를 만드는 방법은 크게 세 가지가 있습니다.

첫 번째, www.example.com처럼 **주소 전체**를 작성하는 것입니다.
두 번째, **상대경로(상대주소)**를 이용하여 리소스 경로를 작성하는 것입니다.
세 번째, **절대경로(절대주소)**를 이용하여 리소스 경로를 작성하는 것입니다.

예를 들어, www.example.com의 사이트에서 <a href="a">를 클릭했다면 www.example.com/a로 이동할 것입니다. 그리고 여기서 다시 <a href="b">를 클릭했다면 www.example.com/a/b로 이동할 것입니다. 이것이 **상대경로**의 개념입니다. 상대경로는 내가 있는 경로부터의 경로를 나타냅니다.

그런데 <a href="/a">와 <href="/b">를 클릭했다면 어느 페이지에서 접속을 해도 항상 www.example.com/a와 www.example.com/b로 이동하게 됩니다.

절대경로로 작성되면 어느 페이지에서 링크 이동을 하던지 항상 같은 url을 요청합니다. 그렇기 때문에 웹 사이트에서 대부분은 맨 앞에 슬래시(/)를 붙여 **절대경로**를 사용하여 a 태그를 사용합니다.

절대경로를 **루트경로**라고도 표현합니다. 웹 상에서 루트경로는 www.example.com/과 같은 경로를 의미합니다.

상대경로와 **절대경로**는 매우 중요한 개념입니다. 웹 사이트를 분석할 때 가장 관심있게 지켜보는 태그 중 하나가 a 태그입니다. a 태그의 href 속성을 가져와 페이지를 수집합니다.

2-2-8 img 태그

img 태그를 이용하면 이미지를 포함시킬 수 있습니다.

[코드 3-9] img 태그 (파일명 : ./codes/ch3/3.9.html)

```
1  <!DOCTYPE html>
2  <html lang="en">
3  <head>
4    <meta charset="UTF-8">
5    <title>Title</title>
6  </head>
7  <body>
8    <img src="frog.png" alt="개구리">
9  </body>
10 </html>
```

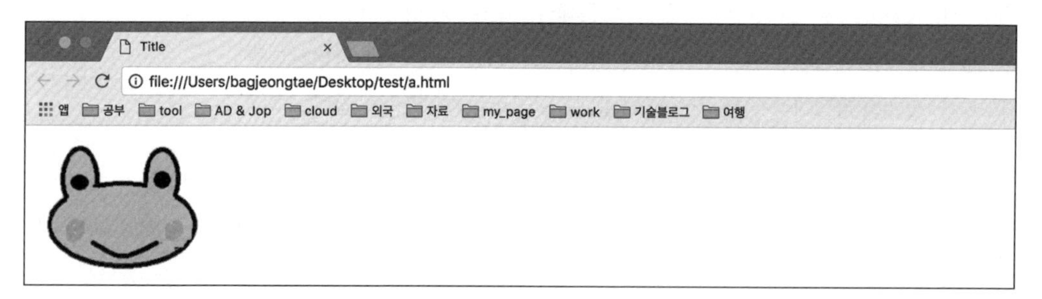

[그림 3-10] [코드 3-9]의 실행결과

img 태그를 이용하면 이미지를 띄울 수 있습니다. img 태그는 src 속성을 이용하여 이미지를 불러옵니다.

img 태그는 alt 속성도 가지고 있는데, 이 속성은 해당 이미지가 정상적으로 불러와지지 않을 경우 이미지를 대체하는 글입니다.

img 태그의 src 값을 가져와 해당 이미지를 다운받는 코드도 작성 가능합니다.

2-2-9 span 태그

span 태그를 이용하여 p 태그처럼 글을 넣을 수 있습니다.

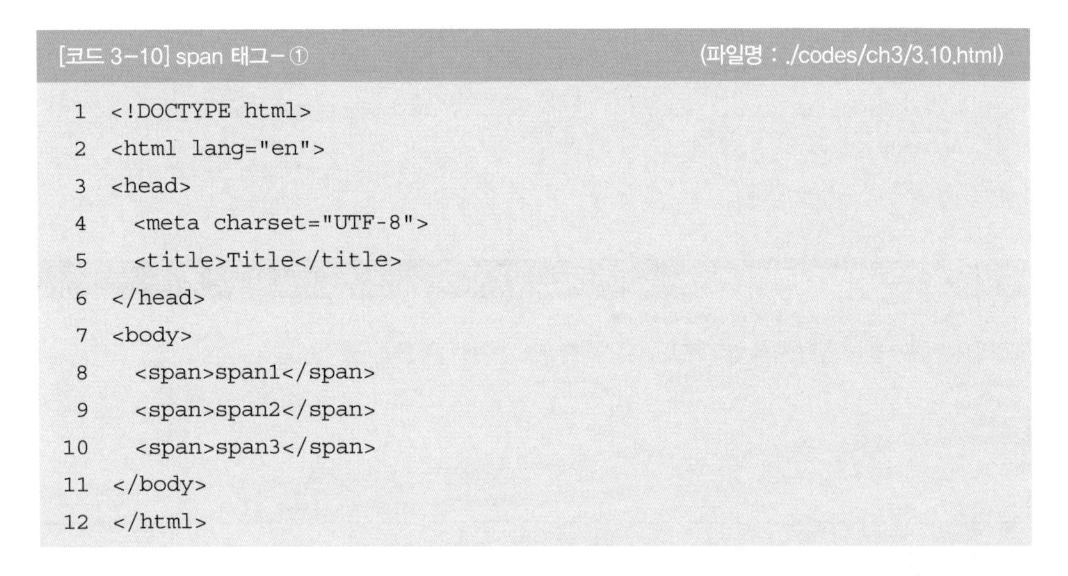

[코드 3-10] span 태그-① (파일명 : ./codes/ch3/3.10.html)

```
1  <!DOCTYPE html>
2  <html lang="en">
3  <head>
4    <meta charset="UTF-8">
5    <title>Title</title>
6  </head>
7  <body>
8    <span>span1</span>
9    <span>span2</span>
10   <span>span3</span>
11 </body>
12 </html>
```

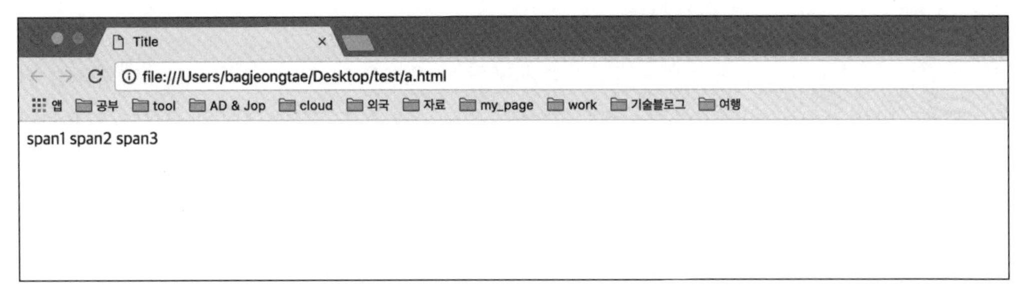

[그림 3-11] [코드 3-10]의 실행결과

span 태그를 이용하여 내용 추가가 가능합니다. p 태그와 다른 점은 p 태그는 문단을 만드는 태그이기 때문에 태그 간 엔터가 자동으로 적용되지만, span 태그는 옆으로 나열됩니다. 이것을 CSS에서 `display: block`과 `display:inline`이라고 표현합니다.

[코드 3-11] span 태그를 p 태그처럼 사용하기 (파일명 : ./codes/ch3/3.11.html)

```
1  <!DOCTYPE html>
2  <html lang="en">
3  <head>
4    <meta charset="UTF-8">
5    <title>Title</title>
6  </head>
7  <body>
8    <span>span1</br></span>
9    <span>span2</br></span>
10   <span>span3</br></span>
11 </body>
12 </html>
```

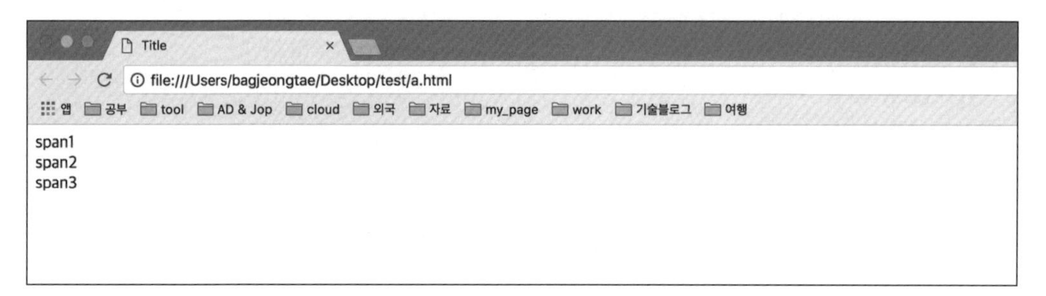

[그림 3-12] [코드 3-11]의 실행결과

br 태그를 이용하면 span 태그를 p 태그처럼 사용할 수 있습니다. br 태그도 input 태그처럼 닫는 태그를 넣을 필요가 없습니다. br 태그의 경우 〈br〉, 〈/br〉 둘 중 하나의 방식으로 사용하면 됩니다.

2-2-10 div 태그

div 태그는 가장 많이 사용되는 태그입니다. div 태그는 화면 레이아웃을 잡는 역할로 많이 사용합니다.

[코드 3-12] div 태그 (파일명 : ./codes/ch3/3.12.html)

```
1  <!DOCTYPE html>
2  <html lang="en">
```

```
 3  <head>
 4    <meta charset="UTF-8">
 5    <title>Title</title>
 6  </head>
 7  <body>
 8    <div>
 9      <h1>첫 번째 div</h1>
10      <span>span1</span>
11      <span>span2</span>
12    </div>
13
14    <div>
15      <h1>두 번째 div</h1>
16      <p>p1</p>
17      <p>p2</p>
18    </div>
19
20    <div>
21      <h1>세 번째 div</h1>
22      <h2>h2</h2>
23      <h4>h4</h4>
24    </div>
25
26    <div>
27      <h1>네 번째 div</h1>
28      <div>
29        <h2>div 중첩</h2>
30        <ul>
31          <li>li1</li>
32          <li>li3</li>
33        </ul>
34      </div>
35    </div>
36
37  </body>
38  </html>
```

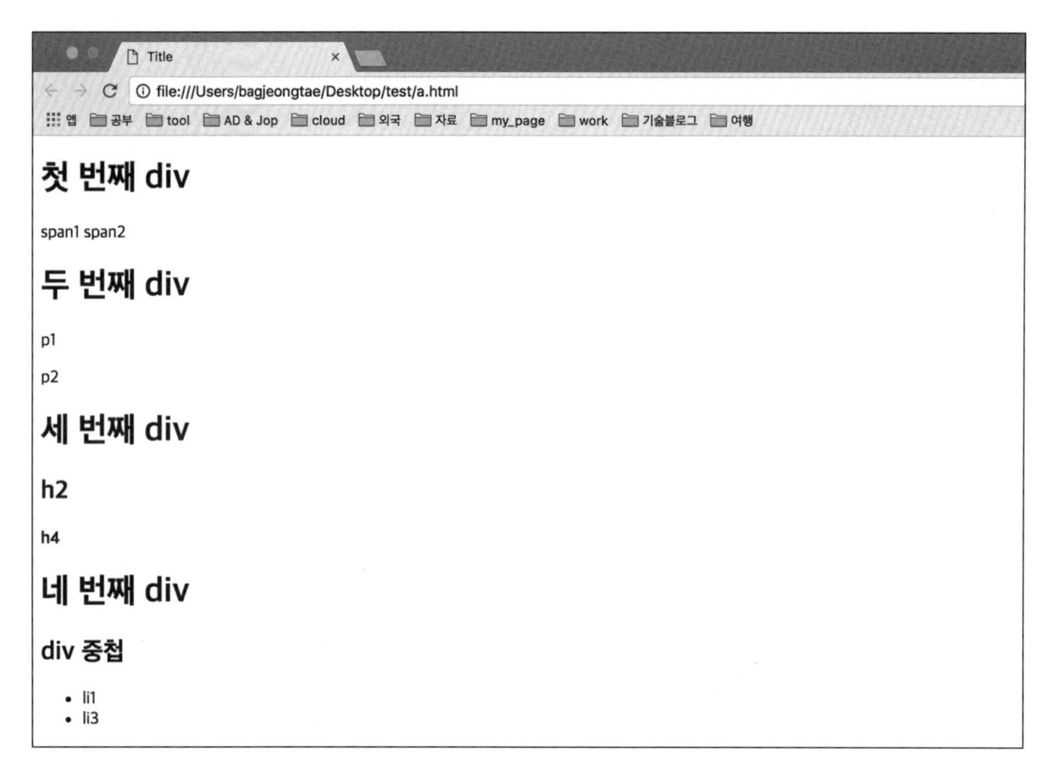

[그림 3-13] [코드 3-12]의 실행결과

div 태그를 이용하면 눈에는 보이지 않지만 그 하위 태그들의 영역을 잡아주는 역할을 합니다. 크롤러를 만들기 위해 웹 페이지 소스를 분석하다 보면 가장 많이 보는 태그입니다. 거의 대부분의 코드들이 div 태그 아래에 들어 있습니다.

앞서 개발자 도구를 이용하여 헤더를 확인하는 방법에 대해 설명했습니다. header를 확인하기 위해서는 개발자 도구에서 **[Network] 탭**에 들어가야 하지만, 웹 소스를 보기 위해서는 **[Elements] 탭**을 클릭하면 됩니다. [Elements] 탭을 클릭하면 좌측에는 HTML 구조, 우측에는 CSS가 나타납니다. 크롤러를 만들 때 우측에 나타난 CSS는 보지 않아도 됩니다.

[그림 3-14]처럼 태그들이 전부 div 태그 안에 들어가 있는 것을 확인할 수 있습니다. div 태그는 특정 기능이 있는 태그가 아니라 단순히 영역을 잡아서 레이아웃을 만드는 역할로 사용합니다.

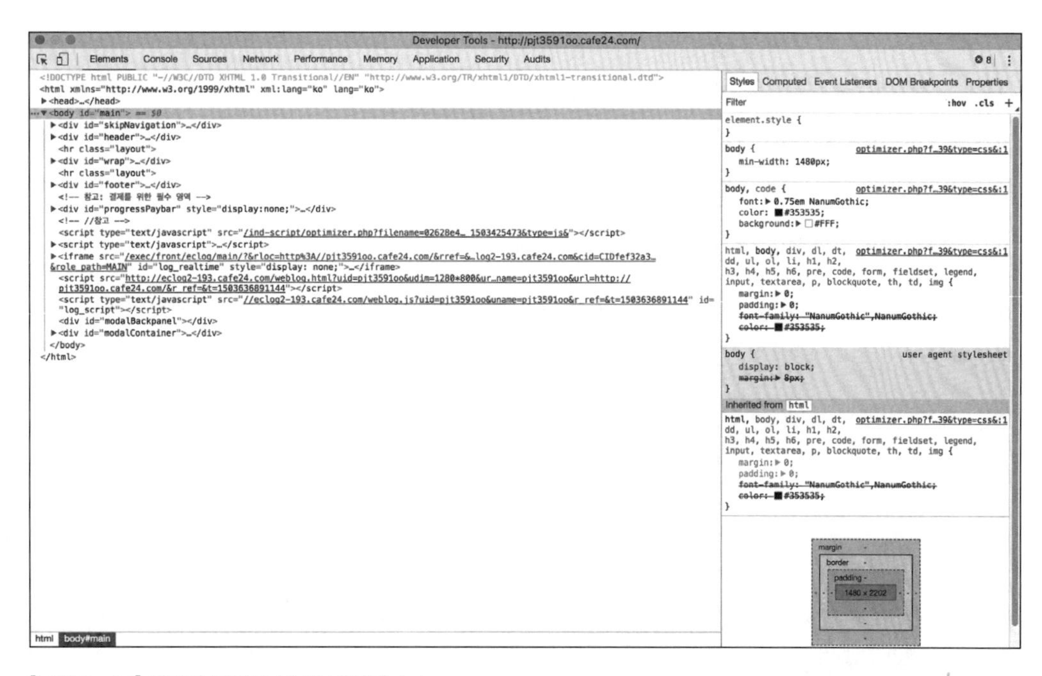

[그림 3-14] 개발자 도구로 본 웹 페이지 소스

```
26  <div>
27    <h1>네 번째 div</h1>
28    <div>
29      <h2>div 중첩</h2>
30      <ul>
31        <li>li1</li>
32        <li>li3</li>
33      </ul>
34    </div>
35  </div>
```

26~35라인처럼 태그를 중첩하여 사용할 수 있습니다. 태그를 중첩할 경우 밖에 있는 태그를 상위태그(상위 돔) 또는 부모태그(부모 돔)라고 부르고, 안에 있는 태그를 하위태그(하위 돔) 또는 자식태그(자식 돔)라고 부릅니다.

예전에는 div 태그를 이용하지 않고 table 태그를 이용하여 웹 사이트 구조를 잡았었습니다. 크롤러를 만들기 위해 HTML을 분석하다보면 table을 중첩해서 만든 사이트들을 볼 수 있습니다.

이 경우 크롤러를 만들기 조금 힘이 듭니다. 왜냐하면, table로 구조를 잡은 사이트는 id와 class 같은 속성은 거의 사용하지 않기 때문입니다. 여기서 id와 class같은 속성을 **셀렉터**selector라고 부릅니다. selector의 존재 유무는 우리가 원하는 데이터를 정확하게 수집할 수 있느냐 없느냐의 차이입니다. 그래서 table 태그로 구조를 잡은 사이트는 selector를 해당 태그에 잘 명시하지 않기 때문에 우리가 원하는 데이터를 정확하게 수집하기 힘듭니다.

id와 class 속성은 우리가 파싱하기 위해 관심있게 지켜봐야 할 속성입니다. id와 class 속성은 데이터를 파싱하기 위해 반드시 필요한 속성이며, id와 class 속성은 모든 태그에 들어갈 수 있는 속성입니다. id와 class 속성에 대해 CSS와 함께 알아보겠습니다.

3 CSS

CSS는 Cascading Style Sheets의 약자로, 웹 사이트를 꾸며주는 역할을 합니다. HTML 코드만 가지고 앞에서 만든 사이트들은 예쁘지도 않고 멋도 없습니다. CSS를 넣으면 예쁘고 멋진 사이트로 만들 수 있습니다.

크롤러를 만드는 데 웹 사이트를 꾸며주는 CSS를 왜 알아야 할까요? 그 이유는 CSS로 웹 사이트를 꾸며주기 위해 해당 태그에 접근하는 방식을 크롤러에서도 똑같이 사용할 수 있기 때문입니다.

앞에서 id와 class에 대해 언급했는데, 이 id와 class를 어떻게 이용하는지 알아보겠습니다.

3-1 셀렉터selector

CSS를 이용하여 꾸미기 위해 특정 요소에 접근하는 것을 **셀렉터**selector라고 부릅니다. 셀렉터를 만들 때는 태그를 이용하는 방법이 있고, 앞에서 언급한 id와 class라는 속성을 이용하는 방법이 있습니다.

3-1-1 태그를 이용하여 셀렉터 만들기

특정 태그를 모두 꾸미고 싶으면 태그를 이용하여 셀렉터를 만듭니다.

[코드 3-13] 태그를 이용하여 셀렉터 만들기 (파일명 : ./codes/ch3/3.13.html)

```
1  <!DOCTYPE html>
2  <html lang="en">
3  <head>
4    <meta charset="UTF-8">
5    <title>Title</title>
6    <style>
7      p{
8         font-size: 17px;
9         color: blue;
10     }
11
12     li{
13        list-style-type: none;
14     }
15   </style>
16 </head>
17 <body>
18   <p>p 태그1</p>
19   <p>p 태그2</p>
20   <p>p 태그3</p>
21   <p>p 태그4</p>
22
23   <ul>
24     <li>li1</li>
25     <li>li2</li>
26     <li>li3</li>
27     <li>li4</li>
28   </ul>
29 </body>
30 </html>
```

Title
file:///Users/bagjeongtae/Desktop/test/a.html
앱 공부 tool AD & Jop cloud 외국 자료 my_page work 기술블로그 여행

p 태그1

p 태그2

p 태그3

p 태그4

li1
li2
li3
li4

[그림 3-15] [코드 3-13]의 실행결과

p 태그의 폰트 크기와 색상을 바꾸었습니다. 태그를 이용하여 접근하면 해당 태그는 전부 CSS 효과가 적용됩니다. 크롤러도 CSS 효과를 주는 것처럼 셀렉터를 이용하여 해당 데이터를 가져올 수 있습니다.

p 태그는 폰트 크기를 17px로 키우고 폰트 색상을 파란색(blue)으로 바꿉니다. li 태그 좌측에 나오는 원 표시를 지웁니다.

[코드 3-13]에서 중요한 점은 어떻게 바뀌었는지가 아니라 태그를 이용하여 접근할 수 있다는 점입니다. 크롤러 입장에서 style 태그는 고려 대상이 아닙니다.

3-1-2 class 이용하여 셀렉터 만들기

[코드 3-13]과 같이 태그 전부에 접근하면 원하는 요소만 정확히 접근할 수 없습니다. 그렇기 때문에 class나 id와 같은 속성을 이용하여 접근합니다. class에 대해 알아보겠습니다.

[코드 3-14] class 이용하여 셀렉터 만들기-① (파일명 : ./codes/ch3/3.14.html)

```
1  <!DOCTYPE html>
2  <html lang="en">
3  <head>
4    <meta charset="UTF-8">
5    <title>Title</title>
6    <style>
7      p.p-target{
8         font-size: 17px;
```

```
 9        color: blue;
10     }
11
12     li.li-target{
13        list-style-type: none;
14     }
15   </style>
16 </head>
17 <body>
18   <p>p 태그1</p>
19   <p class="p-target">p 태그2</p>
20   <p>p 태그3</p>
21   <p>p 태그4</p>
22
23   <ul>
24     <li>li1</li>
25     <li>li2</li>
26     <li class="li-target">li3</li>
27     <li>li4</li>
28   </ul>
29 </body>
30 </html>
```

[그림 3-16] **[코드 3-14]의 실행결과**

[그림 3-16]을 보면 두 번째 p 태그와 세 번째 li 태그만 CSS 효과가 적용되었습니다. 셀렉터를 만들 때 클래스를 표현하기 위해서 **마침표(.)**를 붙여서 표현합니다.

```
 7  p.p-target{
 8    font-size: 17px;
 9    color: blue;
10  }
```

해당 코드가 의미하는 것은 p 태그 중 class가 p-target을 찾아 CSS 효과를 적용하라는 의미입니다. p-target이 클래스 값이기 때문에 마침표(.)를 붙여 클래스라고 알려주었습니다.

```
12  li.li-target{
13    list-style-type: none;
14  }
```

해당 코드가 의미하는 것은 li 태그 중 class가 li-target을 찾아 CSS 효과를 적용하라는 의미입니다. li-target이 클래스 값이기 때문에 마침표(.)를 붙여 클래스라고 알려주었습니다.

클래스를 이용하면 태그에 상관없이 접근할 수 있습니다.

[코드 3-15] class 이용하여 셀렉터 만들기-② (파일명 : ./codes/ch3/3.15.html)

```
 1  <!DOCTYPE html>
 2  <html lang="en">
 3  <head>
 4    <meta charset="UTF-8">
 5    <title>Title</title>
 6    <style>
 7       .target{
 8          font-size: 40px;
 9          color: blue;
10       }
11    </style>
12  </head>
13  <body>
14    <h1>h1 태그</h1>
15    <h2 class="target">h2 태그</h2>
16    <h3>h3 태그</h3>
17    <a href="/" class="target">a 태그</a>
18  </body>
19  </html>
```

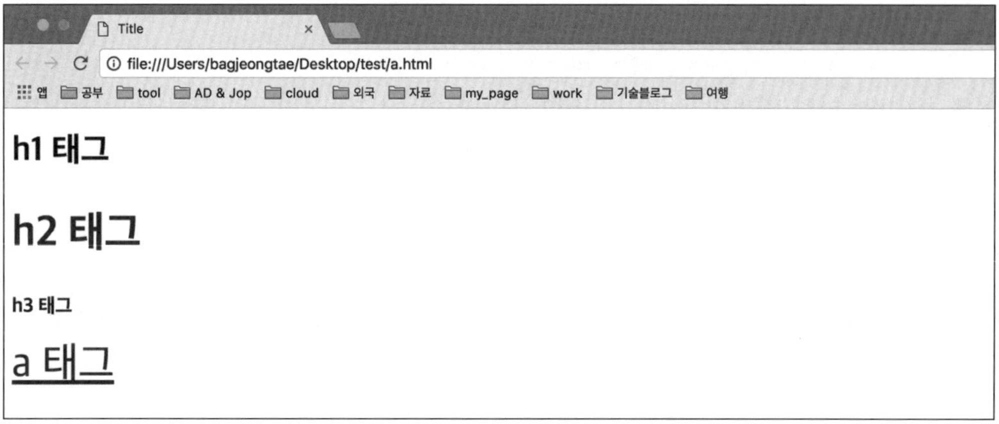

[그림 3-17] [코드 3-15]의 실행결과

class를 이용하면 원하는 요소만 CSS 효과를 적용할 수 있습니다. 즉, 원하는 요소만 **수집**할 수 있습니다.

3-1-3 id 이용하여 셀렉터 만들기

class 말고 id라는 속성이 있습니다. id는 클래스와 다르게 id값이 **고유**해야 합니다.

[코드 3-15]를 보면 target이라는 클래스 값이 h2 태그와 a 태그에서 두 번 사용되었습니다. 하지만 id는 중복 사용하지 않기를 권장하고 있습니다.

[코드 3-16] id 이용하여 셀렉터 만들기-① (파일명 : ./codes/ch3/3.16.html)

```
1  <!DOCTYPE html>
2  <html lang="en">
3  <head>
4    <meta charset="UTF-8">
5    <title>Title</title>
6    <style>
7      #target{
8         font-size: 40px;
9         color: blue;
10     }
11   </style>
12 </head>
13 <body>
```

```
14    <h1>h1 태그</h1>
15    <h2 id="target">h2 태그</h2>
16    <h3>h3 태그</h3>
17    <a href="/" id="target">a 태그</a>
18  </body>
19  </html>
```

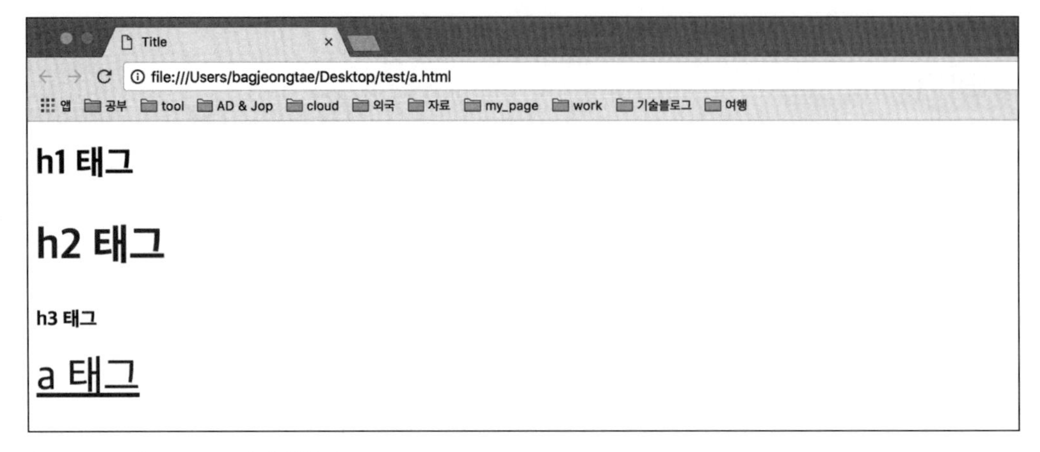

[그림 3-18] [코드 3-16]의 실행결과

id를 이용하여 클래스처럼 똑같이 적용했습니다. 하지만 이렇게 사용하면 안 됩니다. Id는 고유한 값으로 반드시 한 페이지에 하나만 존재해야 합니다. target이라는 id 값은 h2 태그와 a 태그 둘 중 하나만 사용해야 합니다.

웹에서는 다양한 권장사항들을 지키지 않더라도 웬만하면 종료되거나 멈추지 않습니다. 만약 이렇게 되었다면, 인터넷을 하면서 빈번히 종료됐을 것입니다.

[코드 3-17] id 이용하여 셀렉터 만들기-② (파일명 : ./codes/ch3/3.17.html)

```
1  <!DOCTYPE html>
2  <html lang="en">
3  <head>
4    <meta charset="UTF-8">
5    <title>Title</title>
6    <style>
7      #target1{
8        font-size: 40px;
```

```
 9          color: blue;
10       }
11       #target2{
12          font-size: 40px;
13          color: red;
14       }
15     </style>
16   </head>
17   <body>
18     <h1>h1 태그</h1>
19     <h2 id="target1">h2 태그</h2>
20     <h3>h3 태그</h3>
21     <a href="/" id="target2">a 태그</a>
22   </body>
23   </html>
```

[그림 3-19] [코드 3-17]의 실행결과

[코드 3-17]처럼 id 값은 한 번씩만 사용해야 합니다. 즉, id값은 해당 페이지에서 고유하게 접근할 수 있는 속성입니다.

3-1-4 복잡한 셀렉터 만들기

부모 태그와 자식 태그를 나열하여 복잡한 셀렉터를 만들 수 있습니다.

[코드 3-18] 복잡한 셀렉터 (파일명 : ./codes/ch3/3.18.html)

```
1  <!DOCTYPE html>
2  <html lang="en">
3  <head>
4    <meta charset="UTF-8">
5    <title>Title</title>
6    <style>
7      .title{
8        font-size: 20px;
9        color: green;
10     }
11     div#container p{
12       font-size: 12px;
13       color: #7c7c7c;
14     }
15     div#container div#wrap1 h3{
16       color: red;
17     }
18     div#container div#wrap2 h3{
19       color: blue;
20     }
21   </style>
22 </head>
23 <body>
24   <div id="container">
25     <div id="wrap1">
26       <h1 class="title">부모 태그 : wrap1</h1>
27       <h2 id="target1">h2 태그</h2>
28       <h3>h3 태그</h3>
29     </div>
30     <div id="wrap2">
31       <h1 class="title">부모 태그 : wrap2</h1>
32       <h2 id="target3">h2 태그</h2>
33       <h3>h3 태그</h3>
34     </div>
35     <p id="comment">저자 : 박정태</p>
36   </div>
37
38 </body>
39 </html>
```

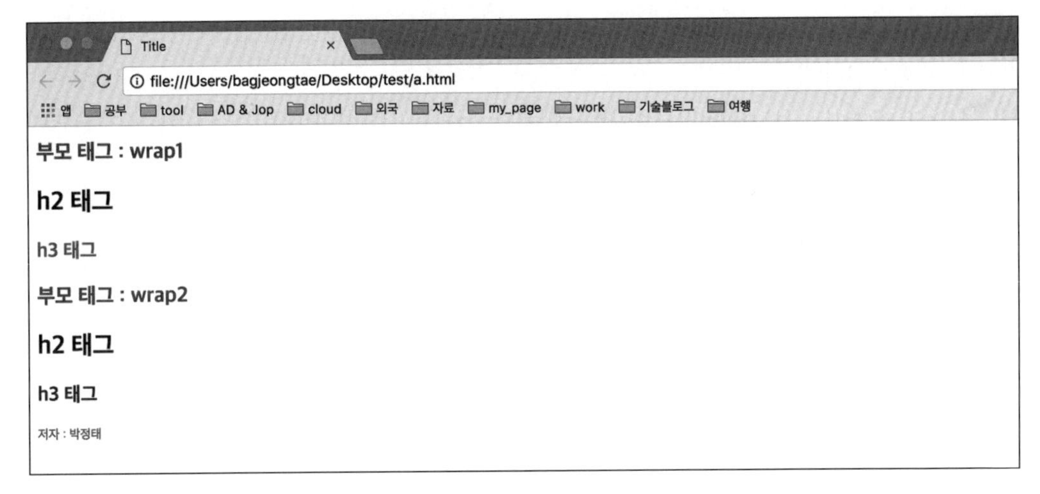

[그림 3-20] [코드 3-18]의 실행결과

[코드 3-18]처럼 복잡한 셀렉터를 만들 수 있습니다.

이처럼 원하는 곳에 접근하는 셀렉터를 자유자재로 만들 수 있어야 크롤러를 만드는 데 어려움이 없습니다.

```
 7  .title{
 8    font-size: 20px;
 9    color: green;
10  }
```

해당 셀렉터는 클래스가 title인 모든 요소를 찾습니다.

```
11  div#container p{
12    font-size: 12px;
13    color: #7c7c7c;
14  }
```

id가 container인 div 태그의 자식 태그 중 p 태그를 찾습니다. 자식 태그를 표현할 때는 **띄어쓰기**를 사용합니다.

```
15  div#container div#wrap1 h3{
16    color: red;
17  }
```

id가 container인 div 태그의 자식 태그 중 id가 wrap1인 div을 찾고 wrap1의 자식 태그인 h3을 찾는 셀렉터입니다.

```
18 div#container div#wrap2 h3{
19   color: blue;
20 }
```

id가 container인 div 태그의 자식 태그 중 id가 wrap2인 div을 찾고 wrap2의 자식 태그인 h3을 찾는 셀렉터입니다.

4 JavaScript

JavaScript를 이용하면 웹 사이트에 기능을 넣어줄 수 있습니다. JavaScript는 script 태그를 이용하여 작성합니다. script 태그는 head에 들어가도 되지만, body의 가장 하단 부분에 넣어주는 것을 권장하고 있습니다.

[코드 3-19] JavaScript 코드 작성 (파일명 : ./codes/ch3/3.19.html)

```
 1 <!DOCTYPE html>
 2 <html lang="en">
 3 <head>
 4   <meta charset="UTF-8">
 5   <title>Title</title>
 6   <script>
 7     alert('경고창')
 8   </script>
 9 </head>
10 <body>
11 
12 </body>
13 </html>
```

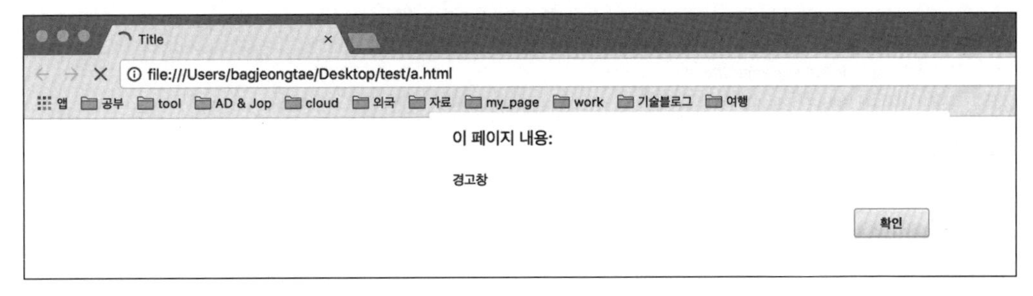

[그림 3-21] [코드 3-19]의 실행결과

JavaScript를 이용하면 웹 사이트에 여러 가지 기능을 넣을 수 있습니다. 크롤러를 만들 때 자바스크립트를 알면 매우 편리합니다.

하지만 자바스크립트에서 가장 중요한 점은 HTML 코드를 만들 수 있다는 점입니다. 이렇게 생성된 HTML 코드는 크롤러가 접근하기 힘듭니다.

[코드 3-20] JavaScript를 이용하여 HTML 추가하기 (파일명 : ./codes/ch3/3.20.html)

```
1  <!DOCTYPE html>
2  <html lang="en">
3  <head>
4    <meta charset="UTF-8">
5    <title>Title</title>
6
7  </head>
8  <body>
9    <div id="container"></div>
10
11   <script>
12     document.getElementById('container').innerHTML="<h1>박정태</h1>";
13   </script>
14 </body>
15 </html>
```

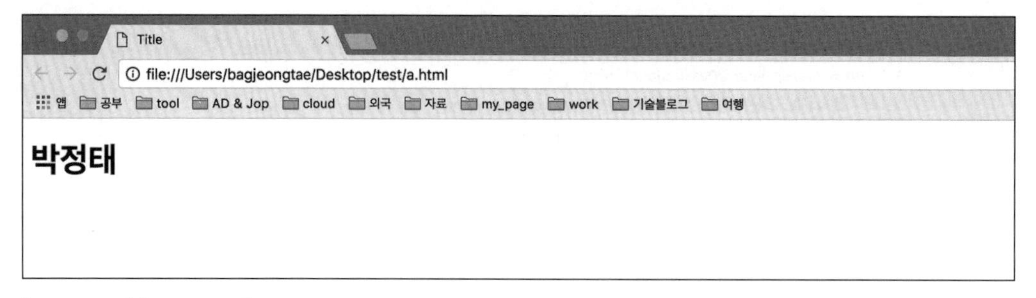

[그림 3-22] [코드 3-20]의 실행결과

[코드 3-20]은 JavaScript를 이용하여 HTML 코드를 생성하는 방법입니다. 이 코드를 사용하는 방법보다는 이런 식으로 JavaScript를 이용하여 HTML 코드를 생성할 수 있다는 점을 알고 있어야 합니다. 우리가 크롤러를 만들면서 분석하기 가장 힘든 부분입니다.

웹 사이트에서 HTML로 기본적인 레이아웃만 잡고 JavaScript를 이용해서 서버로부터 데이터를 가져와 [코드 3-20]처럼 표시해주는 경우가 있습니다.

JavaScript도 또다른 언어이기 때문에 이 책에서는 깊게 다루지 않습니다.

5 웹 렌더링의 원리

우리는 크롤러를 만들기 위해 웹 렌더링의 원리를 정확히 이해해야 웹 분석을 효율적으로 할 수 있습니다.

[그림 3-22]를 웹에서 관리자 도구로 봤을 때와 소스 보기로 봤을 때 코드를 비교해 보겠습니다.

[그림 3-23] 개발자 도구

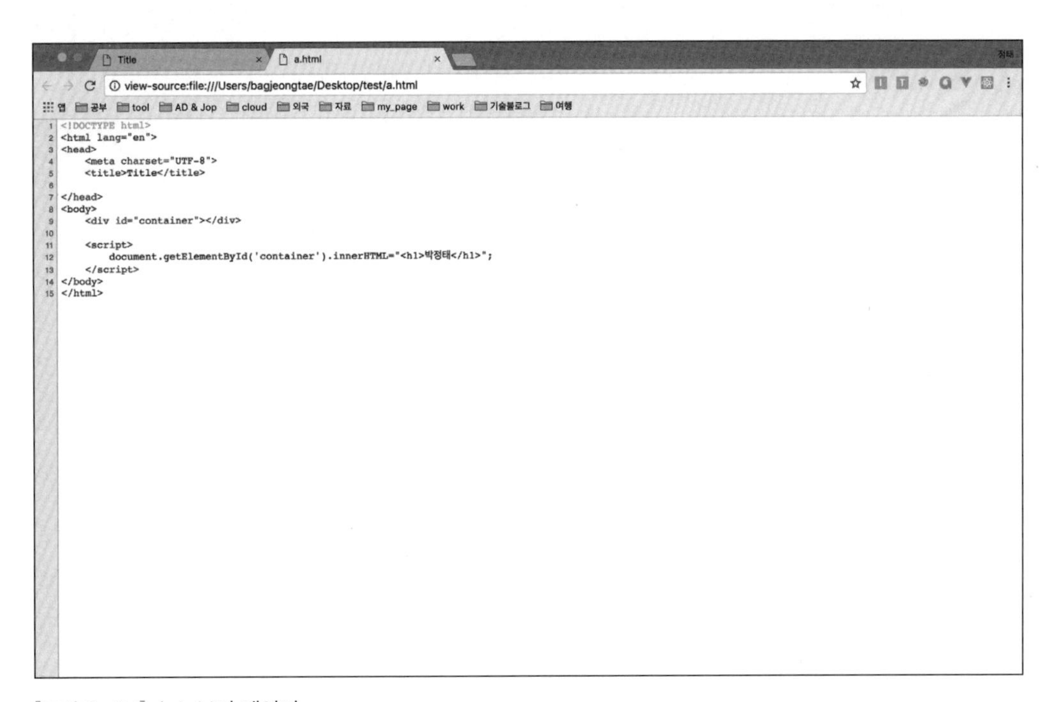

[그림 3-24] 소스 보기 페이지

[그림 3-23]과 [그림 3-24]는 같은 페이지에 대한 결과입니다. 하지만 결과가 다르게 나타납니다. [그림 3-24]는 실제 HTML 코드의 원본입니다. 하지만 [그림 3-23]처럼 웹 브라우저는 JavaScript 코드를 실행시킨 후 HTML을 DOM으로 표현합니다.

DOMDocument Object Model이란 HTML을 시각적으로 쉽게 표현하기 위해 만든 객체입니다. 즉, 문서를 구조화시킨 것입니다. [그림 3-23]을 보면 태그 옆에 삼각형이 보입니다. 삼각형을 누르면 자식 태그를 열어볼 수 있도록 되어 있는데 이러한 구조를 DOM 구조라고 표현합니다. DOM은 크롤러를 만들 때 중요한 부분입니다. 데이터를 수집하기 위해 DOM을 이용해 데이터를 접근한 후 해당 데이터를 수집합니다.

웹 브라우저는 HTML 코드를 그대로 가져온 후 JavaScript를 실행시킨 결과를 보여줍니다. 여기서 중요한 점은 [그림 3-24]처럼 원래의 HTML 코드를 크롤러가 가져오게 됩니다. 그렇기 때문에 편의상 [그림 3-23]처럼 개발자 도구로 웹을 분석하지만, [그림 3-24] 소스 보기 페이지에서 해당 요소가 있는지 확인해야 합니다.

만약 소스 보기 페이지에서 확인했는데 수집하고자 하는 요소가 없다면 [네트워크] 탭을 이용하여 서버에서 데이터를 받아오는지 확인을 해야합니다. 그렇지 않을 경우 **셀레니움**selenium이라는 라이브러리를 사용하여 해결합니다.

PART 4

파이썬 기초 문법

프로그래밍의 가장 기초 개념인 변수, 데이터 타입, 조건분기, 반복문에 대해 알아보겠습니다. 문법에 대해 설명하기 전에 우리는 왜 파이썬을 이용하여 프로그램을 만드는지에 대해 알아보겠습니다.

- 파이썬을 사용하는 이유
- 변수
- 데이터 타입
- 조건분기
- 반복문

프로그래밍을 하면서 필요한 각종 연산, 비교 연산에 대해서도 설명하겠습니다.

1 파이썬을 사용하는 이유

이 책에서는 파이썬을 이용하여 크롤러 구현 방법을 설명하고 있습니다. 그럼 왜 굳이 파이썬을 이용해서 만들까요? 대부분 사람들에게 파이썬이라고 하면 떠오르는 것이 '배우기 쉽다'입니다. 왜 배우기 쉽다고 하는지 다음의 코드를 살펴보겠습니다.

[코드 4-1] c 언어로 데이터 출력하기 (파일명 : ./codes/ch4/4.1.c)

```
1  #include <stdio.h>
2  int main(void){
3    printf("정보문화사 - 박정태");
4  }
```

[코드 4-1] 실행결과

```
'정보문화사 - 박정태'
```

[코드 4-2] 자바로 데이터 출력하기 (파일명 : ./codes/ch4/4.2.jar)

```
1  public class Exam_01{
2       public static void main(String[ ] ar){
3       System.out.write("정보문화사 - 박정태" );
4       }
5  }
```

[코드 4-2] 실행결과

```
'정보문화사 - 박정태'
```

[코드 4-3] c#으로 데이터 출력하기 (파일명 : ./codes/ch4/4.3.cs)

```
1  using System;
2  using System.Collections.Generic;
3  using System.Linq;
4  using System.Text;
```

```
 5 namespace ConsoleApplication1
 6 {
 7     class Program
 8     {
 9         static void Main(string[ ] args)
10         {
11             Console.WriteLine("정보문화사 - 박정태");
12         }
13     }
14 }
```

[코드 4-3] 실행결과

```
'정보문화사 - 박정태'
```

[코드 4-4] 파이썬으로 데이터 출력하기 (파일명 : ./codes/ch4/4.4.py)

```
1 print("정보문화사 - 박정태")
```

[코드 4-4] 실행결과

```
'정보문화사 - 박정태'
```

같은 동작을 C, Java, C#, 파이썬으로 구현한 코드입니다.

파이썬을 사용하는 첫 번째 이유는 **간단**하고 **직관적**입니다. 파이썬은 print 하나만으로 화면에 데이터를 출력할 수 있습니다. 또한 터미널에서 마치 컴퓨터와 대화하듯이 코드 실행이 가능한데 이러한 특성의 프로그래밍 언어를 **인터프리터 언어**라고 합니다.

두 번째 이유는 다양한 **라이브러리**와 API를 제공하여 개발 편의성이 높기 때문입니다. 집을 짓기 위해서는 다음과 같은 과정을 거칩니다. 집 설계 – 집 짓기에 필요한 벽돌, 시멘트, 철근 제작 – 벽돌, 시멘트, 철근을 이용하여 집 제작의 과정을 프로그래밍 과정으로 바꾸겠습니다. 프로그램 설계 – 기능 제작 – 기능을 조합하여 프로그램을 제작합니다.

집을 지을 때 인부들이 벽돌, 시멘트, 철근과 같은 재료들을 만들어 쓰나요? 아닙니다. 재료는 구입하고, 설계도를 보고 철근을 이용하여 뼈대를 만듭니다.

프로그래밍에서 재료는 **라이브러리**라는 용어를 사용합니다. 철근을 이용하여 집의 구조를 미리 만든 것을 **프레임워크**라고 합니다. 즉, 파이썬은 재료 = 라이브러리, 집의 구조를 잡은 철근 = 프레임워크를 상당히 많이 제공합니다. 여기서 API란 라이브러리, 프레임워크를 사용하는 방법입니다.

파이썬을 이용하면 컴퓨터에서 사용하는 여러 프로그램, 게임, 크롤러, 데이터 처리 및 분석, 인공지능, 서버 등 다양한 것을 만들 수 있습니다. 특히 데이터 처리와 관련하여 상당히 많은 것들을 제공하고 있습니다.

정리하자면, 파이썬은 배우기 쉽고, 다양한 **라이브러리**와 **프레임워크**를 제공하여 좀 더 개발에 집중할 수 있기 때문에 인기 있는 언어가 되었습니다.

2 파이썬 코드 작성, 실행 방법

프로그래밍 언어를 이용하여 만들기 전에 가장 중요한 것은 작성한 코드를 실행하는 것입니다. 파이썬 코드를 실행하는 두 가지 방법이 있습니다. 첫 번째는 터미널에서 파이썬 프로그램을 실행하는 방법이고, 두 번째는 터미널에서 파이썬 코드로 작성된 파일을 실행하는 방법입니다.

2-1 터미널에서 파이썬 코드 실행

터미널을 실행하면 검은색 또는 흰색 배경에 글자만 적혀있습니다. 우리는 이 터미널을 이용하여 프로그램을 실행하게 됩니다. 윈도우에서는 터미널이 아니라 명령 프롬프트라는 용어를 사용하고 있습니다. 이 책에서는 명령 프롬프트도 터미널이라고 부르겠습니다. 터미널을 실행해서 python 또는 python3을 입력하면 파이썬이 실행됩니다.

터미널 실행 : 터미널에서 파이썬 실행

```
$ python
Python 2.7.13 (default, Apr  4 2017, 08:47:57)
[GCC 4.2.1 Compatible Apple LLVM 8.1.0 (clang-802.0.38)] on darwin
Type "help", "copyright", "credits" or "license" for more information.
>>>
```

$ 표시가 >>> 표시로 바뀝니다. python을 입력하면 파이썬 정보와 함께 >>>로 바뀌면서 파이썬 코드를 입력할 수 있게 됩니다. 하지만 이러한 방식으로 코드를 작성할 경우 코드를 매번 작성하기 때문에 효율적이지 못합니다.

2-2 파일을 이용해 코드 실행

파일로 코드를 실행하기 위해 터미널 명령어를 익혀두어야 합니다. 윈도우는 **dir**과 **cd** 명령어, 맥 또는 리눅스는 **ls**와 **cd** 명령어만 숙지하면 터미널을 다루는 데 크게 어려움이 없습니다. ls 또는 dir는 현재 폴더(디렉터리)에 있는 폴더와 파일 리스트를 보여줍니다. cd는 특정 디렉터리로 이동합니다.

터미널 실행 : ls, cd 명령어를 이용하여 터미널 다뤄보기

```
bagjeongtaeui-MacBook-Pro:~ bagjeongtae$ ls  # 현재 디렉터리 리스트 출력
Folder1 Folder2 Folder3

bagjeongtaeui-MacBook-Pro:~ bagjeongtae$ cd Folder1
# 현재 디렉터리에 있는 Folder1로 이동

bagjeongtaeui-MacBook-Pro:Desktop bagjeongtae$ ls
# 현재 디렉터리에 있는 리스트 출력

bagjeongtaeui-MacBook-Pro:Desktop bagjeongtae$ cd .. # 상위 디렉터리 이동

bagjeongtaeui-MacBook-Pro:~ bagjeongtae$ ls              # 현재 디렉터리 출력
ApplicationsLibraryPublic
Creative Cloud FilesMoviesVirtualBox VMs
DesktopMusicanaconda
DocumentsPicturesnode_modules
DownloadsProjectstensorflow
```

cd Desktop 명령어는 현재 폴더(디렉터리)에 있는 Desktop이라는 폴더(디렉터리)로 이동하게 합니다. cd ..을 하면 해당 폴더(디렉터리)가 있는 폴더(디렉터리)로 이동합니다. 이것을 상위 디렉터리로 이동한다고 표현합니다. cd를 이용해 파이썬 파일이 있는 곳으로 이동합니다. 파이썬 파일이 있는 곳까지 이동했으면 python [파일명.py]을 이용해 파이썬 코드가 작성된 파일을 실행합니다. 여기서 주의할 점은 파이썬 파일을 만들 때 확장자를 반드시 py로 해야 한다는 것입니다.

3 변수

프로그래밍에는 **변수**와 **상수**라는 개념이 있습니다. 변수는 데이터가 저장되는 공간, 상수는 변하지 않는 값을 의미합니다. 파이썬에서 변수에 저장되는 데이터의 타입은 다양하게 존재합니다.

[코드 4-5] 변수를 사용하는 방법 (파일명 : ./codes/ch4/4.5.py)

```
1  var = 10
2  print(var)
3  print(var)
4  print(var)
5  print(10)
```

[코드 4-5] 실행결과

```
10
10
10
10
```

변수와 상수를 이용하여 데이터를 출력하는 방법입니다. var은 변수, 10은 상수가 됩니다.

[코드 4-6] 변수로 변수값 바꾸기 (파일명 : ./codes/ch4/4.6.py)

```
1  var1 = 10
2  var2 = 20
```

```
3  print(var1)
4  var1 = var2
5  print(var1)
```

[코드 4-6] 실행결과

```
10
20
```

변수를 이용해 변수명을 바꿀 수 있습니다. var1 변수에 10을 넣고 var2에 20을 넣습니다. print()를 이용하여 var1을 출력하고 var1에 var2 값을 넣어줍니다. var1을 출력하면 20이 출력됩니다.

[코드 4-7] 변수 생성없이 변수 사용할 때 (파일명 : ./codes/ch4/4.7.py)

```
1  print(novar)
```

[코드 4-7] 실행결과

```
Traceback (most recent call last):
  File «<stdin>", line 1, in <module>
NameError: name 'novar' is not defined
```

변수를 만들지 않고 사용하게 되면 [코드 4-7] 실행결과처럼 에러가 발생합니다. 앞의 에러를 해결하기 위해서는 해당 변수를 생성해주면 됩니다.

[코드 4-8] NameError 해결 (파일명 : ./codes/ch4/4.8.py)

```
1  novar = 10
2  print(novar)
```

[코드 4-8] 실행결과

```
10
```

변수를 생성해주니 에러가 뜨지 않습니다.

변수 이름을 만들 때 다음과 같은 사항을 조심해야 합니다.

- 파이썬에서 사용하는 내장함수로 변수 이름을 짓는 것은 피해야 한다.
- 변수 이름을 시작할 때는 숫자, 특수 문자의 사용을 피한다.
- 파이썬에서는 변수 이름을 한글로 만들 수 있지만, 피하는 것을 권장한다.
- return, not, try, while, for, if, import와 같은 파이썬 내부에서 사용하는 키워드는 변수 이름으로 사용할 수 없다.

다양한 변수 타입에 대해 알아보겠습니다.

4 데이터 타입

파이썬에서는 다양한 데이터 타입이 존재합니다. 문자열, 정수, 집합, 튜플, 딕셔너리, 리스트와 같은 데이터 타입을 제공합니다.

4-1 숫자형

숫자형은 정수, 실수와 같이 숫자 형태로 이루어진 데이터 타입입니다.

[코드 4-9] 다양한 숫자 출력 (파일명 : ./codes/ch4/4.9.py)

```
1  print(25)
2  print(25.0)
3  print(25.1)
4  print(-25)
5  print(-25.0)
```

[코드 4-9] 실행결과

```
25
25.0
```

```
25.1
-25
-25.0
```

숫자는 양수, 음수 모두 사용 가능합니다.

[코드 4-10] 변수 사용하여 데이터 출력 (파일명 : ./codes/ch4/4.10.py)

```
1  var1 = 25
2  var2 = 25.0
3  var3 = 25.1
4  var4 = -25
5  var5 = -25.0
6  print(var1)
7  print(var2)
8  print(var3)
9  print(var4)
10 print(var5)
```

[코드 4-10] 실행결과

```
25
25.0
25.1
-25
-25.0
```

다양한 숫자를 변수에 저장한 후 print()를 이용하여 출력하였습니다. [코드 4-10]에서 변수 하나만 사용해 출력해보겠습니다.

[코드 4-11] 하나의 변수만 가지고 데이터를 바꿔가면서 출력 (파일명 : ./codes/ch4/4.11.py)

```
1  var1 = 25
2  print(var1)
3  var1 = 25.0
4  print(var1)
5  var1 = 25.1
6  print(var1)
```

```
 7  var1 = -25
 8  print(var1)
 9  var1 = -25.0
10  print(var1)
```

[코드 4-11] 실행결과

```
25
25.0
25.1
-25
-25.0
```

print()로 출력하고 변수의 값을 바꿔 다시 출력하면 바뀐 데이터가 출력됩니다. 같은 코드이지만 여러 가지의 방법으로 코드를 작성하다 보면 금방 익숙해질 수 있습니다.

[코드 4-12] 사칙연산 코드 (파일명 : ./codes/ch4/4.12.py)

```
1  var1 = 10
2  var2 = 25
3  print(var1+var2)     #덧셈 연산
4  print(var1-var2)     #뺄셈 연산
5  print(var1*var2)     #곱셈 연산
6  print(var2/var1)     #나눗셈 연산
7  print(var2//var1)    #나눗셈 연산
8  print(var2%var1)     #나눗셈 연산 - 나머지
```

[코드 4-12] 파이썬 2.x 실행결과

```
35
-15
250
2
2
5
```

[코드 4-12] 파이썬 3.x 실행결과

```
35
-15
250
2.5
2
5
```

+, −, *, /을 이용하여 사칙연산을 할 수 있습니다. 조금 어색한 연산자인 //과 %이 등장합니다. // 연산자는 소수점을 출력하지 않습니다. /를 이용한 나머지 연산은 파이썬 2.x와 3.x 에서 다르게 동작합니다. 파이썬 2.x에서는 /을 할 때 소수점을 버리게 되지만, 파이썬 3.x에서는 / 소수점까지 전부 출력하게 됩니다.

4-2 문자열

문자열은 ‘,“”, “““ ”””, “ ”을 통해 표현할 수 있습니다. “박정태”, “1”과 같이 표현합니다.

[코드 4-13] 문자열 만드는 방법 (파일명 : ./codes/ch4/4.13.py)

```
1  var1 = "박정태"
2  var2 = '25'
3  var3 = """정보문화사"""
4  var4 = '''혜화'''
5  print(var1)
6  print(var2)
7  print(var3)
8  print(var4)
```

[코드 4-13] 실행결과

```
박정태'
'25'
'정보문화사'
'혜화'
```

문자열을 다룰 때 중요한 점은 25와 문자열로 만들어진 ‘25’는 정수형 타입과 문자열 타입이기 때문에 다른 데이터로 취급합니다. 이 부분은 조건분기에서 자세히 다루겠습니다.

[코드 4-14] 문자열 연산하기 (파일명 : ./codes/ch4/4.14.py)

```
1 var1 = "hello"
2 var2 = "world"
3 var3 = var1+ " " + var2
4 print(var1)
5 print(var2)
6 print(var3)
```

[코드 4-14] 실행결과

```
'hello'
'world'
'hello world'
```

문자열에서 + 연산은 문자열을 더하여 하나의 문자열로 합쳐줍니다.

4-2-1 문자열 치환하기

파이썬에서는 replace()를 이용하여 특정 문자열을 다른 문자열로 바꾸는 것(치환)이 가능합니다.

[코드 4-15] replace 사용 방법 (파일명 : ./codes/ch4/4.15.py)

```
1 var = "hello world!"
2 print(var)
3 var = var.replace('!', '?')
4 print(var)
```

[코드 4-15] 실행결과

```
'hello world!'
'hello world?'
```

replace() 형태로 쓰인 것을 함수라고 부릅니다. 이 부분에 대한 설명은 함수 파트와 모듈 파트에서 좀 더 자세히 알아보겠습니다. replace()는 괄호 안에 첫 번째는 바뀔 대상이 되는 문자, 두 번째 인자는 바꾸고 싶은 문자입니다. replace('!', '?')가 의미하는 것은 !를 ?로 바꾸겠다는 것입니다.

[코드 4-16] replace를 이용하여 특정 문자 없애기 (파일명 : ./codes/ch4/4.16.py)

```
1 var = "hello world?"
2 var = var.replace('?', '')
3 print(var)
```

[코드 4-16] 실행결과

```
'hello world'
```

replace('?', '')는 문자열에서 ?를 빈 문자열로 바꾸는 것을 의미합니다. 이렇게 빈 문자열로 바꾸는 것은 가격에 대해 문자열 처리를 할 때 많이 사용합니다.

[코드 4-17] 가격 replace 처리하기-① (파일명 : ./codes/ch4/4.17.py)

```
1 var = '19,000원'
2 var = var.replace(',', '')
3 print(var)
4 var = var.replace('원', '')
5 print(var)
```

[코드 4-17] 실행결과

```
19000원
19000
```

이렇게 하는 이유는 나중에 가격 처리를 할 때 ,나 "원" 같은 문자가 포함되어 있으면, 숫자형으로 변환하는 과정에서 에러가 발생할 수 있으므로 미리 예방하는 차원입니다. [코드 4-17]에서 replace( )를 2줄로 작성했는데 한 줄로 표현할 수 있습니다.

[코드 4-18] 가격 replace 처리하기-② (파일명 : ./codes/ch4/4.18.py)

```
1 var = '19,000원'
2 var = var.replace(',', '').replace('원', '')
3 print(var)
```

[코드 4-18] 실행결과

```
19000
```

replace('', '').replace('', '')의 형태로 쭉 나열 가능합니다.

4-2-2 문자열 찾기

find()를 이용하면 특정 문자열을 찾는 것이 가능합니다. find()는 찾고자 하는 문자열이 없으면 −1, 있으면 찾고자 하는 문자열의 시작 지점을 알려(반환)줍니다.

[코드 4−19] find 이용하여 문자열 찾기−① (파일명 : ./codes/ch4/4.19.py)

```
1  var1 = 'hello world'
2  finded1 = var1.find('a')
3  finded2 = var1.find('world')
4  print(finded1)
5  print(finded2)
```

[코드 4−19] 실행결과

```
-1
6
```

'hello world'에 a라는 문자열이 존재하지 않기 때문에 **−1**이 뜹니다. world를 찾았을 경우 world가 시작되는 위치를 알려주는데 7이 아닌 6인 이유는, 컴퓨터는 숫자가 **0부터 시작**하기 때문입니다. find()를 사용할 때 주의할 점은 대소문자 구분을 해주어야 한다는 점입니다.

[코드 4−20] find 이용하여 문자열 찾기−② (파일명 : ./codes/ch4/4.20.py)

```
1  var1 = "hello world"
2  print(var1.find('world'))
3  print(var1.find('World'))
```

[코드 4−20] 실행결과

```
6
-1
```

소문자가 포함된 "world"로 시작하는 문자열은 있어도 대문자가 포함된 "World"는 없으므로 **−1**이라는 결과가 나타납니다.

4-2-3 문자열 인덱싱, 슬라이싱하기

인덱싱이란 문자열의 특정 위치의 값을 가져오는 것을 의미합니다. **슬라이싱**이란 인덱싱의 확장 개념으로 특정 위치가 아닌 범위에 포함된 문자열을 가지고 오는 것입니다. 예제를 통해 인덱싱과 슬라이싱의 사용법을 살펴보겠습니다.

[코드 4-21] 인덱싱과 슬라이싱 (파일명 : ./codes/ch4/4.21.py)

```
1  var = "hello world"
2  print(var[0])
3  print(var[1])
4  print(var[0:4])
```

[코드 4-21] 실행결과

```
'h'
'e'
'hell'
```

인덱싱과 슬라이싱을 하기 위해서는 **대괄호([ ])**를 사용해서 표현합니다. 첫 번째 print()는 "hello world" 0번째 값인 h 값을 의미하고, 두 번째 print()는 1번째 값인 e를 의미합니다. 슬라이싱은 [ ]에 :를 사용하여 **시작:마지막**을 표현합니다. [0:4]는 0 이상 4 미만이라는 의미입니다. 그러므로 var[0] + var[1] + var[2] + var[3]을 출력하게 됩니다.

[코드 4-22] 슬라이싱 고급 스킬 (파일명 : ./codes/ch4/4.22.py)

```
1  var = "hello world"
2  print(var[:])
3  print(var[:2])
4  print(var[2:])
```

[코드 4-22] 실행결과

```
'hello world'
'he'
'llo world'
```

시작과 마지막을 명시하지 않으면 처음부터 마지막까지 다 나타냅니다.

2라인 print()는 시작과 끝을 둘 다 명시하지 않았기 때문에 시작부터 마지막까지 출력됩니다.

3라인 print()는 시작은 명시하지 않고 마지막을 2로 명시했기 때문에 var[0] + var[1]이 출력됩니다.

4라인 print()는 var[2]부터 마지막까지 출력됩니다. 즉, var[2] + var[3] + var[4] + var[5] + var[6] + var[7] + var[8] + var[9] + var[10]가 됩니다.

[코드 4-23] 인덱싱, 슬라이싱 고급 스킬 (파일명 : ./codes/ch4/4.23.py)

```
1  var = "hello world"
2  print(var[-1])
3  print(var[-2])
4  print(var[3: -2])
```

[코드 4-23] 실행결과

```
'd'
'l'
'lo wor'
```

인덱싱과 슬라이싱을 할 때 빼기(−) 값을 주면 처음부터가 아닌 마지막을 의미합니다. 하지만 −0은 존재하지 않기 때문에 −1이 가장 마지막 값입니다.

[코드 4-24] 인덱싱을 하거나 슬라이싱을 할 때 범위를 벗어난다면? (파일명 : ./codes/ch4/4.24.py)

```
1  var = "hello world"
2  print(var[20])
```

[코드 4-24] 실행결과

```
IndexError: string index out of range
```

인덱싱을 할 때 범위를 벗어나면 인덱스가 문자열의 범위를 벗어났다고 에러를 띄우게 됩니다. 크롤링할 때 자주 보게 되는 에러 문구이기도 합니다.

4-2-4 문자열 나누기

split()을 이용하면 문자열을 나눌 수 있습니다.

[코드 4-25] split 이용하여 문자열 나누기 (파일명 : ./codes/ch4/4.25.py)

```
1  var = "hello world !@"
2  print(var.split( ))
```

[코드 4-25] 실행결과

```
['hello', 'world', '!@']
```

split( )에 값을 넘겨주지 않으면 Space Bar, Enter, Tab을 기준으로 문자열을 나눠줍니다. 하지만 특정 문자열을 기준으로 나누고 싶다면 다음과 같이 코드를 작성할 수 있습니다.

[코드 4-26] split 특정 문자열 기준으로 나누기 (파일명 : ./codes/ch4/4.26.py)

```
1  var = "hello world !@"
2  print(var.split('l'))
```

[코드 4-26] 실행결과

```
['he', '', 'o wor', 'd !@']
```

l을 기준으로 나누는 코드입니다. l이 하나씩 사라지면서 양쪽이 나누어 진다고 생각하면 이해하기 쉽습니다.

4-2-5 문자열의 다양한 함수

이 외에도 문자열은 대소문자 변환, 문자열 개수, 공백 제거, 포맷팅 등 여러 가지를 제공하고 있습니다.

[코드 4-27] 문자열 대소문자 변환 (파일명 : ./codes/ch4/4.27.py)

```
1  var1 = "hello world"
2  var2 = "HELLO WORLD"
3  print(var1.upper( ))
4  print(var2.lower( ))
```

[코드 4-27] 실행결과

```
'HELLO WORLD'
'hello world'
```

upper() 함수와 lower() 함수를 이용하면 소문자를 대문자로 또는 대문자를 소문자로 변환할 수 있습니다.

[코드 4-28] 문자열 개수 (파일명 : ./codes/ch4/4.28.py)

```
1 var = "hello world"
2 print(len(var))
```

[코드 4-28] 실행결과

```
11
```

파이썬 내장함수인 len() 함수를 이용하면 해당 문자열의 길이를 알 수 있습니다.

[코드 4-29] 공백 제거 (파일명 : ./codes/ch4/4.29.py)

```
1 var = "   hello world   "
2 print(var.rstrip()) # 우측 공백 제거
3 print(var.lstrip()) # 좌측 공백 제거
4 print(var.strip())  # 양쪽 공백 제거
```

[코드 4-29] 실행결과

```
'   hello world'
'hello world   '
'hello world'
```

rstrip(), lstrip(), strip()을 이용하면 양쪽에 있는 공백을 선택적으로 제거할 수 있습니다.

[코드 4-30] 문자열 포맷팅 (파일명 : ./codes/ch4/4.30.py)

```
1 var0 = 'I am' + ' 박정태'
2 print(var0)
3 var1 = "I am {name}".format(name="박정태")
4 print(var1)
5 var2 = "I am {0}".format("박정태")
6 print(var2)
7 var3 = "I am {0} I am {name}".format("박정태", name="정보문화사")
8 print(var3)
```

[코드 4-30] 실행결과

```
I am 박정태
I am 박정태
I am 박정태
I am 박정태 I am 정보문화사
```

다양한 방법을 이용해 문자열을 만들 수 있습니다. + 연산을 할 수 있고, format을 이용하여 문자열을 만들 수 있습니다. 언뜻 보면 +를 사용한 방법이 좀 더 쉬워 보이기도 합니다. 하지만 + 연산을 사용할 경우 치명적인 단점이 있습니다. 바로 데이터 타입이 **[문자형 + 숫자형]**일 경우 에러가 발생합니다. 하지만 format을 이용하면 이를 해결할 수 있습니다.

[코드 4-31] 문자열 + 연산의 단점 (파일명 : ./codes/ch4/4.31.py)

```
1  var0 = 'I am age ' + 25
2  print(var0)
```

[코드 4-31] 실행결과

```
TypeError: Can't convert 'int' object to str implicitly
```

문자열과 숫자를 더하면 [코드 4-31]처럼 에러가 발생합니다. int라는 것은 숫자형을 의미합니다. 즉, 'int(숫자형)형을 str(문자형)로 변환할 수 없습니다.'라는 에러가 발생합니다. 하지만 format을 이용하거나 int를 강제로 str로 바꿔주면 에러를 해결할 수 있습니다.

[코드 4-32] TypeError 해결 방법 (파일명 : ./codes/ch4/4.32.py)

```
1  age = 25
2  var0 = 'I am age ' + str(age)
3  var1 = 'I am age {0}'.format(age)
4  print(var0)
5  print(var1)
```

[코드 4-32] 실행결과

```
'I am age 25'
'I am age 25'
```

format()을 이용하면 굳이 str()을 사용하지 않고 숫자형과 문자형을 합칠 수 있습니다. 매번 자료형이 숫자형인지 확인하지 않아도 됩니다.

4-3 리스트

파이썬에서는 연속된 데이터를 표현하기 위해 리스트라는 자료형을 사용합니다. 예를 들어 0부터 99까지 저장하기 위해 99개의 변수를 생성한다면 매우 비효율적입니다. 이럴 때 사용하는 방법이 리스트라는 자료형을 사용하는 것입니다.

[코드 4-33] 리스트 생성 (파일명 : ./codes/ch4/4.33.py)

```
1  var = list([1, 2, 3, 4, 5])
2  print(var)
3  var = [1, 2, 3, 4, 5]
4  print(var)
```

[코드 4-33] 실행결과

```
[1, 2, 3, 4, 5]
[1, 2, 3, 4, 5]
```

리스트는 각각의 요소를 쉼표(,)를 이용하여 구분짓고 **list([ ])** 또는 **대괄호([ ])**를 이용하여 생성합니다.

4-3-1 인덱싱, 슬라이싱하기

리스트도 문자열처럼 인덱싱과 슬라이싱을 할 수 있습니다.

[코드 4-34] 인덱싱, 슬라이싱하기 (파일명 : ./codes/ch4/4.34.py)

```
1  var = [1, 2, "3", 4, 5, 6]
2  print(var[0])
3  print(var[1])
4  print(var[0:4])
```

[코드 4-34] 실행결과

```
1
2
[1, 2, "3", 4]
```

리스트 각각의 아이템(요소)은 숫자형, 문자형과 같이 여러 타입의 자료형이 들어갈 수 있습니다.

4-3-2 문자열 split 살펴보기

문자열은 split()을 하면 나눌 수 있으며, split()을 하면 결과를 리스트 형태로 반환해줍니다.

[코드 4-35] split하여 리스트 형태로 반환하기-① (파일명 : ./codes/ch4/4.35.py)

```
1 var = "hello world"
2 print(var.split( ))
```

[코드 4-35] 실행결과

```
['hello', 'world']
```

인자 없이 split() 하면 Space Bar, Enter, Tab을 기준으로 나누어 리스트로 만들어 줍니다.

4-3-3 join을 이용하여 리스트를 문자열로 만들기

join()을 이용하면 split()과 다르게 리스트를 문자열로 만들어 줍니다. join()을 이용하면 문자열을 만들 때 간단히 만들 수 있습니다. 다음의 코드를 보면 join()이 얼마나 효율적인지 알 수 있습니다.

[코드 4-36] 특정 문자열을 포함시켜 리스트를 문자열로 만들기 (파일명 : ./codes/ch4/4.36.py)

```
1 a = ["1", "2", "3", "4", "5"]
2 b = ".".join(a)
3 print(b)
```

[코드 4-36] 실행결과

```
"1.2.3.4.5"
```

join()을 사용할 때 주의할 점은 리스트 각각의 요소가 문자형이어야 한다는 것입니다. 그렇지 않으면 다음과 같은 에러가 발생합니다.

[코드 4-37] 숫자형이 포함된 리스트 join하기 (파일명 : ./codes/ch4/4.37.py)

```
1 a = [1, "2", 3, "4", "5"]
2 b = ".".join(a)
3 print(b)
```

[코드 4-37] 실행결과

```
TypeError: sequence item 0: expected str instance, int found
```

리스트에서 몇 번째 인덱스가 int(숫자형)인지 에러를 띄워줍니다.

4-3-4 중첩된 리스트

리스트의 각 요소에는 숫자형, 문자형 이외의 리스트 또는 딕셔너리도 포함할 수 있습니다.

[코드 4-38] 중첩된 리스트 생성 (파일명 : ./codes/ch4/4.38.py)

```
1 a = [ 1, 2, 3, 4, [5, 6, 7] ]
2 print(a)
3 print(a[4])
4 print(a[4][0])
5 print(a[4][1])
6 print(a[4][2])
7 print(a[-1][0])
8 print(a[-1][1])
9 print(a[-1][2])
```

[코드 4-38] 실행결과

```
[1, 2, 3, 4, [5, 6, 7]]
[5, 6, 7]
5
6
7
5
6
7
```

리스트의 요소는 다른 데이터 타입이 저장될 수 있습니다. 숫자형, 문자형, 리스트 그리고 앞으로 배울 튜플, 딕셔너리같은 모든 데이터 타입의 저장이 가능합니다.

4-3-5 리스트 연산

리스트도 +, * 연산을 제한적으로 사용할 수 있습니다.

- **리스트 * 숫자형 :** 리스트 반복하기
- **리스트 + 리스트 :** 리스트 합치기

[코드 4-39] +, * 연산하기 (파일명 : ./codes/ch4/4.39.py)

```
1 var1 = [1 ,2 , 3, 4, 5]
2 var2 = [6, 7, 8, 9, 10]
3 num = 3
4 print(var1 * 3)
5 print(var1 + var2)
```

[코드 4-39] 실행결과

```
[1, 2, 3, 4, 5, 1, 2, 3, 4, 5, 1, 2, 3, 4, 5]
[1, 2, 3, 4, 5, 6, 7, 8, 9, 10]
```

리스트 연산에서는 –, /가 불가능합니다.

4-3-6 리스트 수정, 삭제

인덱싱과 슬라이싱을 이용하여 리스트를 수정 또는 삭제할 수 있습니다.

[코드 4-40] 인덱싱을 이용하여 리스트 수정하기 (파일명 : ./codes/ch4/4.40.py)

```
1 var = [1, 2, 3, 4, 5]
2 print(var)
3 var[2] = 10
4 print(var)
5 var[3] = [11, 22, 33]
6 print(var)
```

[코드 4-40] 실행결과

```
[1, 2, 3, 4, 5]
[1, 2, 10, 4, 5]
[1, 2, 10, [11, 22, 33], 5]
```

인덱싱을 이용하여 요소의 값을 바꿀 수 있습니다. 요소를 바꿀 때 리스트 또는 딕셔너리같은 타입으로 바꿀 수 있습니다.

[코드 4-41] 슬라이싱을 이용하여 리스트 수정 (파일명 : ./codes/ch4/4.41.py)

```
1  var1 = [1, 2, 3, 4, 5]
2  var2 = [1, 2, 3, 4, 5]
3  print(var1)
4  var1[2:4] = [0, -1]
5  print(var1)
6  var2[2:4] = [0,-1,-2]
7  print(var2)
```

[코드 4-41] 실행결과

```
[1, 2, 3, 4, 5]
[1, 2, 0, -1, 5]
[1, 2, 0, -1, -2, 5]
```

슬라이싱을 이용해서 데이터를 수정했습니다. [코드 4-41]에서는 2부터 4까지 슬라이싱을 했는데 2개의 요소를 넣을 때는 해당 값이 수정되고, 3개의 요소를 삽입할 경우 에러가 아닌 요소 하나가 추가되어 리스트의 길이가 늘어났습니다.

[코드 4-42] 리스트 요소 삭제 (파일명 : ./codes/ch4/4.42.py)

```
1  var1 = [1, 2, 3, 4, 5]
2  var2 = [1, 2, 3, 4, 5]
3  del var1[1]
4  var2[0:3] = [ ]
5  print(var1)
6  print(var2)
```

[코드 4-42] 실행결과

```
[1, 3, 4, 5]
[4, 5]
```

리스트의 요소를 삭제하는 방법은 두 가지가 있습니다.

첫 번째 방법은 인덱스를 이용한 방법입니다. 인덱싱해서 삭제할 때는 del 객체를 이용하여 삭제합니다.

두 번째 방법은 슬라이싱을 이용한 방법입니다. 슬라이싱을 이용하여 삭제할 때는 [ ]으로 수정하면 해당 범위의 데이터가 삭제됩니다.

4-3-7 리스트의 다양한 함수

리스트도 문자열처럼 다양한 기능을 제공합니다.

[코드 4-43] 리스트 요소 추가하기 (파일명 : ./codes/ch4/4.43.py)

```
1 var = [1, 2, 3, 4, 5]
2 var.append(10)
3 print(var)
4 var.append(20)
5 print(var)
```

[코드 4-43] 실행결과

```
[1, 2, 3, 4, 5, 10]
[1, 2, 3, 4, 5, 10, 20]
```

append( )를 이용하면 마지막 요소 뒤에 추가할 수 있습니다.

[코드 4-44] 리스트 요소 제거하기-① (파일명 : ./codes/ch4/4.44.py)

```
1 var = [1, 2, 3, 4, 5]
2 print(var.pop( ))
3 print(var)
```

[코드 4-44] 실행결과

```
5
[1, 2, 3, 4]
```

pop( ) 함수를 이용하면 마지막 요소를 **가져오면서(반환)** 리스트에서 제거해줍니다. 만약 마지막 요소가 아닌 특정 값을 제거하고 싶다면 pop( )이 아닌 remove( )를 이용하면 됩니다.

[코드 4-45] 리스트 요소 제거하기-② (파일명 : ./codes/ch4/4.45.py)

```
1 var = [1, 2, 3, 4, 5, 1, 2, 3, 4, 5]
2 print(var.remove(4))
3 print(var)
```

[코드 4-45] 실행결과

```
None
[1, 2, 3, 5, 1, 2, 3, 4, 5]
```

여기서 var.remove(4)를 했을 때 해당 리스트에서 4 값을 찾아 제거해줍니다. 단, 4가 여러 개 있을 경우 먼저 등장하는 4를 제거해줍니다. 만약 가장 먼저 나오는 5를 제거하고 싶으면 var.remove(5)를 해주면 됩니다.

var.remove(4)를 print( )했을 때 None 값이 찍히는 이유는 pop( )과 다르게 제거된 값을 반환시켜주지 않기 때문입니다. 함수 파트에서 반환이라는 개념을 명확히 설명하겠습니다.

[코드 4-46] 리스트 정렬 - ① (파일명 : ./codes/ch4/4.46.py)

```
1 var = [3, 5, 1, 2, 3, 4, 12 ,13]
2 var.sort( )
3 print(var)
4 var.sort(reverse=True)
5 print(var)
```

[코드 4-46] 실행결과

```
[1, 2, 3, 3, 4, 5, 12, 13]
[13, 12, 5, 4, 3, 3, 2, 1]
```

sort( ) 함수를 이용하면 값을 오름차순 또는 내림차순으로 정렬할 수 있습니다.

[코드 4-47] 리스트 정렬 - ② (파일명 : ./codes/ch4/4.47.py)

```
1 var = ['a', 'd', 'c', 'b']
2 var.sort( )
3 print(var)
4 var.sort(reverse=True)
5 print(var)
```

[코드 4-47] 실행결과

```
['a', 'b', 'c', 'd']
['d', 'c', 'b', 'a']
```

sort( ) 함수에 reverse=True 옵션 인자를 같이 넘겨주면 내림차순으로 정렬할 수 있습니다.

[코드 4-48] 리스트 정렬-③ (파일명 : ./codes/ch4/4.48.py)

```
1  var = ['A', 'd', 'C', 'b']
2  var.sort( )
3  print(var)
4  var.sort(reverse=True)
5  print(var)
```

[코드 4-48] 실행결과

```
['A', 'C', 'b', 'd']
['d', 'b', 'C', 'A']
```

대문자와 소문자가 섞여 있다면, 대문자가 먼저 정렬됩니다. 이는 아스키코드를 보면 알 수 있습니다. 아스키코드란 문자를 숫자로 대응시킨 코드입니다. 아스키코드에서 A~Z까지 65~90, a~z까지는 97에서 122까지 대응되어 있습니다. 리스트 내부에 있는 문자열을 정렬하면 대응된 숫자를 비교하여 정렬하게 됩니다.

[코드 4-49] 리스트 정렬-④ (파일명 : ./codes/ch4/4.49.py)

```
1  a = [75, "a", "A", 98, 100]
2  print(a.sort( ))
```

[코드 4-49] 실행결과

```
TypeError: unorderable types: str( ) < int( )
```

파이썬은 생각보다 데이터 타입에 까다로운 언어입니다. 특히 문자열과 숫자형에 있어 하나의 타입으로 통일시켜 주어야 합니다. 문자열과 숫자를 더하거나 크기 비교를 하면 TypeError 에러가 발생합니다.

[코드 4-50] 리스트 길이 (파일명 : ./codes/ch4/4.50.py)

```
1  var = [1, 2, 3, 4, 5, 6, 7]
2  print(len(var))
```

[코드 4-50] 실행결과

```
7
```

리스트도 문자열처럼 len()을 이용하여 길이(크기)를 알 수 있습니다. 컴퓨터는 문자열과 리스트의 취급 방식이 거의 비슷합니다.

4-4 딕셔너리

파이썬에서는 딕셔너리라고 하는 데이터 타입을 제공합니다. 한국어로 번역하면 사전형이라는 의미가 있습니다. 딕셔너리는 리스트와 다르게 순서가 존재하지 않습니다. 리스트는 먼저 저장된 데이터는 0으로 접근, 그 다음은 1로 접근을 하게 됩니다. 리스트는 0, 1, 2… 순서가 존재합니다. 하지만 딕셔너리는 저장되는 순서와 상관없이 데이터를 읽고 쓸 수 있습니다.

[코드 4-51] 딕셔너리 생성 및 사용-① (파일명 : ./codes/ch4/4.51.py)

```
1 var1 = dict({"key1": "value1", "key2": "value2"})
2 var2 = {"key1": "value1", "key2": "value2"}
3 print(var1)
4 print(var2)
5 print(var1["key1"])
6 print(var2["key2"])
```

[코드 4-51] 실행결과

```
{'key1': 'value1', 'key2': 'value2'}
{'key1': 'value1', 'key2': 'value2'}
'value1'
'value2'
```

딕셔너리는 **중괄호({ })**를 감싸서 표현하고, **키**[key]**–값**[value]의 형태로 데이터를 저장합니다. 키 값에 접근할 때는 리스트처럼 대괄호([ ])를 이용하고 숫자가 아닌 키 값을 이용하여 접근합니다. 그런데 [ ]로 키를 접근할 때 문제가 있습니다. 존재하지 않는 키에 접근하면 KeyError가 발생합니다.

[코드 4-52] 딕셔너리 생성 및 사용-② (파일명 : ./codes/ch4/4.52.py)

```
1 var = {'key1': 'value1'}
2 print(var['key2'])
```

[코드 4-52] 실행결과

```
KeyError: 'key2'
```

'key3'라는 키가 존재하지 않다는 의미입니다. 이럴 때 get() 함수를 이용하면 됩니다.

[코드 4-53] 딕셔너리 생성 및 사용 – ③ (파일명 : ./codes/ch4/4.53.py)

```
1 var = {'key1': 'value1'}
2 print(var.get('key1'))
3 print(var.get('key1', 'default value'))
4 print(var.get('key2'))
5 print(var.get('key2', 'default value'))
```

[코드 4-53] 실행결과

```
'value1'
'value1'
None
'default value'
```

get() 함수를 이용하면 없는 키를 접근할 때 에러가 발생하지 않습니다. 키가 없으면 None 값을 출력합니다. get() 함수는 키가 없으면 기본값을 설정할 수 있습니다. 첫 번째 인자는 키, 두 번째 인자는 기본값을 넘기면 됩니다. 두 번째 인자는 첫 번째 인자로 넘긴 키가 없으면 출력되는 값입니다.

4-4-1 키(key)–값(value) 생성

딕셔너리도 리스트처럼 데이터를 추가할 수 있습니다.

[코드 4-54] 키 – 값 추가 – ① (파일명 : ./codes/ch4/4.54.py)

```
1 var = {}
2 print(var)
3 var["key1"] = 10
4 print(var)
5 var["key1"] = 20
6 var["key2"] = 30
7 print(var)
```

[코드 4-54] 실행결과

```
{}
{'key1': 10}
{'key1': 20, 'key2': 30}
```

딕셔너리는 키의 중복을 허용하지 않습니다. 즉, 이미 생성된 키에 한 값의 추가가 아닌 수정이 이루어집니다.

코드를 작성하다 보면 키가 없을 때는 키를 생성해서 값을 넣어주고, 키가 존재할 때는 어떤 작업도 하지 않는 경우가 있습니다. 이때는 **setdefault( )** 함수를 이용하면 됩니다.

[코드 4-55] 키 - 값 추가-② (파일명 : ./codes/ch4/4.55.py)

```
1  var = {}
2  print(var)
3  var.setdefault('key1', 10)
4  print(var)
5  var.setdefault('key1', 20)
6  var.setdefault('key2', 30)
7  print(var)
```

[코드 4-55] 실행결과

```
{}
{'key1': 10}
{'key1': 10, 'key2': 30}
```

setdefault( ) 함수를 사용하니 key1의 값이 10 그대로 유지되었습니다.

반복문 파트에서 setdefault()를 이용하여 재미있는 코드를 작성해 보겠습니다.

4-4-2 key, value, key-value 쌍 리스트 만들기

딕셔너리는 key 리스트, value 리스트, key-value 한 쌍의 리스트를 만드는 함수를 제공합니다.

[코드 4-56] key 리스트 만들기 (파일명 : ./codes/ch4/4.56.py)

```
1  var={'key1': 'value1', 'key2': 'value2', 'key3': 'value3'}
2  print(var.keys())
```

[코드 4-56] 실행결과

```
dict_keys(['key3', 'key1', 'key2'])
```

keys() 함수를 이용하면 키를 리스트처럼 만들 수 있습니다. 출력 결과를 보면 dict_keys로 되어 있는데, 이는 list로 이해하면 됩니다. 하지만 리스트는 아니기 때문에 인덱싱같이 리스트처럼 사용이 불가능합니다.

[코드 4-57] value 리스트 만들기 (파일명 : ./codes/ch4/4.57.py)

```
1 var = {'key1': 'value1', 'key2': 'value2', 'key3': 'value3'}
2 print(var.values())
```

[코드 4-57] 실행결과

```
dict_values(['value3', 'value1', 'value2'])
```

values() 함수를 이용하면 value 값들로 리스트처럼 만들어 줍니다. keys()처럼 dict values가 나오는데 이것도 keys()와 같습니다.

[코드 4-58] key-value 쌍으로 리스트 만들기 (파일명 : ./codes/ch4/4.58.py)

```
1 var = {'key1': 'value1', 'key2': 'value2', 'key3': 'value3'}
2 print(var.items())
```

[코드4-58] 실행결과

```
dict_items([('key3','value3'), ('key1', 'value1'), ('key2',
'value2')])
```

items() 함수를 이용하면 (key, value)의 형태로 리스트처럼 만들어 줍니다. 이는 튜플이라고 하는 자료형의 형태입니다. items()도 dict_items의 형태로 출력됩니다.

dict_keys(), dict_values(), dict_items()는 정확하게는 리스트가 아닙니다. 그렇기 때문에 리스트처럼 인덱싱이나 슬라이싱은 불가능합니다. 하지만 리스트처럼 반복문(루프)을 돌릴 수 있으며, 이것을 **이터레이터**iterator라고 표현합니다. 단, list()를 이용하여 리스트 타입으로 바꾼다면 리스트처럼 인덱싱이나 슬라이싱을 사용할 수 있습니다.

[코드 4-59] 딕셔너리 함수로 만든 리스트 인덱싱하기-① (파일명 : ./codes/ch4/4.59.py)

```
1 var = {'key1': 'value1', 'key2': 'value2', 'key3': 'value3'}
2 values = var.values( )
3 print(values)
4 print(values[0])
```

[코드 4-59] 실행결과

```
dict_values(['value3', 'value1', 'value2'])
TypeError: 'dict_values' object does not support indexing
```

dict_values는 정확히는 리스트가 아니므로 인덱싱을 시도할 때 에러가 발생합니다.

[코드 4-60] 딕셔너리 함수로 만든 리스트 인덱싱하기-② (파일명 : ./codes/ch4/4.60.py)

```
1 var = {'key1': 'value1', 'key2': 'value2', 'key3': 'value3'}
2 values = list(var.values( ))
3 print(values)
4 print(values[0])
```

[코드 4-60] 실행결과

```
['value3', 'value1', 'value2']
'value3'
```

앞에서 str(), int()를 사용하여 형 변환을 시킨 것처럼 list()를 이용하면 리스트 타입으로 변환합니다. 변환된 데이터는 리스트처럼 사용 가능합니다.

4-4-3 키 존재 유무 검사

in 키워드를 이용하면 키가 존재하는지 검사할 수 있습니다.

[코드 4-61] 키 확인 (파일명 : ./codes/ch4/4.61.py)

```
1 var = {'key1': 'value1', 'key2': 'value2', 'key3': 'value3"}
2 print('key1' in var)
3 print('hello' in var)
```

[코드 4-61] 실행결과

```
True
False
```

[키 in 딕셔너리 변수]의 형태로 코드를 작성합니다. 존재한다면 **True(참)**, 존재하지 않는다면 **False(거짓)**를 반환합니다. 이것은 문자열과 리스트에서도 똑같이 사용할 수 있습니다. 문자열에 해당 요소가 리스트에 포함되었는지, 해당 문자가 포함되었는지 검사할 수 있습니다.

4-5 튜플

파이썬에서는 튜플이라는 자료형 타입을 제공합니다. 튜플은 리스트와 매우 흡사하지만 약간 다른 점이 있습니다.

첫 번째로 리스트는 대괄호([ ])를 이용하여 생성하지만 튜플은 **소괄호(( ))**를 이용하여 생성합니다.

두 번째로 튜플은 값을 수정하거나 삭제할 수 없습니다. 즉, 만들어진 튜플 데이터는 데이터의 변경이 자유롭지 못합니다.

[코드 4-62] 튜플 생성-① (파일명 : ./codes/ch4/4.62.py)

```
1  var1 = tuple((1,))
2  var2 = tuple((1, 2, 3))
3  var3 = (1,)
4  var4 = (1, 2, 3)
5  print(var1)
6  print(var2)
7  print(var3)
8  print(var4)
```

[코드 4-62] 실행결과

```
(1,)
(1, 2, 3)
(1,)
(1, 2, 3)
```

튜플은 tuple이라는 키워드를 생성하거나 소괄호(( ))를 이용하여 생성할 수 있습니다. 단, 튜플을 만들 때 주의할 점은 값이 하나만 있으면 뒤에 콤마(,)를 붙여주어야 한다는 것입니다.

[코드 4-63] 튜플 생성-② (파일명 : ./codes/ch4/4.63.py)

```
1  var1 = (1)
2  print(var1)
```

[코드 4-63] 실행결과

```
1
```

튜플 생성 시 요소가 하나일 땐 반드시 **콤마(,)**를 붙여 주어야 합니다. 만약 콤마를 붙이지 않는다면 튜플이 아닌 정수나 문자열같은 타입이 됩니다.

4-5-1 튜플 요소를 변경하거나 삭제한다면?

튜플은 리스트와 다르게 값의 변경 및 삭제가 불가능합니다. 만약 하지 말라는 행위를 하면 어떤 에러를 띄우는지 알아보겠습니다.

[코드 4-64] 튜플 요소 삭제 시 (파일명 : ./codes/ch4/4.64.py)

```
1  var1 = (1, 2, 3)
2  print(var1)
3  del var1[0]
```

[코드 4-64] 실행결과

```
(1, 2, 3)
TypeError: 'tuple' object doesn't support item deletion
```

삭제를 시도하면 TypeError로 삭제[deletion]는 지원되지 않는다고 에러를 띄웁니다.

[코드 4-65] 튜플 요소 수정 시 (파일명 : ./codes/ch4/4.65.py)

```
1  var1 = (1, 2, 3)
2  print(var1)
3  var1[0]= 10
```

[코드 4-65] 실행결과

```
(1, 2, 3)
TypeError: 'tuple' object does not support item assignment
```

수정을 시도한다면 TypeError로 할당[assignment]은 지원되지 않는다고 에러를 띄웁니다.

4-5-2 튜플 요소 접근 및 연산

앞에 나온 에러를 제외하면 튜플은 리스트와 사용법이 같습니다.

[코드 4-66] 인덱싱 (파일명 : ./codes/ch4/4.66.py)

```
1  var1 = (1, 2, 3, 4, 5)
2  print(var1[3])
```

[코드 4-66] 실행결과

```
4
```

인덱싱을 할 때 리스트처럼 대괄호([ ])를 이용합니다.

[코드 4-67] 슬라이싱 (파일명 : ./codes/ch4/4.67.py)

```
1  var1 = (1, 2, 3, 4, 5)
2  print(var1[2:])
```

[코드 4-67] 실행결과

```
(3, 4, 5)
```

슬라이싱 할 땐 대괄호([ ])와 :을 이용합니다.

[코드 4-68] +, * 연산 (파일명 : ./codes/ch4/4.68.py)

```
1  var1 = (1, 2, 3, 4, 5)
2  var2 = (11, 22, 33, 44, 55)
3  print(var1)
4  print(var2)
6  print(var1 + var2)
7  print(var1 * 3)
8  print(var2 * 3)
```

[코드 4-68] 실행결과

```
(1, 2, 3, 4, 5)
(11, 22, 33, 44, 55)
(1, 2, 3, 4, 5, 11, 22, 33, 44, 55)
(1, 2, 3, 4, 5, 1, 2, 3, 4, 5, 1, 2, 3, 4, 5)
(11, 22, 33, 44, 55, 11, 22, 33, 44, 55, 11, 22, 33, 44, 55)
```

+, * 연산도 리스트와 똑같이 처리됩니다.

5 연산자

파이썬에서는 다양한 종류의 연산자를 제공합니다. 이 부분은 파이썬뿐만 아니라 다른 언어에서도 개념은 똑같습니다. 연산자는 크게 세 가지로 **사칙연산자**, **비교연산자**, **논리(관계)연산자**가 있습니다. 사칙연산자와 비교연산자는 비교적 어렵지 않습니다. 하지만 논리연산자는 어려울 수 있습니다. 하지만 좀 더 편하게 이해하는 방법도 같이 소개하겠습니다.

5-1 사칙연산자

사칙연산자는 말 그대로 사칙연산을 하는 데 필요한 연산자입니다. 사칙연산자는 앞의 데이터타입 – 숫자형 파트에서 소개했습니다. 사칙연산자를 정리하면 다음과 같습니다.

- **+** : 더하기
- **–** : 빼기
- ***** : 곱하기
- ****** : 거듭 제곱
- **/** : 나누기
- **//** : 나누기 연산 후 소수점 이하의 수를 버리고, 정수 부분의 수만 구함
- **%** : 나누기 연산 후 몫이 아닌 나머지를 구함

[코드 4–69] 사칙연산 (파일명 : ./codes/ch4/4.69.py)

```
1  var1 = 1
2  var2 = 5
3  var1 += var2
4  print(var1)
```

[코드 4–69] 실행결과

```
6
```

+=, –=, *=, /= 형태의 연산자를 제공합니다. 이러한 연산자는 생소할 것입니다.

A += B는 A = A + B를 의미합니다. 좌측 항 +, −, *, /에 맞추어 우측 항과 연산을 한 후 다시 좌측 항 변수에 저장하는 연산자입니다. 처음에는 어색하겠지만 사용하다보면 매우 편리한 연산자입니다.

5-2 비교연산자

비교연산자는 값을 비교하는 연산자입니다. 값이 크고 작은지, 같은지, 다른지를 비교하는 연산자입니다.

- == : 양측 값이 같나요? (10 == 20) → false
- != : 양측 값이 다른가요? (10 != 20) → true
- > : 좌측 항이 우측 항보다 큰가요?(초과) (10 > 20) → false
- < : 좌측 항이 우측 항보다 작은가요?(미만) (10 < 20) → true
- >= : 좌측 항이 우측 항보다 같거나 큰가요?(이상) (10 >= 20) → false
- <= : 좌측 항이 우측 항보다 같거나 작나요?(이하) (10 <= 10) → true

비교연산자는 결과에 대해 참True, 거짓False으로 반환합니다. 여기서 주의할 점은 가장 앞글자인 T, F는 대문자입니다

프로그램에서는 0을 제외한 모든 수(양, 음수)는 True로 인식하고 0은 False로 인식합니다.

5-3 논리(관계)연산자

논리연산자는 프로그램의 로직을 설계하는 데 중요한 연산자입니다. 논리연산자에는 AND, OR, NOT 연산이 있습니다. 우리는 논리 연산자를 통해 다양한 조건을 만들어 낼 수 있습니다.

5-3-1 AND 연산

AND 연산은 양측 값이 모두 True일 때 True를 반환합니다. AND 연산을 하기 위해서는 AND 키워드를 사용합니다.

[코드 4-70] AND 연산 (파일명 : ./codes/ch4/4.70.py)

```
1 print(False and False)
2 print(False and True)
3 print(True and False)
4 print(True and True)
5 print(1 < 2 and 2 > 1)
6 print(1 > 2 and 2 > 1)
```

[코드 4-70] 실행결과

```
False
False
False
True
True
False
```

5라인 print( )를 보면 1 〈 2와 2 〉 1 각각을 비교하여 True and True 연산이 됩니다. 양쪽 모두 True이기 때문에 True가 나옵니다. 양쪽에 서로 다른 조건이 있을 때는 양쪽 조건을 **괄호(( ))**를 사용하여 묶어주는 것이 가독성에 도움이 됩니다. `print((1 < 2) and (2 > 1))` 처럼 괄호를 묶어줌으로써 좀 더 명확해 집니다.

6라인 print( )는 1 〉 2가 False이기 때문에 False가 반환됩니다.

5-3-2 OR 연산

OR 연산은 양쪽 값 중 하나라도 True라면 True를 반환합니다. OR 연산을 하기 위해서는 OR 키워드를 사용합니다.

[코드 4-71] OR 연산 (파일명 : ./codes/ch4/4.71.py)

```
1 print(False or False)
2 print(False or True)
3 print(True or False)
4 print(True or True)
5 print(1 < 2 or 2 > 1)
6 print(1 > 2 or 2 > 1)
```

[코드 4-71] 실행결과

```
False
True
True
True
True
True
```

5라인 print()는 양쪽 값이 모두 True이기 때문에 True가 반환됩니다.

6라인 print()는 좌측 값이 False이지만, 우측 값이 True이기 때문에 False or True로 인하여 True가 반환됩니다.

5-3-3 NOT 연산

NOT 연산은 값이 True라면 False로, False라면 True를 반환합니다. NOT 키워드를 이용하여 NOT 연산을 합니다.

[코드 4-72] NOT 연산 (파일명 : ./codes/ch4/4.72.py)

```
1 print(not True)
2 print(not False)
3 print(not 1)
4 print(not 2)
5 print(not 0)
6 print(not -1)
7 print(not 1 < 2)
8 print(not 1 > 2)
```

[코드 4-72] 실행결과

```
False
True
False
False
True
False
False
True
```

5-3-4 AND 연산자와 OR 연산자 쉽게 이해하기

AND 연산자와 OR 연산자를 처음 접해봤다면, 각각의 결과값이 잘 이해되지 않을 수 있습니다. AND는 곱하기(*), OR는 더하기(+)로 이해하면 쉽게 사용할 수 있습니다.

True를 0을 제외한 수, False를 0으로 대응하여 AND 연산과 OR 연산을 쉽게 이해하는 방법을 알아보겠습니다.

- **AND 연산**

False and False = 0 * 0 = 0 (False)

False and True = 0 * 1 = 0 (False)

True and False = 1 * 0 = 0 (False)

True and True = 1 * 1 = 1 (True)

- **OR 연산**

False or False = 0 + 0 = 0 (False)

False or True = 0 + 1 = 1 (True)

True or False = 1 + 0 = 1 (True)

True or True = 1 + 1 = 2 (True)

True or True를 할 경우 1+1이기 때문에 2가 나옵니다. 하지만 컴퓨터는 0을 제외한 수는 True이기 때문에 True로 해석하면 됩니다. AND 연산과 OR 연산을 곱셈, 덧셈 연산으로 생각하면 이해하기 쉽습니다.

6 조건분기

프로그램은 조건문과 반복문으로 구성된다고 표현합니다. if 문을 이용하면 프로그램에서 조건에 따라 특정 코드를 실행할 수 있습니다.

if 문 구조

```
if 조건:
    실행코드1
    실행코드2
    실행코드3
```

조건에 따라 실행코드 1~3이 실행됩니다. 조건은 앞에서 설명한 **비교연산자**, **논리연산자**를 통해 구성할 수 있습니다. if 문 조건에 따라 실행될 코드를 Tab 으로 들여쓰기하여 작성합니다.

[코드 4-73] if 문 사용 (파일명 : ./codes/ch4/4.73.py)

```
1  condition_t = True
2  condition_f = False
3
4  if condition_t:
5      print('hello')
6      print('world')
7  if condition_f:
8      print('HELLO')
9      print('WROLD')
10
11 print('last')
```

[코드 4-73] 실행결과

```
hello
world
last
```

condition_t가 True이기 때문에 그 아래에 들여쓰기가 된 코드가 실행됩니다. condition_f는 False이기 때문에 그 아래에 들여쓰기 된 코드는 실행되지 않습니다.

6-1 if ~ else를 이용한 조건분기

if ~ else를 이용하면 좀 더 논리적인 조건분기를 만들 수 있습니다.

[코드 4-74] if ~ else 구조 (파일명 : ./codes/ch4/4.74.py)

```
 1 condition1 = True
 2 condition2 = True
 3 condition3 = True
 4
 5 if condition1:
 6     print('첫 번째 조건')
 7 elif condition2:
 8     print('두 번째 조건')
 9 elif condition3:
10     print('세 번째 조건')
11 else:
12     print('네 번째 조건')
```

[코드 4-74] 실행결과

```
첫 번째 조건
```

if ~ else는 if에서 else까지 하나라도 True일 경우 나머지 elif를 건너뜁니다. 그런데 조건이 전부 False라면 else가 실행됩니다.

[코드 4-74]는 condition1만 True라면 출력 결과는 '첫 번째 조건'이 출력됩니다.
condition2만 True라면 '두 번째 조건'이 출력됩니다.
condition3만 True라면 '세 번째 조건'만 출력됩니다.
만약 condition1, condition2, condition3이 전부 False라면 '네 번째 조건' 인 else 부분이 출력됩니다.

6-2 포함 여부에 따른 조건분기

in을 이용하면 문자열에 특정 문자열이 포함되어 있는지, 리스트에 특정 요소가 들어있는지 검사할 수 있습니다.

[코드 4-75] in을 이용한 조건검사 (파일명 : ./codes/ch4/4.75.py)

```
1 if 'h' in 'hello world':
2     print('hello world에 h가 포함되어 있습니다.')
3 if 1 in [11, 22, 33, 44, 55, 66]:
4     print([11, 22, 33, 44, 55, 66], '에 1이 포함됩니다.')
```

[코드 4-75] 실행결과

```
hello world에 h가 포함되어 있습니다.
```

문자열 'hello world'에 h가 포함되어 있으므로 첫 번째 if 문이 True가 됩니다. [11, 22, 33, 44, 55, 66]에 1이 포함되어 있지 않기 때문에 False가 되므로 두 번째 if 문은 실행되지 않습니다.

반복문

프로그래밍에서는 반복문을 이용해서 코드를 반복적으로 실행시킬 수 있습니다. 반복문과 앞에 설명한 조건분기는 프로그래밍에 있어 매우 중요한 개념입니다. 파이썬에서는 while과 for 문을 이용하여 반복문을 만들 수 있습니다.

7-1 while 문을 이용한 반복문

while 문을 이용하면 특정 조건을 만족할 때까지 코드를 반복시킬 수 있습니다.

while 문 구조

```
while 조건:
    실행코드1
    실행코드2
```

while 문도 if 문과 같이 Tab 을 이용하여 실행코드를 작성해 줍니다.

[코드 4-76] while 문 사용 (파일명 : ./codes/ch4/4.76.py)

```
1  count = 0
2  while count < 5:
3      print('%d 번째'%(count))
4      count += 1
```

[코드 4-76] 실행결과

```
0 번째
1 번째
2 번째
3 번째
4 번째
```

while 문을 사용할 땐 내부적으로 조건을 탈출시킬 수 있는 코드를 적어 주어야 합니다. while 문이 한 번 실행될 때마다 count를 1씩 증가시켜서 count가 5보다 작을 때까지 반복합니다. 만약 count += 1을 하지 않으면 count는 항상 0이 되고, count<5가 항상 True이기 때문에 반복문이 끝나지 않습니다. 이를 무한루프라고 표현합니다.

7-2 for 문을 이용한 반복문

for 문을 이용하면 while 문을 사용할 때 조건 탈출에 대한 부담감을 줄일 수 있습니다. 그래서 코드를 작성하다 보면 while보다 for를 많이 사용하게 됩니다.

for 문 구조

```
for 변수 in range(0, 10):
    실행코드1
for 변수 in (리스트 or 문자열 or 딕셔너리 or 튜플):
    실행코드1
```

for 문은 두 가지의 방법으로 만들 수 있습니다.

첫 번째 방법은 range()를 이용하여 반복문을 만듭니다. range()는 두 개의 인자를 받게 됩니다. 첫 번째 인자부터 두 번째 인자 −1까지 반복합니다.

두 번째 방법은 리스트, 문자열과 같은 데이터 타입으로부터 반복문을 만들 수 있습니다. `range(0, 10)`은 0부터 9까지 반복하게 됩니다.

[코드 4-77] range( )를 이용한 반복문 (파일명 : ./codes/ch4/4.77.py)

```
1  for i in range(0, 5):
2      print('%d 번째'%( i))
```

[코드 4-77] 실행결과

```
0 번째
1 번째
2 번째
3 번째
4 번째
```

range(0, 5)는 0부터 4까지 반복하게 됩니다.

[코드 4-78] 문자열을 이용한 반복문 (파일명 : ./codes/ch4/4.78.py)

```
1  for i in 'hello world':
2      print(i)
```

[코드 4-78] 실행결과

```
h
e
l
l
o
w
o
r
l
d
```

문자열을 이용하여 반복문을 사용할 경우 각각의 문자를 가져올 수 있습니다.

[코드 4-79] 리스트를 이용한 반복문 (파일명 : ./codes/ch4/4.79.py)

```
1  for i in [11, 22, 33, 44, 55]:
2      print(i)
```

[코드 4-79] 실행결과

```
11
22
33
44
55
```

리스트를 이용하여 반복문을 사용할 경우 각각의 요소를 가져올 수 있습니다.

[코드 4-80] 딕셔너리를 이용한 반복문 (파일명 : ./codes/ch4/4.80.py)

```
1  var = {'key1' : 'value1', 'key2': 'value2', 'key3': 'value3'}
2  for key in var:
3      print(key)
4      print(var[key])
```

[코드 4-80] 실행결과

```
key1
value1
key2
value2
key3
value3
```

딕셔너리를 이용하여 반복문을 사용할 경우 키를 가져올 수 있습니다. 단, 딕셔너리를 반복문에 활용할 경우 실행시킬 때마다 키를 가져오는 순서가 달라집니다(딕셔너리는 순서가 존재하지 않기 때문).

7-2-1 for 문을 이용하여 간단한 프로그램 작성

[코드 4-81] 구구단 출력 (파일명 : ./codes/ch4/4.81.py)

```
1  for i in range(2, 5):
2    for j in range(2, 5):
3      print('%d * %d = %d'%(i, j, i*j))
```

[코드 4-81] 실행결과

```
2 * 2 = 4
2 * 3 = 6
2 * 4 = 8
3 * 2 = 6
3 * 3 = 9
3 * 4 = 12
4 * 2 = 8
4 * 3 = 12
4 * 4 = 16
```

[코드 4-81]은 반복문 2개를 중첩적으로 이용하여 구구단을 출력하는 코드입니다. 9단까지 전부 출력하면 양이 너무 많아져서 4단까지만 출력해 보았습니다.

[코드 4-82] 문자열 빈도수 측정 (파일명 : ./codes/ch4/4.82.py)

```
 1 var = 'egoism,as a form of hedonism, is the doctirne which holds
 2 that we ought each of us to pursue our own greates gappiness as our
 3 ultimate end. the doctrine will , of course, admit that sometimes
 4 the best means to the end will be to give pleasure to others;
 5 we shall, for instance, by so doing , procure for ourselves the
 6 pleasure of sympathy, of freedom from interference, and of self-
 7 esteem; and these pleasures, which we may procure by something
 8 aiming directly at the happiness of other persons , may be greater
 9 than any we could otherwise get.'
10
11 space_ps = var.split(' ')
12
13 char_frequency = {}
14
15 for char in space_ps:
16     char_frequency.setdefault(char, 0)
17     char_frequency[char] += 1
18 print(char_frequency)
```

[코드 4-82] 실행결과

```
{'any': 1, 'greater': 1, 'at': 1, 'ourselves': 1, 'our': 2, 'holds':
1, 'other': 1, 'own': 1, 'aiming': 1, 'could': 1, 'ultimate': 1,
'sometimes': 1, 'best': 1, 'shall,': 1, 'we': 4, 'that': 2, 'end': 1,
'doctrine': 1, 'the': 6, 'us': 1, 'these': 1, 'procure': 2, 'give':
1, 'freedom': 1, 'and': 2, 'course,': 1, 'otherwise': 1, 'esteem;':
1, 'by': 2, 'pleasures,': 1, 'egoism,as': 1, 'so': 1, 'doctirne':
1, 'get.': 1, 'gappiness': 1, 'something': 1, 'to': 4, 'will': 2,
'sympathy,': 1, 'from': 1, 'admit': 1, 'hedonism,': 1, 'as': 1,
'persons': 1, 'happiness': 1, 'each': 1, 'pursue': 1, 'means': 1,
'a': 1, 'for': 2, 'others;': 1, 'greates': 1, 'self-': 1, 'directly':
1, ',': 3, 'form': 1, 'doing': 1, 'be': 2, 'pleasure': 2, 'may': 2,
'instance,': 1, 'of': 7, 'than': 1, 'end.': 1, 'interference,': 1,
'ought': 1, 'is': 1, 'which': 2}
```

[코드 4-82]는 문자열의 단어 등장 빈도수를 측정하는 코드입니다.

split()을 이용해서 띄어쓰기[space] 단위로 나누어 단어 리스트를 만들어 줍니다. 만들어진 리스트를 이용하여 반복문을 돌려준 뒤 setdefault()를 이용하여 해당 단어가 char_frequency에 없다면 단어를 키로 0의 값을 만들어 줍니다. 그리고 +1 증가시켜 줍니다. 단어의 키가 있다면 0으로 값이 바뀌지 않고 +1만 됩니다.

PART 5

파이썬 중급 문법

프로그래밍의 기초가 되는 문법에 대해 알아보았습니다. 이번에는 코드를 좀 더 멋지게 만드는 기술에 대해 알아보겠습니다.

반복문과 조건문만 사용해도 코드 작성이 가능합니다. 그러나 이렇게 작성할 경우 유지보수에 어려움이 있습니다.

첫 번째로 코드 중복입니다. 코드의 중복을 피하기 위해 함수와 클래스를 사용합니다.

두 번째로 기능 분리입니다. 파이썬에서는 기능별로 함수, 클래스를 정의하고, 필요하다면 파일을 분리시켜 코드를 기능별로 관리합니다.

세 번째로 예외처리입니다. 프로그램이 실행 중일 때 예상치 못한 에러가 발생하거나, 프로그래머가 의도하여 에러를 발생시킬 수 있습니다.

- **함수**
- **클래스**
- **모듈**
- **예외처리**

1 함수

중복된 코드를 방지하는 것 중 하나가 함수를 이용하는 것입니다. 우리는 과거 수학시간에 함수라는 개념을 이미 배웠습니다. 프로그램에서의 함수와 수학시간에 배운 함수의 개념은 같습니다. 우리가 배운 함수는 f(x)와 같은 형태로 사용합니다. 프로그램에서도 f(x)와 같은 형태로 함수를 사용(호출)합니다.

f(x)=x는 y=x라고 표현할 수 있습니다. y=x는 1차 방정식 즉, 기울기와 y절편(x가 0일 때의 y값)을 갖는 함수입니다. 여기서 x는 파라미터, y는 **반환(return)값**이라고 합니다.

[코드 5-1] 함수 만들기 (파일명 : ./codes/ch5/5.1.py)

```
1  def f(x):
2    return x
```

[코드 5-1] 실행결과

```

```

파이썬에서 함수를 만들기 위해 def 키워드를 사용합니다. 함수의 이름은 변수명과 마찬가지로 파이썬에서 사용되고 있는 키워드를 제외하고 원하는 이름으로 작성할 수 있습니다.

함수는 조건문, 반복문과 마찬가지로 콜론(:) 이후 [Tab] 또는 [Space Bar]를 이용하여 들여쓰기한 후 해당 함수 내용을 작성합니다. [코드 5-1]은 파라미터를 바로 반환하는 f(x)=x와 같은 기능을 하는 함수입니다.

[코드 5-1]을 실행해도 아무런 결과가 나타나지 않습니다. 그 이유는 함수를 만들기만 하고 사용(호출)하지 않았기 때문입니다. 함수를 만들었으면 함수를 호출해야 합니다.

[코드 5-2] 함수 호출 (파일명 : ./codes/ch5/5.2.py)

```
1  def f(x):
2    return x
3
4  var = f(10)
5  print(var)
```

[코드 5-2] 실행결과

```
10
```

[코드 5-2]에서 f() 함수는 x라는 이름으로 파라미터를 하나 받고 그대로 반환해주는 코드입니다. 10을 넣었기 때문에 10이 그대로 반환됩니다. 여기서 **반환**return의 개념을 자세히 알아두어야 합니다.

1-1 return

프로그래밍에서의 함수는 수학 시간에 배운 함수와 같다고 했습니다. 수학 시간에 함수를 사용하는 이유는 y라는 값을 구하기 위함입니다. 즉, 특정 문제를 풀기 위해 함수를 정의하고 매번 수식을 쓰지 않고 함수의 이름과 필요한 데이터를 넣어 주어 원하는 값을 받게 됩니다. 프로그래밍에서 함수가 인자를 받고 값을 돌려줄 때 혹은 해당 함수를 끝낼 때 사용하는 것이 **return**입니다.

return 기능을 정의하면 다음과 같습니다.

- 값 반환
- 함수 종료

함수를 작성하는 데 있어 return을 넣는 것은 매우 중요한 포인트입니다. [코드 5-1], [코드 5-2]에서는 단순한 직선 그래프를 그려주는 함수를 모방했습니다.

[코드 5-3] 함수를 이용한 홀수, 짝수 구분 (파일명 : ./codes/ch5/5.3.py)

```
1  def division(x):
2    if x%2:
3      return True
4    else:
5      return False
6
7    print('running')
8
9  var1 = division(10)
10 var2 = division(11)
11
12 print(var1)
13 print(var2)
```

[코드 5-3] 실행결과

```
False
True
```

[코드 5-3]에서 division() 함수는 홀수와 짝수를 구분하는 함수입니다. division() 함수는 2개의 return이 존재합니다. 2로 나누어 전달받은 값의 나머지에 따라 True와 False를 반환하고, 반환되면 그대로 함수는 종료됩니다. 즉, return이 실행되면 그 이후에 있는 코드를 실행하지 않습니다. 그렇기 때문에 'running'은 출력되지 않습니다.

1-1-1 return이 없다면?

함수는 꼭 반환이 있을 필요는 없습니다.

[코드 5-4] 반환(return)이 없는 함수 (파일명 : ./codes/ch5/5.4.py)

```
1 def f(x):
2     print('running ' + str(x))
3
4 var = f(10)
5 print(var)
```

[코드 5-4] 실행결과

```
Running 10
None
```

[코드 5-4]에서 f() 함수는 반환이 없습니다. 반환이 없는 함수를 호출하면 None 값을 반환하게 됩니다. None 값은 반환이 없다는 것을 의미합니다.

1-2 인자parameter

함수를 호출할 때 데이터를 넘길 수 있으며, 함수는 넘어온 데이터를 '인자parameter를 받는다'라고 표현합니다. 함수를 정의하고 해당 함수를 사용할 때 인자를 맞추는 것은 매우 중요합니다.

[코드 5-5] 인자를 맞추지 않고 호출 (파일명 : ./codes/ch5/5.5.py)

```
1 def f(x, y):
2     print('running ' + str(x) + ' ' + str(y))
3     return True
4
5 var1 = f(10)
6 print(var1)
```

[코드 5-5] 실행결과

```
TypeError: f() missing 1 required positional argument: 'y'
```

함수를 정의할 때 두 개의 인자를 받는다고 하고, 하나의 인자만 넘겨 호출한다면 [코드 5-5]와 같은 에러가 발생합니다. 에러 내용은 y라는 이름을 가진 인자가 빠졌다고 합니다.

하지만 함수에서 인자를 설정할 때 기본값을 설정하면 호출 시 꼭 넣어줄 필요는 없습니다.

[코드 5-6] 함수 기본값 설정 (파일명 : ./codes/ch5/5.6.py)

```
1 def f(x, y=20):
2     print('running ' + str(x) + ' ' + str(y))
3     return x + y
4
5 var1 = f(10)
6 var2 = f(10, 40)
7
8 print(var1)
9 print(var2)
```

[코드 5-6] 실행결과

```
Running 10 20
Running 10 40
30
50
```

함수를 만들 때 인자에 미리 값을 넣어주면 호출 시 해당 인자를 맞추지 않아도 미리 넣어둔 값이 들어갑니다.

```
5 var1 = f(10)
```

첫 번째 인자만 들어 갔기 때문에 두 번째 인자인 y는 20이 됩니다.

```
6 var1 = f(10, 40)
```

두 번째 인자를 전달했기 때문에 y가 20이 아닌 40이 됩니다.

2 클래스

클래스를 제대로 사용하기 위해서는 객체지향 프로그래밍을 잘 이해해야 합니다. 객체지향 프로그래밍을 OOP라고 부르는데 OOP에 대해서는 따로 서적이 있을 정도로 이해하기 힘든 영역입니다.

2-1 클래스를 사용하는 이유

클래스를 알기 전에 왜 클래스를 사용하는지 이해해야 클래스를 제대로 사용할 수 있습니다. 클래스를 코드로 해석하면 변수와 함수의 집합체를 이용하여 미리 정의된 변수와 함수를 사용할 수 있는 공간입니다. 즉, 변수를 만들 때 해당 변수에 미리 정의된 변수와 함수를 사용할 수 있도록 하는 것이 클래스이고, 클래스로 할당한 값을 객체(인스턴스)라고 부릅니다. 객체는 스스로 속성을 가지며, 특정 행위를 할 수 있는 존재입니다.

예를 들어, 게임을 만드는 데 A라는 캐릭터와 B라는 캐릭터가 있습니다. 각각 A라는 객체와 B라는 객체라고 표현하겠습니다. 클래스를 사용하지 않는다면 A 객체의 움직이는 함수, B 객체의 움직이는 함수를 독립적으로 만들 것입니다. 하지만 클래스를 이용하면 중복적인 코드를 작성하지 않아도 됩니다.

[코드 5-7] 캐릭터를 움직이는 함수 (파일명 : ./codes/ch5/5.7.py)

```
1 def A_move( ):
2   print('A charactor moved')
3
4 def B_move( ):
5   print('B charactor moved')
```

[코드 5-7]처럼 움직이는 함수를 만든다면, 캐릭터의 종류가 늘수록 코드의 양이 너무 많아질 것입니다. 움직이는 것뿐만 아니라 공격, 방어 등 다양한 액션이 필요합니다. [코드 5-7]에 클래스를 이용해 작성해보겠습니다.

2-2 클래스 생성

클래스를 만들기 위해서는 class라는 키워드를 사용합니다.

[코드 5-8] 클래스 생성 (파일명 : ./codes/ch5/5.8.py)

```
1 class character:
2   def move(self):
3     print('move')
4
5   def attack(self):
6     print('attack')
```

함수를 만들 때 def 키워드를 사용한 것처럼 클래스를 만들 때는 class라는 키워드를 사용합니다. 클래스는 내부적으로 함수 및 변수를 가질 수 있습니다. 여기서 함수를 메소드, 변수를 속성이라고 합니다.

[코드 5-9] 객체 생성 (파일명 : ./codes/ch5/5.9.py)

```
1 class charactor:
2   def move(self):
3     print('move')
4
5   def attack(self):
6     print('attack')
7
```

```
8 player_a = charactor( )
9 player_b = charactor( )
```

[코드 5-9]는 클래스를 이용하여 객체를 만드는 코드입니다.

```
8 player_a = charactor( )
9 player_b = charactor( )
```

이 부분이 객체를 생성하는 부분입니다. 객체는 클래스에 의해 메모리에 할당된 상태를 의미합니다. 공장에서 찍혀 나온 제품으로 생각하면 쉽게 이해할 수 있습니다.

2-3 객체 메소드, 속성

[코드 5-9]와 같이 생성된 객체는 이제 독립적인 속성 및 메소드를 사용할 수 있습니다. 그리고 공통으로 속성과 함수를 사용할 수 있습니다. 여기서 메소드와 속성은 각각 함수와 변수를 의미합니다.

클래스를 알기 위해 **self**[this]라는 **참조자**를 알아야 합니다. self는 객체가 메소드를 호출할 때 어느 객체가 호출한 것인지 알려주는 키워드입니다. 이 키워드가 존재하지 않으면 생성된 객체가 메소드 및 속성을 사용할 때 누가 호출한 것인지 알 수 없기 때문에 정상적으로 실행되지 않습니다.

클래스에 메소드를 만들 때 첫 번째 인자는 self를 받아 주어야 합니다. 메소드는 self를 첫 번째 인자로 받게 되며, 해당 메소드를 호출한 객체를 의미합니다.

[코드 5-10] 객체의 메소드 사용 (파일명 : ./codes/ch5/5.10.py)

```
 1 class charactor:
 2   def move(self):
 3     print(self, 'move')
 4
 5   def attack(self):
 6     print(self, 'attack')
 7
 8 player_a = charactor( )
 9 player_b = charactor( )
10
```

```
11 player_a.move( )
12 player_a.attack( )
13 player_b.move( )
14 player_b.attack( )
```

[코드 5-10] 실행결과

```
<__main__.charactor object at 0x10185cc88> move
<__main__.charactor object at 0x10185cc88> attack
<__main__.charactor object at 0x10185ccc0> move
<__main__.charactor object at 0x10185ccc0> attack
```

객체가 메소드 및 속성을 호출할 때 **마침표(.)**를 이용합니다. 마침표(.)를 이용하여 함수를 호출하는 것은 자료형을 다루면서 많이 본 모습입니다.

앞에 나온 자료형들은 모두 클래스를 이용하여 생성된 객체입니다. 우리는 미리 생성된 클래스를 이용하여 객체를 만들고, 만들어진 객체로부터 미리 정의된 기능들을 사용한 것입니다.

[코드 5-10]의 실행결과를 보면 self를 print( )했을 때 at ~ 숫자가 나타납니다. 이 숫자는 생성된 객체의 **메모리 주소값**을 의미합니다. 프로그램에서 생성된 모든 변수 및 함수는 메모리 공간에 주소값을 가지고 있습니다. 메모리 주소를 통해 누가 호출한 것인지 알려주는 키워드가 바로 self입니다.

객체가 메소드를 호출할 때는 생성된 객체가 직접 호출하기 때문에 self를 사용할 필요가 없습니다. 하지만 메소드를 호출하고 객체로부터 직접 호출된 메소드가 다른 메소드를 호출할 때는 self를 명시해 주어야 해당 객체의 속성을 사용할 수 있습니다.

[코드 5-11] 호출된 메소드가 다른 메소드 호출 (파일명 : ./codes/ch5/5.11.py)

```
1 class charactor:
2
3   def move(self):
4     print(self, 'move')
5     self.attack( )
6
7   def attack(self):
8     print(self, 'attack')
```

```
 9
10 player_a = charactor( )
11 player_b = charactor( )
12
13 player_a.move( )
14 player_b.move( )
```

[코드 5-11] 실행결과

```
<__main__.charactor object at 0x10225cc18> move
<__main__.charactor object at 0x10225cc18> attack
<__main__.charactor object at 0x10225ccc0> move
<__main__.charactor object at 0x10225ccc0> attack
```

move( ) 메소드는 player_a와 player_b 객체가 직접 호출합니다. 하지만 attack( ) 메소드는 move( ) 메소드에서 호출됩니다. self.attack( )은 move를 호출한 player_a와 player_b 객체를 의미합니다.

[코드 5-10]과 같은 결과가 나타났습니다. self는 호출한 객체의 변수명으로 이해하면 쉽습니다. 참고로 메모리 주소는 프로그램이 실행될 때마다 다르게 할당됩니다. 움직이면서 공격을 하는 코드가 되었습니다.

self 인자는 메소드보다 속성을 알아야 왜 사용하는지 정확히 이해할 수 있습니다.

[코드 5-12] 객체의 속성 설정 (파일명 : ./codes/ch5/5.12.py)

```
 1 class charactor:
 2
 3   def create(self, hp, attack, defence):
 4     self.hp = hp
 5     self.attack = attack
 6     self.defence = defence
 7
 8   def move(self):
 9     print(self, 'move')
10     self.attack( )
11
12   def attack(self):
```

```
13        print(self, 'attack')
14
15     def show_info(self):
16        print("hp: %d, attack: %d, defence: %d " %(self.hp, self.
17  attack, self.defence))
18
19  player_a = charactor( )
20  player_b = charactor( )
21
22  player_a.create(10, 20, 30)
23  player_b.create(100, 200, 300)
24
25  player_a.show_info( )
26  player_b.show_info( )
```

[코드 5-12] 실행결과

```
hp: 10, attack: 20, defence: 30
hp: 100, attack: 200, defence: 300
```

[self.변수]의 형태로 속성을 만들어 줍니다. self를 이용하지 않으면 속성을 만들 수 없습니다. 해당 메소드가 종료되면 self로 선언된 속성이 아닌 변수들은 메모리 공간에서 지워집니다.

create( ) 메소드를 이용하여 속성을 초기화 해줍니다. show_info( ) 메소드는 속성을 보기 좋게 보여주는 메소드입니다. player_a와 player_b는 같은 클래스를 이용하여 만들었지만 독립적으로 활용이 가능해집니다.

2-4 __init__, __del__ 활용

앞의 코드처럼 클래스를 만들 때마다 create( )와 같은 메소드를 만드는 것은 매우 문제가 있습니다. 그 이유는 프로그래머마다 초기화 시켜주는 메소드명을 다르게 작성할 수 있기 때문입니다.

이를 해결하기 위해 특정 시점에 호출되는 메소드가 존재합니다. 그중 대표적인 메소드가 **생성자**와 **소멸자**입니다.

[코드 5-13] 생성자 활용 (파일명 : ./codes/ch5/5.13.py)

```
 1 class charactor:
 2
 3   def __init__(self, hp, attack, defence):
 4     self.hp = hp
 5     self.attack = attack
 6     self.defence = defence
 7     print('player가 생성되었습니다.')
 8
 9   def move(self):
10     print(self, 'move')
11     self.attack()
12
13   def attack(self):
14     print(self, 'attack')
15
16   def show_info(self):
17     print("hp: %d, attack: %d, defence: %d " %(self.hp, self.
18 attack, self.defence))
19
20 player_a = charactor(10, 20, 30)
21 player_b = charactor(100, 200, 300)
22
23 player_a.show_info()
24 player_b.show_info()
```

[코드 5-13] 실행결과

```
player가 생성되었습니다.
player가 생성되었습니다.
hp: 10, attack: 20, defence: 30
hp: 100, attack: 200, defence: 300
```

init과 같은 특수한 메소드는 언더바(_)를 양쪽에 2개씩 적어줍니다. init은 객체가 생성될 때 자동으로 호출되는 함수입니다. 메소드 이름 앞에 언더바(_) 2개가 있으면 이 메소드는 생성된 객체를 호출하지 말라는 의미입니다. 타 언어에서는 private, protect, public처럼 메소드 및 속성이 호출되는 제한을 만들 수 있지만 파이썬에서는 모든 것이 public이 되기 때문에 이름에서 암묵적으로 명시해 주어야 합니다. public은 어느 곳에서든 호출이 가능하다는 의미입니다.

[코드 5-14] 소멸자 활용 (파일명 : ./codes/ch5/5.14.py)

```
1  class charactor:
2
3    def __init__(self, hp, attack, defence):
4      self.hp = hp
5      self.attack = attack
6      self.defence = defence
7      print('player가 생성되었습니다.')
8
9    def move(self):
10     print(self, 'move')
11     self.attack()
12
13   def attack(self):
14     print(self, 'attack')
15
16   def show_info(self):
17     print("hp: %d, attack: %d, defence: %d " %(self.hp, self.
18 attack, self.defence))
19
20   def __del__(self):
21     print('player가 죽었습니다.')
22
23 player_a = charactor(10, 20, 30)
24 player_b = charactor(100, 200, 300)
25 player_c = charactor(100, 200, 300)
26
27 player_a.show_info()
28 player_b.show_info()
29 player_c.show_info()
30
31 del player_a
32 del player_b
33
34 print("=====program end========")
```

[코드 5-14] 실행결과

```
player가 생성되었습니다.
player가 생성되었습니다.
player가 생성되었습니다.
hp: 10, attack: 20, defence: 30
hp: 100, attack: 200, defence: 300
hp: 100, attack: 200, defence: 300
player가 죽었습니다.
player가 죽었습니다.
=====program end========
player가 죽었습니다.
```

del을 이용하면 객체를 없앨 수 있습니다. 이렇게 메모리 공간에서 지워질 때 호출되는 것이 __del__( ) 메소드입니다.

[코드 5-14]를 보면 프로그램이 종료되면서 del 함수가 호출되었습니다. 그 이유는 프로그램이 종료될 때 해당 프로그램이 사용했던 메모리를 반환하면서 해당 객체를 지우기 때문입니다.

2-5 특수 형태의 메소드, 속성 접근 방법

특수 형태의 메소드인 __init__()과 __del__()에 대해 알아보았습니다. 파이썬에서는 다양한 형태의 메소드를 제공합니다. 그중 많이 사용하는 것 중 하나는 __call__()입니다.

[코드 5-15] call 활용 (파일명 : ./codes/ch5/5.15.py)

```
 1 class charactor:
 2
 3   def __init__(self, hp, attack, defence):
 4     self.hp = hp
 5     self.attack = attack
 6     self.defence = defence
 7     print('player가 생성되었습니다.')
 8
 9   def __call__(self):
10     print("hp: %d, attack: %d, defence: %d " %(self.hp, self.
11 attack, self.defence))
12
```

```
13 player_a = charactor(10, 20, 30)
14 player_b = charactor(100, 200, 300)
15
16 player_a()
17 player_b()
```

[코드 5-15] 실행결과

```
player가 생성되었습니다.
player가 생성되었습니다.
hp: 10, attack: 20, defence: 30
hp: 100, attack: 200, defence: 300
```

call() 메소드는 객체를 호출할 때 실행되는 메소드입니다. 클래스가 동작하는 기능을 __call__() 메소드에 작성하면 함수 이름을 작성하는 데 고민하는 시간을 줄일 수 있습니다. 타 언어에서는 run()과 같은 형태로 클래스를 동작하는 메소드를 따로 만드는 경우가 있습니다.

파이썬에서는 객체의 속성에 접근할 때 메소드처럼 마침표(.)를 이용하여 바로 접근 가능합니다.

[코드 5-16] 속성 접근-① (파일명 : ./codes/ch5/5.16.py)

```
 1 class charactor:
 2
 3   def __init__(self, hp, attack, defence):
 4     self.hp = hp
 5     self.attack = attack
 6     self.defence = defence
 7     print('player가 생성되었습니다.')
 8
 9 player_a = charactor(10, 20, 30)
10 player_b = charactor(100, 200, 300)
11
12 print(player_a.hp)
13 print(player_a.attack)
14 print(player_a.defence)
15 print(player_b.hp)
16 print(player_b.attack)
17 print(player_b.defence)
```

[코드 5-16] 실행결과

```
player가 생성되었습니다.
player가 생성되었습니다.
10
20
30
100
200
300
```

속성도 메소드와 마찬가지로 마침표(.)를 이용하여 접근 가능합니다. 이렇게 코드를 작성하면 가끔 메소드인지 속성인지 헷갈리는 경우도 있습니다. 그래서 속성은 확실히 구분짓기 위해 딕셔너리에서 데이터를 사용하는 것처럼 [ ]를 사용하여 속성에 접근할 수 있습니다.

[코드 5-17] 속성 접근-② (파일명 : ./codes/ch5/5.17.py)

```
 1 class charactor:
 2 
 3   def __init__(self, hp, attack, defence):
 4     self.hp = hp
 5     self.attack = attack
 6     self.defence = defence
 7     print('player가 생성되었습니다.')
 8 
 9   def __call__(self):
10     print("hp: %d, attack: %d, defence: %d " % (self.hp, self.
11 attack, self.defence))
12 
13   def __getitem__(self, name):
14     print(name)
15 
16 player_a = charactor(10, 20, 30)
17 
18 print(player_a['hp'])
19 print(player_a['attack'])
20 print(player_a['defence'])
```

[코드 5-17] 실행결과

```
player가 생성되었습니다.
hp
None
attack
None
defence
None
```

__getitem__()는 [ ] 속성에 접근할 때 호출되는 메소드입니다. __getitem__() 메소드는 ['']에 명시된 키 값을 인자로 받습니다. 그리고 키에 대한 값을 직접 return시켜 주어야 합니다. __getitem__()에 return이 없기 때문에 print()에서 전부 None값이 출력되었습니다.

키 값에 따라 맞는 속성을 return하여 정상적으로 실행 가능합니다. 또한 존재하지 않는 키를 접근할 때 키가 존재하지 않는다고 알려줄 수 있습니다.

[코드 5-18] 속성 접근-③ (파일명 : ./codes/ch5/5.18.py)

```
 1 class charactor:
 2 
 3   def __init__(self, hp, attack, defence):
 4     self.hp = hp
 5     self.attack = attack
 6     self.defence = defence
 7     print('player가 생성되었습니다.')
 8 
 9   def __call__(self):
10     print("hp: %d, attack: %d, defence: %d " % (self.hp, self.
11 attack, self.defence))
12 
13   def __getitem__(self, name):
14     if name == 'hp':
15       return self.hp
16     elif name == 'attack':
17       return self.attack
18     elif name == 'defence':
19       return self.defence
```

```
20      else :
21          return "존재하지 않는 키값입니다."
22
23  player_a = charactor(10, 20, 30)
24
25  print(player_a['hp'])
26  print(player_a['attack'])
27  print(player_a['defence'])
28  print(player_a['mung'])
```

[코드 5-18] 실행결과

```
player가 생성되었습니다.
10
20
30
존재하지 않는 키값입니다.
```

접근하고자 하는 키 값에 따라 조건분기를 만든 후 return하였습니다. 다양한 연산 후 return도 가능합니다.

[코드 5-19]와 같은 방식으로 코드를 작성하면 여러 개의 키 값으로 하나의 속성에 접근할 수 있습니다. 하지만 이렇게 할 경우 조건분기를 매번 만드는 것이 번거로울 것입니다. 하나의 속성명으로만 속성에 접근하고 싶다면 다음과 같은 방법을 사용할 수 있습니다.

[코드 5-19] 속성 접근 - ④ (파일명 : ./codes/ch5/5.19.py)

```
1  class charactor:
2
3    def __init__(self, hp, attack, defence):
4      self.info = {
5         'hp': hp,
6         'attack': attack,
7         'defence': defence,
8      }
9
10     print('player가 생성되었습니다.')
```

```
11
12   def __call__(self):
13     print("hp: %d, attack: %d, defence: %d " % (self.info['hp'],
14 self.info['attack'], self.info['defence']))
15
16   def __getitem__(self, name):
17     if name in self.info.keys( ):
18       return self.info[name]
19     else :
20       return "존재하지 않는 키값입니다."
21
22 player_a = charactor(10, 20, 30)
23
24 print(player_a['hp'])
25 print(player_a['attack'])
26 print(player_a['defence'])
27 print(player_a['mung'])
```

[코드 5-19] 실행결과

```
player가 생성되었습니다.
10
20
30
존재하지 않는 키값입니다.
```

[코드 5-19]는 [코드 5-18]과 실행결과는 같습니다. 단지 생성자에서 초기화 정보를 딕셔너리로 저장한 후 속성을 가져올 때 키가 존재하는지 검사하여 딕셔너리로부터 접근해서 return합니다.

여기서 중요한 점은 코드를 작성하는 데 정답이 없다는 것입니다. 상황에 따라 [코드 5-18]처럼 작성해야 하는 경우도 있고 [코드 5-19]처럼 작성해야 하는 경우도 있습니다. 한 가지만 답이라는 생각을 버리고 개발해야 다양한 관점으로 바라볼 수 있습니다.

파이썬에서는 앞에서 소개한 메소드뿐만 아니라 다양한 형태로 호출되는 메소드가 많이 있습니다.

2-6 스태틱 메소드, 클래스 변수

파이썬에서는 클래스를 객체 생성의 도구가 아닌 **네임스페이스**를 목적으로 사용할 수 있습니다. 네임스페이스란 함수의 이름이 중복되는 것을 방지하기 위해 공간을 만드는 것을 의미합니다.

2-6-1 스태틱 메소드

스태틱 메소드를 이용하면 함수에 공간을 부여할 수 있고, 함수명이 겹치는 현상을 방지할 수 있습니다.

[코드 5-20] 스태틱 메소드 사용 (파일명 : ./codes/ch5/5.20.py)

```
1  class namespace1:
2    @staticmethod
3    def s1( ):
4      print('namespace1 s1스태틱 메소드')
5
6    @staticmethod
7    def s2( ):
8      print('namespace1 s2스태틱 메소드')
9
10 class namespace2:
11   @staticmethod
12   def s1( ):
13     print('namespace2 s1스태틱 메소드')
14
15   @staticmethod
16   def s2( ):
17     print('namespace2 s2스태틱 메소드')
18
19 namespace1.s1( )
20 namespace2.s2( )
```

[코드 5-20] 실행결과

```
namespace1 s1스태틱 메소드
namespace2 s2스태틱 메소드
```

메소드를 만들 때 **@staticmethod**를 명시하면 클래스 이름으로 해당 메소드에 접근할 수 있습니다. @staticmethod로 명시된 메소드는 첫 번째 인자 self를 받지 않습니다. 이 경우 클래스가 단순히 네임스페이스의 역할만 하기 때문에 self 인자를 받지 않습니다.

이렇게 명시된 메소드는 일반 함수처럼 사용하면 됩니다. 단, 클래스 내부에 속해 있기 때문에 [클래스.메소드]의 형태로 사용합니다.

2-6-2 클래스 변수

클래스에서 변수를 만들 때 객체마다 독립적으로 변수를 부여할 수 있지만, 모든 객체에서 클래스에 생성된 변수에 접근할 수 있습니다. 이를 **클래스 변수**라고 합니다. 즉, 모든 객체에서 하나의 변수에 접근하는 것을 의미합니다.

[코드 5-21] 클래스 변수 활용 (파일명 : ./codes/ch5/5.21.py)

```
 1 class charactor:
 2   char_cnt = 0
 3 
 4   def __init__(self, hp, attack, defence):
 5     self.info = {
 6       'hp': hp,
 7       'attack': attack,
 8       'defence': defence,
 9     }
10 
11     charactor.char_cnt += 1
12 
13     print('player가 생성되었습니다. 생성된 유닛 수 : %d' %(charactor.
14 char_cnt))
15 
16   def __call__(self):
17     print("hp: %d, attack: %d, defence: %d " % (self.info['hp'],
18 self.info['attack'], self.info['defence']))
19 
20   def __del__(self):
21     charactor.char_cnt -= 1
22     print('player가 제거되었습니다. 생성된 유닛 수 : %d' %(charactor.
23 char_cnt))
```

```
24
25  player_a = charactor(10, 20, 30)
26  player_b = charactor(100, 200, 300)
27  player_c = charactor(100, 200, 300)
28  player_d = charactor(100, 200, 300)
29  player_e = charactor(100, 200, 300)
30
31  del player_c
32
33  print('program end')
```

[코드 5-21] 실행결과

```
player가 생성되었습니다. 생성된 유닛 수 : 1
player가 생성되었습니다. 생성된 유닛 수 : 2
player가 생성되었습니다. 생성된 유닛 수 : 3
player가 생성되었습니다. 생성된 유닛 수 : 4
player가 생성되었습니다. 생성된 유닛 수 : 5
player가 제거되었습니다. 생성된 유닛 수 : 4
=====program end========
player가 제거되었습니다. 생성된 유닛 수 : 3
player가 제거되었습니다. 생성된 유닛 수 : 2
player가 제거되었습니다. 생성된 유닛 수 : 1
player가 제거되었습니다. 생성된 유닛 수 : 0
```

클래스 변수를 만들 때는 [코드 5-21]처럼 만듭니다.

클래스 변수에 접근하기 위해서는 self가 아닌 클래스명으로 해야 합니다. 클래스 변수는 해당 객체에 생성되는 것이 아니라 클래스 자체에 한 번 생성되기 때문에 클래스명으로 접근합니다.

클래스 변수를 쓰는 가장 대표적인 예는, 객체가 총 몇 개 생성되었는지 확인할 때 사용됩니다. [코드 5-21]은 __init__() 메소드를 통해 char_cnt를 증가시키고, __del__() 메소드를 이용하여 char_cnt를 감소시킵니다.

마지막에 프로그램이 종료되면서 모든 객체가 지워지기 때문에 남아있는 4개의 객체에 대해 __del__() 메소드가 호출됩니다.

2-7 상속

상속을 사용하는 이유는 이미 만들어진 클래스의 기능을 그대로 가져다 쓰기 위함입니다. 예를 들어, 게임에서 공중 유닛과 지상 유닛을 만들어야 한다면 이 둘은 독립적인 클래스로 만듭니다. 그리고 유닛이라는 클래스를 상속받아 사용합니다.

[코드 5-22] 클래스 상속 (파일명 : ./codes/ch5/5.22.py)

```
 1 class unit:
 2   unit_count = 0
 3
 4   def __init__(self):
 5     print('unit 생성')
 6     unit.unit_count += 1
 7
 8   def move(self):
 9     print('unit move')
10
11 class bird(unit):
12   def __init__(self):
13     print('bird 생성')
14
15 class ground(unit):
16   def __init__(self):
17     print('ground 생성')
18
19 b1 = bird( )
20 b2 = bird( )
21 b3 = bird( )
22
23 b1.move( )
24 print(unit.unit_count)
```

[코드 5-22] 실행결과

```
bird 생성
bird 생성
bird 생성
Unit move
0
```

상속을 받을 때는 클래스명 옆 괄호에 부모 클래스를 넣어주면 됩니다. unit 클래스는 부모 클래스, bird, ground 클래스는 자식 클래스라고 합니다.

bird 클래스는 move() 메소드가 없지만 부모 클래스인 unit 클래스에 move() 메소드가 존재하기 때문에 사용 가능합니다.

[코드 5-22]에는 한 가지 문제가 있습니다. bird와 ground 클래스는 unit 클래스로부터 상속받아 사용합니다. 유닛의 총 개수를 unit에서 관리하기 위해 unit 클래스에 unit_count라는 클래스 변수를 만들었는데, unit의 생성자가 정상적으로 실행되지 않는 현상이 있습니다. 이때는 자식 클래스의 생성자가 호출될 때 부모 클래스의 생성자도 같이 호출되어야 합니다.

[코드 5-23] super 활용 상속 (파일명 : ./codes/ch5/5.23.py)

```
 1 class unit:
 2   unit_cnt = 0
 3
 4   def __init__(self):
 5     print('unit 생성')
 6     unit.unit_cnt += 1
 7
 8   def move(self):
 9     print('unit move')
10
11 class bird(unit):
12   def __init__(self):
13     print('bird 생성')
14     super(bird, self).__init__()
15
16 class ground(unit):
17   def __init__(self):
18     print('ground 생성')
19     super(ground, self).__init__()
20
21 b1 = bird()
22 b3 = bird()
23
24 b1.move()
25
```

```
26  g1 = ground( )
27
28  print(unit.unit_cnt)
```

[코드 5-23] 실행결과

```
bird 생성
unit 생성
bird 생성
unit 생성
unit move
ground 생성
unit 생성
3
```

super(해당 클래스 명, self).__init__( )을 자식 생성자에 넣어주면 자식 생성자가 호출될 때마다 부모 생성자를 호출합니다. 부모 생성자가 호출할 때마다 unit_cnt 변수 1씩 증가하여 자식 생성자가 호출(생성)된 횟수를 알 수 있습니다.

2-8 정리

함수(메소드)와 변수(속성)의 집합체인 클래스를 이용하여 객체를 생성할 수 있습니다. 클래스를 통해 생성된 객체는 독립적으로 변수를 가질 수 있습니다. 단, 클래스 변수에 생성된 객체들의 클래스 이름을 통해 클래스 변수를 공유할 수 있습니다. 또한 스태틱 메소드를 이용하면 클래스를 네임스페이스처럼 활용할 수 있습니다.

메소드는 속성처럼 생성된 객체마다 생성되는 것이 아닌 클래스 내부에 한 번만 생성됩니다. 스태틱 메소드와 다른 점은 첫번째 인자로 self를 받는지, 받지 않는지의 차이가 있습니다.

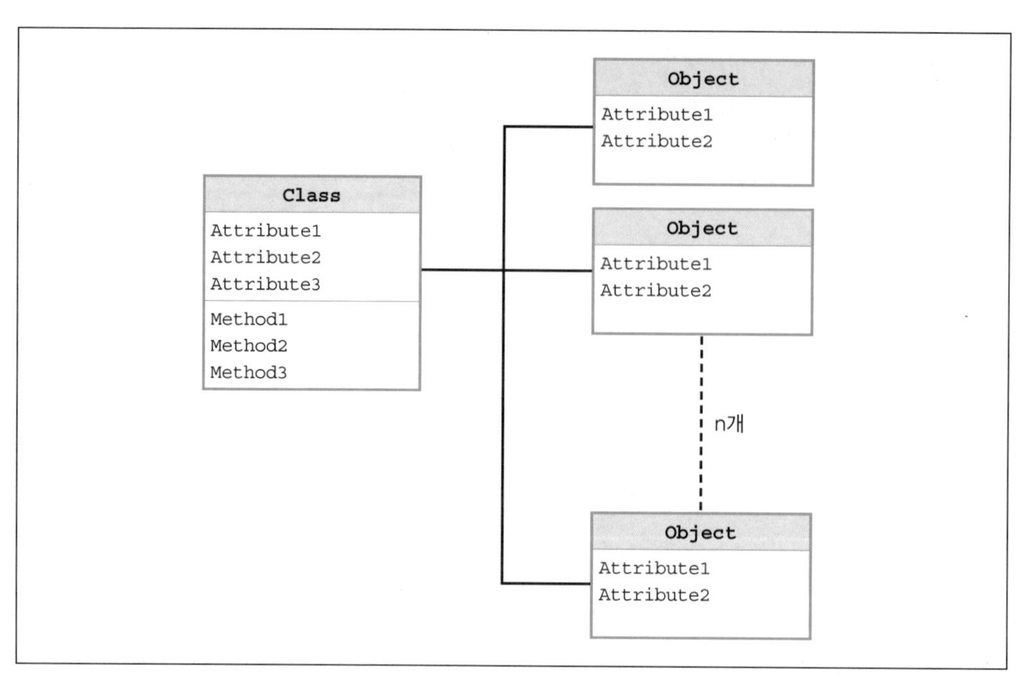

[그림 5-1] 클래스 - 객체 관계

생성된 객체는 self를 이용하여 자신의 변수에 접근이 가능하며 클래스에 생성된 메소드에 접근할 수 있습니다.

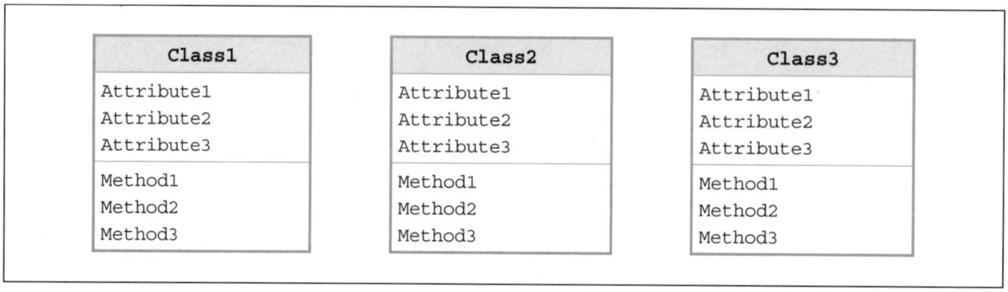

Class1
Attribute1
Attribute2
Attribute3
Method1
Method2
Method3

Class2
Attribute1
Attribute2
Attribute3
Method1
Method2
Method3

Class3
Attribute1
Attribute2
Attribute3
Method1
Method2
Method3

[그림 5-2] 클래스 - 네임스페이스

스태틱 메소드와 클래스 변수를 활용하면 [그림 5-2]처럼 클래스를 네임스페이스의 역할로만 사용할 수 있습니다. 네임스페이스를 이용하면 변수, 함수 이름의 중첩을 해결할 수 있습니다. 상속을 이용하면 상위 객체인 부모 객체의 메소드를 그대로 사용할 수 있습니다. Class2와 Class3은 Class1을 부모 클래스로 가지고 있으며, 부모 클래스에 있는 Attribute와 Method를 사용할 수 있습니다.

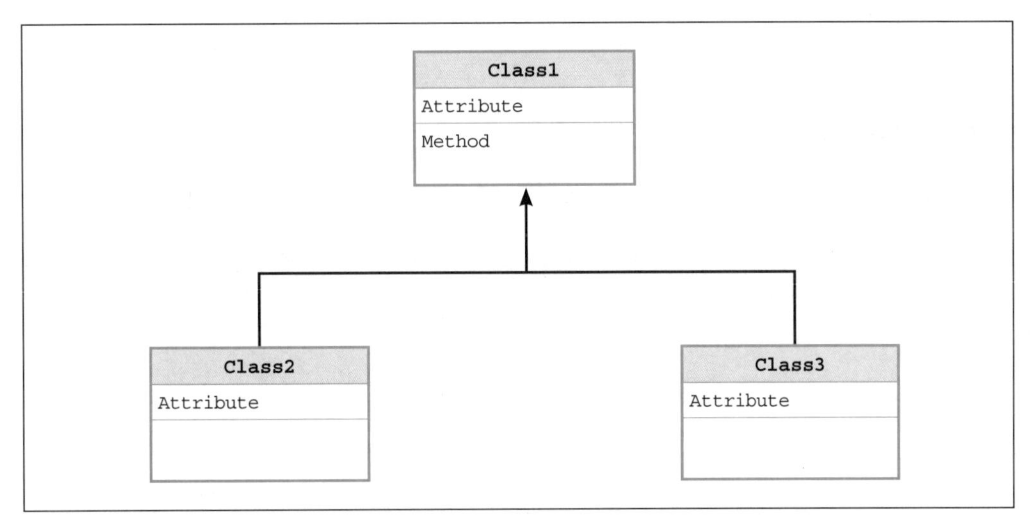

[그림 5-3] 클래스 - 상속

3 모듈

파이썬에서는 pip(python package index)를 이용하여 다양한 패키지(모듈)를 다운받을 수 있습니다. 모듈이 모여 하나의 패키지를 이룹니다. 하지만 파이썬에서 제공되는 패키지뿐만 아니라 직접 모듈을 만들 수 있습니다. pip를 이용해서 다운받은 패키지, 직접 만든 모듈을 사용하기 위해서는 import나 from ~ import 키워드를 이용합니다.

모듈을 만들게 되면 기능별로 관리할 수 있기 때문에 유지보수가 쉽지만, 파일이 분리되기 때문에 입문자는 매우 어려워합니다. 하지만 이렇게 모듈을 나누어야 코드의 양이 많아질수록 관리하기가 쉽습니다.

예를 들어, 가장 많이 사용하고 있는 윈도우의 용량은 수십 GB(기가바이트)입니다. 앞에서 2GB의 양이 얼마나 되는지 설명했습니다. 하지만 윈도우는 2GB보다 훨씬 많은 용량을 가지고 있습니다. 만약 이 용량이 하나의 파일에서 작성되었고, 수정하기 위해 코드를 보게 된다면 끔찍할 것입니다.

모듈을 직접 만들어 사용해 보겠습니다.

3-1 모듈 만들기

m1.py와 m2.py를 직접 만들어 보겠습니다. 두 개의 파일은 같은 디렉터리에 만들어 줍니다.

[코드 5-24] import를 이용하여 다른 파일 실행시키기 (폴더 : ./codes/ch5/5.24)

파일명: ./codes/ch5/5.24/m1.py

```
1  import m2
```

파일: ./codes/ch5/5.24/m2.py

```
1  print('m2.py 호출')
```

[코드 5-24] m1.py 파일 실행결과

```
m2.py 호출
```

m1.py 파일을 실행하면 m2.py가 import되었기 때문에 실행됩니다. import를 이용하면 다른 파일을 쉽게 실행할 수 있습니다. 여기서 실행되었다는 것은 다른 파일의 변수, 함수, 클래스 접근이 가능하다는 것을 의미합니다.

3-2 모듈 – 다른 파일에서 변수 가져오기

첫 번째로 다른 파일에서 생성된 변수를 가져올 수 있습니다.

[코드 5-25] 다른 파일에서 변수 가져오기 (폴더 : ./codes/ch5/5.25)

파일: ./codes/ch5/5.25/m1.py

```
1  import m2
2
3  print(m2.var1)
4  print(m2.var2)
```

파일: ./codes/ch5/5.25/m2.py

```
1  var1 = "hello"
2  var2 = "world"
```

```
3
4 print('m2.py 호출')
```

[코드 5-25] m1.py 파일 실행결과

```
m2.py 호출
Hello
World
```

import를 하면 해당 파일을 객체 취급합니다. m2 파일의 변수에 접근할 때는 마침표(.)를 이용하면 됩니다. 스크립트 언어에서는 파일을 객체 취급하게 됩니다.

3-3 모듈 – 다른 파일에서 함수 가져오기

두 번째로 다른 파일에 작성된 함수를 가져올 수 있습니다.

[코드 5-26] 다른 파일에서 함수 가져오기 (폴더 : ./codes/ch5/5.26)

파일: ./codes/ch5/5.26/m1.py

```
1 import m2
2
3 m2.f1()
4 m2.f2()
```

파일: ./codes/ch5/5.26/m2.py

```
1 def f1():
2   print('m2 파일의 f1() 함수 호출')
3
4 def f2():
5   print('m2 파일의 f2() 함수 호출')
6
7 print('m2.py 파일 출력')
```

[코드 5-26] m1.py 파일 실행결과

```
m2.py 파일 출력
m2 파일의 f1() 함수 호출
m2 파일의 f2() 함수 호출
```

함수도 변수처럼 마침표(.)를 사용하여 호출할 수 있습니다. 클래스를 이용하여 객체를 만들고 클래스 내부에 정의된 메소드, 속성에 접근하는 것과 똑같은 의미입니다.

3-4 모듈 – 다른 파일에서 클래스 가져오기

세 번째로 다른 파일에 작성된 클래스를 가져올 수 있습니다.

[코드 5-27] 다른 파일에서 클래스 가져오기 (폴더 : ./codes/ch5/5.27)

파일: ./codes/ch5/5.27/m1.py

```
1  import m2
2
3  c1 = m2.c1( )
4  c2 = m2.c2( )
```

파일: ./codes/ch5/5.27/m2.py

```
1  class c1:
2    def __init__(self):
3      print('c1 객체생성')
4
5  class c2:
6    def __init__(self):
7      print('c2 객체생성')
8
9  print('m2.py 파일 출력')
```

[코드 5-27] m1.py 파일 실행결과

```
m2.py 파일 출력
c1 객체생성
c2 객체생성
```

클래스도 변수, 함수와 같은 방법으로 접근하면 됩니다.

3-5 모듈 – 원하는 요소만 사용하기

앞에서 설명한 변수, 함수, 클래스를 가져오는 방법에서는 두 가지의 문제점이 있습니다.

첫 번째로 원하지 않는 것도 가져온다는 것입니다.

[코드 5-28] import의 첫 번째 문제점 (폴더 : ./codes/ch5/5.28)

파일: ./codes/ch5/5.28/m1.py

```
 1  import m2
 2
 3  print(m2.var1)
 4  print(m2.var2)
 5
 6  m2.f1()
 7  m2.f2()
 8
 9  c1 = m2.c1()
10  C2 = m2.c2()
```

파일: ./codes/ch5/5.28/m2.py

```
 1  var1 = "hello"
 2  var2 = "world"
 3
 4  def f1():
 5    print('m2 f1()함수 호출')
 6
 7  def f2():
 8    print('m2 f2()함수 호출')
 9
10  class c1:
11    def __init__(self):
12      print('c1 객체생성')
13
14  class c2:
15    def __init__(self):
16      print('c2 객체생성')
17
18  print('m2.py 파일 출력')
```

[코드 5-28] m1.py 파일 실행결과

```
m2.py 파일 출력
hello
world
m2 f1()함수 호출
m2 f2()함수 호출
c1 객체생성
c2 객체생성
```

import만 할 경우 import한 파일에 대해 모든 것을 가져다가 쓰게 됩니다. 또한, 다른 디렉터리(폴더)에 있는 파일을 import할 수 없습니다. from을 이용하여 import하면 원하는 요소만 가져다가 사용할 수 있고, 다른 디렉터리에 있는 파일도 사용할 수 있습니다.

[코드 5-29] from ~ import 사용 (폴더 : ./codes/ch5/5.29)

파일: ./codes/ch5/5.29/m1.py

```
1  from m2 import var1, var2
2
3  print(var1)
4  print(var2)
```

파일: ./codes/ch5/5.29/m2.py

```
1  var1 = "hello"
2  var2 = "world"
3
4  print('m2.py 파일 출력')
```

[코드 5-29] 실행결과

```
m2.py 파일 출력
hello
world
```

from [파일명] import [요소, 요소]의 형태로 작성합니다. Import 뒤에 나오는 요소는 사용하고자 하는 변수, 함수, 클래스명을 작성합니다.

from 다음의 파일명에는 해당 파일이 다른 디렉터리(폴더)에 있다면 해당 경로를 나열합니다. 만약 m2.py이 test라는 디렉터리 안에 있다면 다음과 같이 작성합니다.

[코드 5-30] 다른 디렉터리에 있는 파일 import하기 (폴더 : ./codes/ch5/5.30)

파일: ./codes/ch5/5.30/m1.py

```
1  from test.m2 import var1, var2
2
3  print(var1)
4  print(var2)
```

파일: ./codes/ch5/5.30/test/m2.py

```
1  var1 = "hello"
2  var2 = "world"
3
4  print('m2.py 파일 출력')
```

[코드 5-30] m1.py 파일 실행결과

```
m2.py 파일 출력
hello
world
```

[코드 5-30]처럼 from에는 디렉터리 경로부터 해당 파일까지 마침표(.)로 계속 이어 나가면 됩니다.

만약 해당 파일의 모든 요소를 사용하고자 할 경우 import *을 이용합니다.

[코드 5-31] 모든 요소 가져오기 (폴더 : ./codes/ch5/5.31)

파일: ./codes/ch5/5.31/m1.py

```
1  from m2 import *
2
3  print(var1)
4  print(var2)
5  f1( )
```

파일: ./codes/ch5/5.31/m2.py

```
1  var1 = "hello"
2  var2 = "world"
3
4  def f1( ):
5    print('m2.py f1( ) 함수')
6
7  print('m2.py 파일 출력')
```

[코드 5-31] m1.py 파일 실행결과

```
m2.py 파일 출력
hello
world
m2.py f1( ) 함수
```

```
1  from m2 import *
```

해당 코드는 다음과 같습니다.

```
1  from m2 import var1, var2, f1
```

모든 요소를 사용해야 한다면 *을 이용합니다.

3-6 모듈 – 네이밍 중첩

모듈 사용의 두 번째 문제점은 바로 네이밍의 중첩입니다. 즉 변수, 함수, 클래스 이름이 중첩될 수 있습니다. import를 할 경우 해당 파일의 네이밍을 그대로 사용합니다.

[코드 5-32] 네이밍 중첩 (폴더 : ./codes/ch5/5.32)

파일: ./codes/ch5/5.32/m1.py

```
1  from m2 import var1, var2, f1
2
3  def f1( ):
4    print('m1.py f1( ) 함수')
5
```

```
6 print(var1)
7 print(var2)
8 f1()
```

파일: ./codes/ch5/5.32/m2.py

```
1 var1 = "hello"
2 var2 = "world"
3
4 def f1():
5   print('m2.py f1() 함수')
6
7 print('m2.py 파일 출력')
```

[코드 5-32] m1.py 파일 실행결과

```
m2.py 파일 출력
hello
world
m1.py f1() 함수
```

다른 파일의 네이밍을 그대로 가져다 쓸 경우, m1.py처럼 m1.py에서 네이밍이 중복적으로 겹치는 문제가 발생합니다. 이럴 때는 alias의 약자인 **as**라는 키워드를 이용하여 해결할 수 있습니다.

[코드 5-33] as 이용하여 네이밍 중첩 해결 (폴더 : ./codes/ch5/5.33)

파일: ./codes/ch5/5.33/m1.py

```
 1 from m2 import var1 as m2_var1, var2 as m2_var2, f1 as m2_f1
 2
 3 var1 = "m1 hello"
 4 var2 = "m1 world"
 5
 6 def f1():
 7   print('m1.py f1() 함수')
 8
 9 print(var1)
10 print(var2)
11 print(m2_var1)
```

```
12 print(m2_var2)
13 f1()
14 m2_f1()
```

파일: ./codes/ch5/5.33/m2.py

```
1 var1 = "hello"
2 var2 = "world"
3
4 def f1():
5   print('m2.py f1() 함수')
6
7 print('m2.py 파일 출력')
```

[코드 5-33] m1.py 파일 실행결과

```
m2.py 파일 출력
m1 hello
m1 world
hello
world
m1.py f1() 함수
m2.py f1() 함수
```

as를 이용하면 호출하는 파일과 호출된 파일의 네이밍 중복을 해결할 수 있습니다. 또한 as를 이용하면 네이밍이 복잡한 것을 간단하게 바꿀 수 있습니다.

3-7 __name__의 활용

모듈을 만들고 해당 함수가 정상적으로 동작하는지 모듈 내부에 있는 함수만 실행시켜 보고 싶을 것입니다. 그런데 매번 다른 파일에서 import로 사용하기는 불편합니다. 이럴 때 사용할 수 있는 것이 __name__을 활용하는 방법입니다.

[코드 5-34] __name__ 확인하기 (폴더 : ./codes/ch5/5.34)

파일: ./codes/ch5/5.34/m1.py

```
1 import m2
2
3 print(__name__)
```

파일: ./codes/ch5/5.34/m2.py

```
1 print(__name__)
```

[코드 5-34] m1.py 실행결과

```
m2
__main__
```

[코드 5-34] m2.py 실행결과

```
__main__
```

[코드 5-34]의 m1.py 실행결과 첫 번째 줄은 m2.py의 print(__name__) 입니다. 두 번째 줄은 m1.py의 print(__name__) 입니다.

[코드 5-34]의 m2.py 실행결과를 보면 __main__이 나옵니다. __name__은 실행된 파일일 경우 __main__을 반환하고 import된 파일은 해당 파일의 이름을 반환합니다.

[코드 5-35] __name__ 활용 (폴더 : ./codes/ch5/5.35)

파일: ./codes/ch5/5.35/m1.py

```
1 from m2 import var1 as m2_var1, var2 as m2_var2, f1 as m2_f1
2
3 var1 = 'm1 hello'
4 var2 = 'm1 world'
5
6 def f1():
7   print('m1.py f1() 함수')
8
9 if __name__ =="__main__":
10
11   print(var1)
12   print(var2)
13   print(m2_var1)
14   print(m2_var2)
15   f1()
16   m2_f1()
```

파일: ./codes/ch5/5.35/m2.py

```
1  var1 = "hello"
2  var2 = "world"
3
4  def f1( ):
5    print('m2.py f1( ) 함수')
6
7  if __name__ =='__main__':
8
9    f1( )
```

[코드 5-35] m1.py 실행결과

```
m1 hello
m1 world
hello
world
m1.py f1( ) 함수
m2.py f1( ) 함수
```

[코드 5-35] m2.py 실행결과

```
m2.py f1( ) 함수
```

m1.py를 실행하면 m2.py 파일의 `if __name__ == '__main__'`는 False가 되기 때문에 실행되지 않습니다. 이 부분에 f1() 함수를 호출하는 코드를 넣어도 실행되지 않습니다. m1.py 파일에 있는 `if __name__ == '__main__'`은 m1을 실행했기 때문에 True가 됩니다.

m2.py를 실행하면 m2.py 파일의 `if __name__ == '__main__'`이 True가 됩니다. m2.py를 실행할 때만 해당 m2.py의 f1() 함수가 호출됩니다.

3-8 pip 사용

pip를 사용하여 파이썬의 다양한 라이브러리, 패키지, 프레임워크를 받아서 사용할 수 있습니다.

터미널 실행 : pip 사용

```
$ pip install [패키지 이름]
```

[pip install]을 이용하면 다양한 패키지를 다운 받아 사용할 수 있습니다.

크롤러를 만들 때 많이 사용하는 패키지는 **requests, bs4, selenium**입니다. bs4는 파이썬에 이미 내장되어 있기 때문에 설치할 필요가 없지만, requests와 selenium은 pip를 이용하여 설치해야 합니다.

pip를 이용하여 설치한 패키지도 import를 이용하여 바로 사용할 수 있으며, from을 이용해서 사용 가능합니다. 만약 코드 작성 중 bs4가 없다는 에러가 발생한다면 pip를 통해 설치할 수 있습니다.

예외처리

프로그램을 실행시키면 다양한 에러를 만나게 됩니다. 다양한 에러 중 하나는 프로그래머가 의도하여 에러를 발생시킬 수 있습니다. 에러가 발생하면 프로그램이 종료되는데, 이럴 때마다 프로그램을 다시 시작하는 것은 비효율적입니다. 에러가 발생할 때마다 처리해 주는 키워드가 바로 try ~ except입니다. 파이썬에서는 try ~ except를 다양한 형태로 제공합니다.

try~except의 구조

```
try:
  print('코드')
except:
  print('예외처리')
```

예외처리의 구조는 앞의 코드와 같습니다.
try 부분이 실행되고 이 부분에서 에러가 발생하면 즉시 except가 실행됩니다.

[코드 5-36] 예외처리 - ① (파일명 : ./codes/ch5/5.36.py)

```
1 try:
2   a = 'hello'
3   print(a)
```

```
4     print(a[10])
5     print(a)
6   except:
7     print('error 발생')
```

[코드 5-36] 실행결과

```
hello
error 발생
```

문자열 a는 0~4까지 인덱싱이 가능한데 10에 접근하면 에러가 발생하여 except가 실행됩니다. 이러한 형태의 에러는 IndexError입니다.

[코드 5-37] 예외처리 - ② (파일명 : ./codes/ch5/5.37.py)

```
1  try:
2    a = 10
3    b = 0
4
5    print(a)
6    print(b)
7    print(a/0)
8  except:
9    print('error 발생')
```

[코드 5-37] 실행결과

```
10
0
error 발생
```

수학에서는 0으로 나눌 수 없습니다. 0으로 나눌 경우 에러가 발생하여 except가 실행됩니다. 이러한 형태의 에러는 ZeroDivisionError입니다.

4-1 에러 타입

에러가 발생하면 에러의 타입과 에러 설명이 나타납니다.

```
ZeroDivisionError: integer division or modulo by zero
```

앞의 실행결과는 0으로 나누었을 때 발생하는 에러입니다. **[에러 타입: 에러 설명]**의 형태로 에러가 발생합니다.

에러 타입 종류

- ConnectionError
- BrokenPipeError
- BufferError
- BlockingIOError
- ChildProcessError
- RuntimeError
- NotImplementedError
- SystemError
- UnicodeError
- UnicodeDecodeError
- UnicodeEncodeError
- UnicodeTranslateError
- ZeroDivisionError
- IndexError
- InterruptedError
- IsADirectoryError
- KeyError
- MemoryError
- NameError
- NotADirectoryError
- RuntimeError
- NotImplementedError

- OverflowError
- OSError
- PermissionError
- ProcessLookupError
- RecursionError
- ReferenceError
- SystemError
- SystemError
- TabError
- TimeoutError
- SystemError
- TabError
- TimeoutError

다양한 에러 타입이 존재합니다.

try ~ except는 에러 타입에 따라 except 처리할 수 있습니다.

[코드 5-38] 에러 타입에 따른 except 처리 - ① (파일명 : ./codes/ch5/5.38.py)

```
1  try:
2    a = 10
3    b = 0
4
5    print(a)
6    print(b)
7    print(a/0)
8  except ZeroDivisionError:
9    print('ZeroDivisionError error 발생')
```

[코드 5-38] 실행결과

```
10
0
ZeroDivisionError error 발생
```

0으로 나눌 경우 ZeroDivisionError의 타입으로 에러가 발생하기 때문에 정상적으로 except 처리가 됩니다.

[코드 5-39] 에러 타입에 따른 except 처리 - ② (파일명 : ./codes/ch5/5.39.py)

```
1  try:
2    a = 10
3    b = 0
4
5    print(a)
6    print(b)
7    print(a/0)
8  except IndexError:
9    print('Index error 발생')
```

[코드 5-39] 실행결과

```
10
0
ZeroDivisionError: division by zero
```

ZeroDivisionError에 대한 except가 없기 때문에 에러처리가 제대로 이루어지지 않았습니다.

[코드 5-40] 에러 타입에 따른 except 처리 - ③ (파일명 : ./codes/ch5/5.40.py)

```
1  try:
2    a = 10
3    b = 0
4
5    print(a)
6    print(b)
7    print(a/0)
8  except IndexError:
9    print('Index error 발생')
10 except ZeroDivisionError:
11   print('ZeroDivision error 발생')
```

[코드 5-40] 실행결과

```
10
0
ZeroDivision error 발생
```

여러 가지 타입에 대해 except를 정의할 수 있습니다. 이렇게 타입 별로 나눌 경우 타입에 맞춰 예외처리를 할 수 있습니다.

4-2 예외처리의 확장

예외처리 시 try ~ except뿐 아니라 else와 finally를 통해 기능을 확장할 수 있습니다.

[코드 5-41] 예외처리 확장-① (파일명 : ./codes/ch5/5.41.py)

```
 1  try:
 2    a = 10
 3    b = 0
 4
 5    print(a)
 6    print(b)
 7
 8  except IndexError:
 9    print('Index error 발생')
10  except ZeroDivisionError:
11    print('ZeroDivision error 발생')
12  else:
13    print('try가 정상적으로 실행됐을 때')
14  finally:
15    print('최종적으로 무조건 실행되는 구문')
```

[코드 5-41] 실행결과

```
10
0
try가 정상적으로 실행됐을 때
최종적으로 무조건 실행되는 구문
```

else는 try 부분이 정상적으로 완료되었을 때 실행되는 부분입니다. finally는 최종적으로 무조건 실행되는 부분입니다.

try가 에러 없이 정상적으로 실행되었기 때문에 except 부분은 실행되지 않고 그 다음 else 부분이 실행되고, 마지막으로 finally가 실행됩니다.

[코드 5-42] 예외처리 확장-② (파일명 : ./codes/ch5/5.42.py)

```
1  try:
2    a = 10
3    b = 0
4
5    print(a)
6    print(b)
7
8    print(a/0)
9
10 except IndexError:
11   print('Index error 발생')
12 except ZeroDivisionError:
13   print('ZeroDivision error 발생')
14 else:
15   print('try가 정상적으로 실행됐을 때')
16 finally:
17   print('최종적으로 무조건 실행되는 구문')
```

[코드 5-42] 실행결과

```
10
0
ZeroDivision error 발생
최종적으로 무조건 실행되는 구문
```

[코드 5-42]에서는 0으로 나누었기 때문에 ZeroDivisionError가 발생하고 해당 except가 실행됩니다. 그리고 try에서 에러가 발생했기 때문에 else가 실행되지 않고 바로 finally가 실행됩니다.

에러가 발생하지 않으면 try, else, finally 순으로 실행됩니다. 에러가 발생할 경우 try 실행 중 except가 실행되고 마지막으로 finally가 실행됩니다.

4-3 강제로 에러 발생시키기

코드를 작성하다 보면 강제로 에러를 발생시켜 예외처리를 해야 하는 경우가 있습니다. 강제로 에러를 발생시키기 위해서는 raise라는 키워드를 이용합니다.

[코드 5-43] raise 이용하여 강제로 에러 발생시키기 (파일명 : ./codes/ch5/5.43.py)

```
1 def f(x):
2   if x== 1:
3     raise ValueError('1값을 넣지 마세요')
4   else:
5     print('success')
6
7 f(1)
```

[코드 5-43] 실행결과

```
ValueError: 1값을 넣지 마세요
```

raise를 이용하면 원하는 타입의 원하는 메시지를 넣어서 에러를 발생시킬 수 있습니다. 함수가 인자를 사용함에 있어 외부의 데이터에 의존적이기 때문에 함수 내부에서 사용하는 타입, 범위 등은 에러를 통해 엄격하게 관리할 수 있습니다.

2단계

데이터 수집

2단계에서는 1단계의 내용을 기반으로 requests와 selenium을 사용하여 크롤러를 만들게 됩니다. selenium을 사용하면 버튼 클릭, 키보드 입력과 같은 여러 가지 이벤트를 발생시킬 수 있습니다. 여기서 우리는 정적인 페이지부터 동적인 페이지까지 데이터를 수집하는 방법에 대해 다룹니다. 데이터 수집 시 사이트의 구조 변경이 일어난다면 책에서 나온 코드의 결과와 실제 실행결과의 차이가 발생할 수 있습니다.

PART 6

크롤링할 때 필요한 라이브러리

크롤링하기 위해 사람이 인터넷을 하는 것처럼 인터넷에 접속한 뒤 웹 페이지를 탐색해야 합니다. 이번 장에서는 크롤러를 만들 때 필요한 라이브러리에 대해 전반적으로 설명합니다.

- 요청 모듈
- 파싱 모듈
- 웹 테스팅 모듈

1 어떤 모듈을 사용할까?

크롤러라는 것은 사람처럼 웹에 접속해서 데이터를 받아오는 프로그램입니다.

첫 번째, 웹 페이지를 요청하는 라이브러리가 필요합니다. 웹 페이지를 요청할 때 자바스크립트 때문에 실제 웹브라우저에 보이는 것처럼 HTML을 가져오지 못할 수 있습니다. 이 경우 셀레니움을 사용하면 해결할 수 있습니다.

두 번째, 요청 결과를 파이썬에서 사용할 수 있는 타입으로 **변환**하는 것이 필요합니다. 이때는 bs4 모듈을 사용합니다.

2 요청 모듈

파이썬에서 웹을 요청할 수 있는 라이브러리는 크게 두 가지 requests와 urllib가 있습니다. urllib보다는 requests를 더 많이 사용합니다.

2-1 requests 모듈 설치

requests 모듈은 파이썬에서 웹 데이터를 받아올 때 가장 많이 사용하는 모듈입니다. pip를 이용하여 설치를 진행해 보겠습니다.

터미널 실행 : requests 모듈 설치

```
$ pip install requests
```

터미널에서 앞의 명령어를 이용하여 requests 모듈을 설치합니다. pip를 사용하는 방법은 5장 모듈을 설명하면서 소개했습니다.

설치가 이미 되어 있다면 해당 명령어를 실행했을 때 다음과 같은 문구가 나옵니다.

```
Requirement already satisfied: requests in /Library/Frameworks/Python.
framework/Versions/3.5/lib/python3.5/site-packages
Requirement already satisfied: chardet<3.1.0,>=3.0.2 in /Library/
Frameworks/Python.framework/Versions/3.5/lib/python3.5/site-packages
(from requests)
Requirement already satisfied: urllib3<1.22,>=1.21.1 in /Library/
Frameworks/Python.framework/Versions/3.5/lib/python3.5/site-packages
(from requests)
Requirement already satisfied: idna<2.6,>=2.5 in /Library/Frameworks/
Python.framework/Versions/3.5/lib/python3.5/site-packages (from
requests)
Requirement already satisfied: certifi>=2017.4.17 in /Library/
Frameworks/Python.framework/Versions/3.5/lib/python3.5/site-packages
(from requests)
```

'Requirement already satisfied: 메시지'의 형태로 출력되면 해당 모듈은 이미 설치가 되었다는 것을 의미합니다. 해당 모듈의 현재 버전, 파이썬 버전, 파이썬이 설치된 경로 등 다양한 것에 따라 메시지는 바뀔 수 있습니다. 해당 메시지는 requests 모듈뿐 아니라 다른 모듈도 적용되는 내용입니다.

2-2 requests 사용

requests 모듈이 잘 설치되었는지 확인해 보겠습니다.

[코드 6-1] requests 모듈 import - ② (파일명 : ./codes/ch6/6.1.py)

```
1  import requests
```

[코드 6-1] 실행결과

```

```

[코드 6-1]을 실행했을 때 아무런 메시지가 뜨지 않는다면 모듈이 정상적으로 import 된 것입니다.

[코드 6-2] requests 모듈 import - ② (파일명 : ./codes/ch6/6.2.py)

```
1  import requests as rq
```

[코드 6-2] 실행결과

```
```

[코드6-2]에도 특별한 코드를 작성하지 않았기 때문에 실행결과 아무것도 출력되지 않습니다. requests 모듈을 사용할 때마다 requests 전부 타이핑하기 번거롭기 때문에 rq라는 이름으로 대신 사용하겠습니다.

2-3 웹 페이지 접속하기

requests 모듈을 이용하여 웹 페이지에 접속하는 방법을 알아보겠습니다.

[코드 6-3] get 요청 (파일명 : ./codes/ch6/6.3.py)

```
1  import requests as rq
2
3  url = "https://pjt3591oo.github.io"
4
5  rq.get(url)
```

[코드 6-3] 실행결과

```
```

실행결과 아무것도 나타나지 않습니다. requests를 GET과 POST로 요청을 보낼 수 있습니다. GET 요청을 보낼 때는 앞의 코드처럼 rq.get()을 이용하고, POST 요청을 보낼 때는 rq.post() 처럼 사용합니다.

```
1  import requests as rq
2
3  url = "https://pjt3591oo.github.io"
4
5  rq.post(url)
```

requests를 이용하여 요청하면 서버가 응답한 값을 반환합니다.

[코드 6-4] 응답 결과 (파일명 : ./codes/ch6/6.4.py)

```
1  import requests as rq
2
3  url = "https://pjt3591oo.github.io"
4
5  res = rq.get(url)
6  print(res)
```

[코드 6-4] 실행결과

```
<Response [200]>
```

requests는 요청 후 응답 객체를 반환합니다. 응답 객체를 바로 출력할 경우 응답 코드를 확인할 수 있습니다.

2-3-1 응답 객체

Response 객체는 다양한 정보를 가지고 있습니다.

2-3-1-1 응답 코드 response code

응답 객체에서 응답 코드를 가져올 수 있습니다.

[코드 6-5] 응답 코드 가져오기 (파일명 : ./codes/ch6/6.5.py)

```
1  import requests as rq
2
3  url = "https://pjt3591oo.github.io"
4
5  res = rq.get(url)
6
7  print(res)
8  print(res.status_code)
```

[코드6-5] 실행결과

```
<Response [200]>
200
```

status_code 속성을 통해 응답 코드를 확인할 수 있습니다.

[코드 6-6] 없는 페이지 응답 코드 확인하기 (파일명 : ./codes/ch6/6.6.py)

```
1  import requests as rq
2
3  url = "https://pjt3591oo.github.io/a"
4
5  res = rq.get(url)
6
7  print(res)
8  print(res.status_code)
```

[코드 6-6] 실행결과

```
<Response [404]>
404
```

응답 코드 404는 찾을 수 없다는 의미이며, 존재하지 않는 URL에 접속하여 해당 페이지에 접속할 수 없을 때 반환하는 코드입니다.

[코드 6-7] 응답 코드를 활용한 조건분기 (파일명 : ./codes/ch6/6.7.py)

```
1  import requests as rq
2
3  def url_check(url):
4    res = rq.get(url)
5
6    print(res)
7
8    sc = res.status_code
9
10   if sc == 200:
11     print("%s 요청 성공"%(url))
12   elif sc == 404:
13     print("%s 찾을 수 없음" %(url))
14   else:
15     print("%s 알 수 없는 에러 : %s"%(url, sc))
16
17 url_check("https://pjt3591oo.github.io/")
18 url_check("https://pjt3591oo.github.io//a")
```

[코드 6-7] 실행결과

```
<Response [200]>
https://pjt3591oo.github.io/ 요청 성공
<Response [404]>
https://pjt3591oo.github.io//a 찾을 수 없음
```

응답 코드인 status_code에 따라 조건을 나누어 처리할 수 있습니다.

2-3-1-2 헤더headers

응답 객체에서 헤더를 가져올 수 있습니다.

[코드 6-8] 헤더 가져오기 (파일명 : ./codes/ch6/6.8.py)

```
1  import requests as rq
2
3  url = "http://blog.naver.com/pjt3591oo"
4
5  res = rq.get(url)
6
7  print(res)
8  print(res.headers)
```

[코드 6-8] 실행결과

```
<Response [200]>
{'Connection': 'close', 'Transfer-Encoding': 'chunked', 'P3P':
'CP="ALL CURa ADMa DEVa TAIa OUR BUS IND PHY ONL UNI PUR FIN COM NAV
INT DEM CNT STA POL HEA PRE LOC OTC"', 'Set-Cookie': 'visitcount|pjt3
591oo=pjt3591oo; Path=/, JSESSIONID=82DB9123D17E4C1F31C132255EBF1EA1.
jvm1; Path=/; HttpOnly', 'Vary': 'Accept-Encoding', 'Expires': 'Thu,
01 Jan 1970 00:00:00 GMT', 'Date': 'Mon, 13 Nov 2017 05:18:25 GMT',
'Content-Encoding': 'gzip', 'Content-Type': 'text/html;charset=MS949',
'Server': 'nxfps', 'Cache-Control': 'no-cache'}
```

응답 객체에서 헤더를 딕셔너리 형태로 가져옵니다.

[코드 6-9] 특정 값 가져오기 (파일명 : ./codes/ch6/6.9.py)

```
1  import requests as rq
2
```

```
 3  url = "http://blog.naver.com/pjt3591oo"
 4
 5  res = rq.get(url)
 6
 7  print(res)
 8
 9  headers = res.headers
10  print(headers['Set-Cookie'])
```

[코드 6-9] 실행결과

```
<Response [200]>
visitcount|pjt3591oo=pjt3591oo; Path=/, JSESSIONID=B965259C0B8C422DF73
6452EA5AC16AB.jvm1; Path=/; HttpOnly
```

Set-Cookie를 이용하여 설정된 쿠키값을 볼 수 있습니다. 쿠키값 같은 경우 요청되는 PC, 사용자에 따라 다르게 나타납니다. 이 값들은 매우 유동적으로 바뀌는 부분입니다.

쿠키값 내부의 expires는 쿠키 만료 기간입니다. 해당 쿠키가 expires 날짜까지 존재한다면 만료되어 다시 재발급 받게 됩니다.

[코드 6-10] 헤더의 모든 요소 접근 (파일명 : ./codes/ch6/6.10.py)

```
 1  import requests as rq
 2
 3  url = "http://blog.naver.com/pjt3591oo"
 4
 5  res = rq.get(url)
 6
 7  print(res)
 8
 9  headers = res.headers
10
11  for header in headers:
12      print(headers[header])
```

[코드 6-10] 실행결과

```
<Response [200]>
Mon, 13 Nov 2017 05:22:33 GMT
```

```
text/html;charset=MS949
chunked
close
no-cache
Thu, 01 Jan 1970 00:00:00 GMT
visitcount|pjt3591oo=pjt3591oo; Path=/, JSESSIONID=D1093D2118C071FAA5B
C719AEFA3C112.jvm1; Path=/; HttpOnly
CP="ALL CURa ADMa DEVa TAIa OUR BUS IND PHY ONL UNI PUR FIN COM NAV
INT DEM CNT STA POL HEA PRE LOC OTC"
Accept-Encoding
gzip
nxfps
```

앞에서 설명한 헤더의 요소들을 볼 수 있습니다. 헤더의 모든 요소는 반드시 들어갈 필요가 없기 때문에 모든 요소가 포함되지 않았습니다. 크롤러를 만들 때 응답 객체의 헤더에서 가장 중요한 부분은 서버에서 쿠키값을 만들어 준 Set-Cookie 부분입니다.

2-3-1-3 쿠키Cookies

쿠키는 headers 속성에서 접근하지 않고 cookies 속성으로 바로 가져올 수 있습니다.

[코드 6-11] 쿠키 가져오기-① (파일명 : ./codes/ch6/6.11.py)

```
1  import requests as rq
2
3  url = "http://blog.naver.com/pjt3591oo"
4
5  res = rq.get(url)
6
7  print(res)
8
9  cookies = res.cookies
10 print(cookies)
```

[코드 6-11] 실행결과

```
<Response [200]>
<RequestsCookieJar[<Cookie JSESSIONID=E15712744DC50A0F8722C56CA5D541
1F.jvm1 for blog.naver.com/>, <Cookie visitcount|pjt3591oo=pjt3591oo
for blog.naver.com/>]>
```

cookies 속성은 headers 속성처럼 딕셔너리 형태가 아니라 RequestsCookieJar 형태로 반환됩니다. 이 경우 리스트와 같은 타입으로 변환한 후 사용하면 됩니다.

[코드 6-12] 쿠키 가져오기-② (파일명 : ./codes/ch6/6.12.py)

```
1  import requests as rq
2
3  url = "http://blog.naver.com/pjt3591oo"
4
5  res = rq.get(url)
6
7  print(res)
8
9  cookies = res.cookies
10 print(list(cookies))
```

[코드 6-12] 실행결과

```
<Response [200]>
[Cookie(version=0, name='JSESSIONID', value='3CA2EB4A5FE7F214FDBD5341C2B9A6F7.jvm1', port=None, port_specified=False, domain='blog.naver.com', domain_specified=False, domain_initial_dot=False, path='/', path_specified=True, secure=False, expires=None, discard=True, comment=None, comment_url=None, rest={'HttpOnly': None}, rfc2109=False), Cookie(version=0, name='visitcount|pjt3591oo', value='pjt3591oo', port=None, port_specified=False, domain='blog.naver.com', domain_specified=False, domain_initial_dot=False, path='/', path_specified=True, secure=False, expires=None, discard=True, comment=None, comment_url=None, rest={}, rfc2109=False)]
```

list로 타입 변환 후 출력했습니다. list뿐 아니라 다양한 타입으로 변환을 해서 출력할 수 있습니다.

[코드 6-13] 쿠키 가져오기-③ (파일명 : ./codes/ch6/6.13.py)

```
1  import requests as rq
2
3  url = "http://blog.naver.com/pjt3591oo"
4
5  res = rq.get(url)
```

```
 6
 7  print(res)
 8
 9  cookies = res.cookies
10  print(tuple(cookies))
```

[코드 6-13] 실행결과

```
<Response [200]>
(Cookie(version=0, name='JSESSIONID', value='3EFBCD44B4BE21563F6A5
0E48B0C3B27.jvm1', port=None, port_specified=False, domain='blog.
naver.com', domain_specified=False, domain_initial_dot=False,
path='/', path_specified=True, secure=False, expires=None,
discard=True, comment=None, comment_url=None, rest={'HttpOnly':
None}, rfc2109=False), Cookie(version=0, name='visitcount|pjt3591oo',
value='pjt3591oo', port=None, port_specified=False, domain='blog.naver.
com', domain_specified=False, domain_initial_dot=False, path='/',
path_specified=True, secure=False, expires=None, discard=True,
comment=None, comment_url=None, rest={}, rfc2109=False))
```

전체적으로 괄호(( ))로 묶인 것을 제외하고는 리스트로 변환한 것과 큰 차이는 없습니다.

[코드 6-14] 쿠키 가져오기-④ (파일명 : ./codes/ch6/6.14.py)

```
 1  import requests as rq
 2
 3  url = "http://blog.naver.com/pjt3591oo"
 4
 5  res = rq.get(url)
 6
 7  print(res)
 8
 9  cookies = res.cookies
10  print(dict(cookies))
```

[코드 6-14] 실행결과

```
<Response [200]>
{'JSESSIONID': '756F99D9B74FB731845949D26F3299EA.jvm1', 'visitcount|pj
t3591oo': 'pjt3591oo'}
```

딕셔너리 형태로도 변환할 수 있습니다. 딕셔너리 형태로 변환할 경우 쿠키에 있는 name과 value를 name : value의 형태로 딕셔너리를 만듭니다.

headers 속성의 set-cookie와 cookies 속성을 비교해 보겠습니다.

[코드 6-15] header와 cookies 속성 비교 (파일명 : ./codes/ch6/6.15.py)

```
1  import requests as rq
2
3  url = "http://blog.naver.com/pjt3591oo"
4
5  res = rq.get(url)
6
7  print(res)
8
9  cookies = list(res.cookies)
10 headers_cookies = res.headers['Set-Cookie']
11
12 print('cookies 속성')
13 print(cookies)
14 print('')
15 print('headers 속성')
16 print(headers_cookies)
```

[코드 6-15] 실행결과

```
<Response [200]>
cookies 속성
[Cookie(version=0, name='JSESSIONID', value='D37182F47C77C843CCD79
0350AD500AB.jvm1', port=None, port_specified=False, domain='blog.
naver.com', domain_specified=False, domain_initial_dot=False,
path='/', path_specified=True, secure=False, expires=None,
discard=True, comment=None, comment_url=None, rest={'HttpOnly':
None}, rfc2109=False), Cookie(version=0, name='visitcount|pjt3591oo',
value='pjt3591oo', port=None, port_specified=False, domain='blog.naver.
com', domain_specified=False, domain_initial_dot=False, path='/',
path_specified=True, secure=False, expires=None, discard=True,
comment=None, comment_url=None, rest={}, rfc2109=False)]
```

```
headers 속성
visitcount|pjt3591oo=pjt3591oo; Path=/, JSESSIONID=D37182F47C77C843CCD
790350AD500AB.jvm1; Path=/; HttpOnly
```

cookies 속성이 headers 속성보다 쿠키값의 정보를 더 자세히 볼 수 있습니다. 또한, name 단위로 구분지어져 있기 때문에 headers보다 더 자세하게 볼 수 있습니다.

2-3-1-4 HTML 코드 보기

헤더와 응답 코드를 보는 것도 중요하지만 가장 중요한 것은 HTML 코드를 가져오는 것입니다. 가져온 HTML을 bs4를 이용하여 필요한 부분을 수집합니다.

[코드 6-16] HTML 코드 가져오기-① (파일명 : ./codes/ch6/6.16.py)

```
1  import requests as rq
2
3  url = "https://pjt3591oo.github.io/"
4
5  res = rq.get(url)
6
7  print(res.text)
```

[코드 6-16] 실행결과

```
/Library/Frameworks/Python.framework/Versions/3.5/bin/python3.5 "/
Users/bagjeongtae/Desktop/document/개인문서/책쓰기/집필자료/crawler/크롤러
입문서/codes/ch6/6.16.py"
<!DOCTYPE html>
<html lang="en">
<head>
  <meta charset="utf-8">
  <meta http-equiv="X-UA-Compatible" content="IE=edge">
  <meta name="viewport" content="width=device-width, initial-scale=1">
  <title>Home</title>
  <meta name="description" content="멍개의 개발 블로그입니다. 궁금하신 사항 혹
은 전달하고 싶은 내용이 있으시면 메일로 문의 주세요.">

  <link rel="stylesheet" href="/assets/main.css">
  <link rel="canonical" href="/">
```

```
  <link rel="alternate" type="application/rss+xml" title="Home" href="/
feed.xml">
</head>
<body>
    <header class="site-header" role="banner">
  <div class="wrapper">
    <a class="site-title" href="/">Home</a>
       <nav class="site-nav">
          <input type="checkbox" id="nav-trigger" class="nav-trigger" />
          <label for="nav-trigger">
             <span class="menu-icon">
                <svg viewBox="0 0 18 15" width="18px" height="15px">
                   <path fill="#424242" d="M18,1.484c0,0.82-
0.665,1.484-1.484,1.484H1.484C0.665,2.969,0,2.304,0,1.484l0,
0C0,0.665,0.665,0,1.484,0 h15.031C17.335,0,18,0.665,18,1.484L18,1.48
4z"/>
                   <path fill="#424242" d="M18,7.516C18,8
.335,17.335,9,16.516,9H1.484C0.665,9,0,8.335,0,7.516l0,
0c0-0.82,0.665-1.484,1.484-1.484 h15.031C17.335,6.031,18,6.696,18,7.51
6L18,7.516z"/>
                   <path fill="#424242" d="M18,13.516C18,14.335,17.3
35,15,16.516,15H1.484C0.665,15,0,14.335,0,13.516l0,0 c0-0.82,0.665-
1.484,1.484-1.484h15.031C17.335,12.031,18,12.696,18,13.516L18,13.51
6z"/>
                </svg>
             </span>
          </label>

  <div class="trigger">

    <a class="page-link" href="/about/">About</a>

. . . 중 략 . . .
```

text 속성을 이용하면 HTML 코드를 가져올 수 있습니다([코드 6-16] 실행결과가 너무 길어 앞뒤 데이터는 생략했습니다).

하지만 text 속성을 이용하는 것보다는 다음과 같은 방식으로 HTML 코드를 가져오는 것을 추천합니다.

[코드 6-17] HTML 코드 가져오기-② (파일명 : ./codes/ch6/6.17.py)

```
1  import requests as rq
2
3  url = "https://pjt3591oo.github.io/"
4
5  res = rq.get(url)
6
7  print(res.content)
```

[코드 6-17] 실행결과

```
b'<!DOCTYPE html>\n<html lang="en">\n\n  <head>\n  <meta charset="utf-8">\n  <meta http-equiv="X-UA-Compatible" content="IE=edge">\n  <meta name="viewport" content="width=device-width, initial-scale=1">\n\n  <title>Home</title>\n  <meta name="description" content="\xeb\xa9\x8d\xea\xb0\x9c\xec\x9d\x98 \xea\xb0\x9c\xeb\xb0\x9c \xeb\xb8\x94\xeb\xa1\x9c\xea\xb7\xb8\xec\x9e\x85\xeb\x8b\x88\xeb\x8b\xa4. \xea\xb6\x81\xea\xb8\x88\xed\x95\x98\xec\x8b\xa0 \xec\x82\xac\xed\x95\xad \xed\x98\xb9\xec\x9d\x80 \xec\xa0\x84\xeb\x8b\xac\xed\x95\x98\xea\xb3\xa0 \xec\x8b\xb6\xec\x9d\x80 \xeb\x82\xb4\xec\x9a\xa9\xec\x9d\xb4 \xec\x9e\x88\xec\x9c\xbc\xec\x8b\x9c\xeb\xa9\xb4 \xeb\xa9\x94\xec\x9d\xbc\xeb\xa1\x9c \xeb\xac\xb8\xec\x9d\x98 \xec\xa3\xbc\xec\x84\xb8\xec\x9a\x94.">\n\n  <link rel="stylesheet" href="/assets/main.css">\n  <link rel="canonical" href="/">\n  <link rel="alternate" type="application/rss+xml" title="Home" href="/feed.xml">\n  \n  \n</head>\n\n\n  <body>\n\n<header class="site-header" role="banner">\n\n  <div class="wrapper">\n  \n  \n  <a class="site-title" href="/">Home</a>\n  \n  \n  <nav class="site-nav">\n    <input type="checkbox" id="nav-trigger" class="nav-trigger" />\n    <label for="nav-trigger">\n <span class="menu-icon">\n

. . . 중 략 . . .
```

content 속성을 text처럼 HTML 코드를 가져오긴 했는데 어딘가 이상합니다. ₩xed, ₩x81같이 표현된 것은 한글을 바이너리 형태(인코딩)로 바꾼 것입니다. 한글이 깨지는 현상이 존재하기 때문에 한글을 그대로 읽는 것이 아니라 바이너리 형태로 바꿉니다. 즉, 코드화시켜 가져옵니다. 바이너리 형태로 HTML을 가져올 경우 text 속성을 이용하였을 때 발생하는 한글 문자가 깨지는 현상을 방지할 수 있습니다.

Tip

파이썬을 이용해서 크롤러를 만들다 보면 인코딩의 문제를 겪을 수 있는데, 그럴 때 해결 방법 중 하나가 text 속성 대신 content 속성을 이용하는 것입니다.

2-3-1-5 웹 페이지 인코딩 방식

encoding 속성을 이용하면 웹 페이지의 인코딩 방식을 확인할 수 있습니다. 웹 페이지 인코딩 방식은 크게 **UTF-8**과 **EUC-KR**을 가장 많이 사용합니다. 대부분의 페이지는 UTF-8로 인코딩되어 있지만, 종종 UTF-8이 아닌 EUC-KR과 같은 인코딩을 볼 수 있게 됩니다.

인코딩을 확인하기 앞서 UTF-8과 EUC-KR의 차이를 먼저 알아보겠습니다.

UTF-8은 유니코드의 한 종류이며 유니코드는 전 세계의 문자를 표현할 수 있는 코드입니다. UTF-8은 한마디로 표현하면 **조합형 인코딩 방식**입니다. 초성, 중성, 종성을 독립적인 바이트로 처리한 후 이를 조합하여 하나의 문자를 표현합니다. 조합하는 형태이기 때문에 하나의 문자 크기는 가변적입니다.

EUC-KR은 UTF-8과 다르게 **완성형 인코딩 방식**입니다. 즉, 하나의 문자는 반드시 크기가 고정되어 있고 이미 존재하지 않는 문자는 표현이 불가능함을 의미합니다.

윈도우에서 사용하는 대부분의 에디터 인코딩 방식은 EUC-KR의 확장인 ANSI[CP949] 방식을 사용합니다. 메모장 UTF-8로 저장한 후 엑셀로 열어보면 해당 문자가 깨지는 것을 확인할 수 있습니다. 엑셀에서는 UTF-8이 기본 설정이 아니기 때문에 UTF-8을 읽어으면 문자가 깨지게 됩니다. 마찬가지로 PC 환경에 따라 다른 인코딩 방식이 들어오면 해당 문자를 인식할 수 없기 때문에 표현할 수 없기 때문에 깨지는 것입니다.

또 다른 예로는 ANSI 인코딩 방식을 사용하는 윈도우와 UTF-8 인코딩 방식을 사용하는 macOS가 서로 파일을 주고받다 보면 텍스트가 깨지는 현상을 볼 수 있는데, 이러한 이유도 마찬가지입니다.

하지만 **바이너리**는 인코딩 설정에 상관없이 같은 문자는 똑같은 형태로 변환되므로 인코딩 때문에 문자가 깨지는 현상을 방지할 수 있습니다.

오늘날 웹은 EUC-KR이 아니라 UTF-8으로 인코딩하여 만들기를 선호하고 있습니다. 여기서 문자를 그대로 읽는다면, 컴퓨터에서 인코딩을 지원하지 않아 문자가 깨지게 됩니다.

과거에 사이트는 EUC-KR로 만들어진 경우가 있습니다. 이럴 때는 text 속성이 아닌 content 속성을 이용해 HTML 코드를 가져오면 문자가 깨지는 현상을 해결할 수 있습니다.

[코드 6-18] 인코딩 확인 (파일명 : ./codes/ch6/6.18.py)

```
1 import requests as rq
2
3 url = "https://pjt3591oo.github.io/"
4
5 res = rq.get(url)
6
7 print(res.encoding)
```

[코드 6-18] 실행결과

```
utf-8
```

[코드 6-18]의 실행결과는 매우 단순하게 출력되었습니다. HTML의 meta 태그에서 charset 부분을 확인하면 페이지의 인코딩을 알 수 있습니다. encoding 속성은 바로 이 부분을 가져와 줍니다.

```
<meta http-equiv="Content-Type" content="text/html; charset=utf-8"/>
```

meta 태그는 웹 페이지의 메타 정보뿐 아니라 인코딩 정보도 포함합니다.

2-3-2 데이터 보내는 법

reqeusts로 요청할 때 데이터를 실어 보낼 수 있습니다. 쿼리스트링같은 경우 URL에 직접 표현할 수 있지만 쿼리스트링을 만들어야 하는 번거로움이 있습니다. 하지만 데이터를 딕셔너리 형태로 만들어 보내는 방식으로 번거로움을 줄일 수 있습니다. 데이터뿐만 아니라 헤더, 쿠키같은 데이터도 원하는 값으로 변경하여 요청 가능합니다.

특정 페이지는 헤더의 user-agent가 비었거나, 쿠키가 비어있을 경우 정상적으로 HTML을 주지 않을 수 있습니다. 이럴 때는 헤더나 쿠키를 직접 만들어야 합니다.

2-3-2-1 쿼리스트링 데이터 만들어 요청

요청할 때 필요한 데이터를 두 번째 인자부터 넣을 수 있습니다.

[코드 6-19] 쿼리스트링 생성-① (파일명 : ./codes/ch6/6.19.py)

```
1  import requests as rq
2
3  url = "https://pjt3591oo.github.io/"
4
5  res = rq.get(url, params={"key1": "value1", "key2": "value2"})
6
7  print(res.url)
```

[코드 6-19] 실행결과

```
https://pjt3591oo.github.io/?key1=value1&key2=value2
```

응답 객체에서 URL 속성은 요청했을 때의 URL을 가져옵니다. 두 번째 인자로 parmas를 넣어 쿼리스트링을 만들어 요청을 보냈습니다. URL을 직접 만드는 것보다 [코드 6-19]처럼 딕셔너리 형태로 만드는 것을 추천합니다. 만약 [코드 6-19]처럼 코드를 작성하지 않고 URL로만 데이터를 보낼 경우 다음과 같이 코드를 작성해야 합니다.

[코드 6-20] 쿼리스트링 생성-② (파일명 : ./codes/ch6/6.20.py)

```
1  import requests as rq
2
3  url = "https://pjt3591oo.github.io//?key2=value2&key1=value1"
4
5  res = rq.get(url)
6
7  print(res.url)
```

[코드 6-20] 실행결과

```
https://pjt3591oo.github.io//?key2=value2&key1=value1
```

[코드 6-19]와 [코드 6-20]의 결과는 같습니다. 하지만 [코드 6-20]처럼 코드를 작성하면 URL을 만들 때 슬래시(/)같은 것을 조금 더 신경써 주어야 하므로 [코드 6-19]처럼 작성하는 것이 코드를 관리하기 좋습니다.

코드가 길어지면 문자열에서 슬래시(/), 앤드 연산자(&), 물음표(?)와 같은 특수문자가 빠지거나 몇 개 더 들어가면서 문제가 발생할 수 있습니다. 하지만 딕셔너리를 이용하면 이러한 특수문자를 직접 다루지 않기 때문에 추후 코드를 유지보수하는 데 에러나 버그 발생 확률을 줄여 줍니다.

2-3-2-2 POST 요청 보내기 – body에 데이터 추가

POST 요청을 할 때 데이터가 URL에 포함되어 있지 않고 header의 body에 포함되기 때문에 반드시 추가적인 인자를 넣어 보내야 합니다. 쿼리스트링은 params를 사용하지만, body 데이터에 추가할 땐 data를 이용합니다.

[코드 6-21] post 요청 (파일명 : ./codes/ch6/6.21.py)

```
1 import requests as rq
2
3 url = "http://www.example.com"
4
5 res = rq.post(url, data={"key1": "value1", "key2": "value2"})
6
7 print(res.url)
```

[코드 6-21] 실행결과

```
http://www.example.com/
```

data 키워드를 이용해서 POST 요청 시 데이터를 포함하여 보낼 수 있습니다. 하지만 [코드 6-21]처럼 단순히 data = dict( )를 하면 정상적으로 요청이 안 될 수 있습니다. 이럴 때는 딕셔너리 형태를 유지한 문자열 형태로 데이터를 전달해야 합니다. 이럴 때 사용하는 것이 josn 모듈입니다.

[코드 6-22] json 모듈을 활용한 post 요청 (파일명 : ./codes/ch6/6.22.py)

```
1 import requests as rq
2 import json
3 url = "http://www.example.com"
```

```
4
5 res = rq.post(url, data=json.dumps({"key1": "value1", "key2":
6 "value2"}))
7
8 print(res.url)
```

[코드 6-22] 실행결과

```
http://www.example.com/
```

결과는 달라지지 않았지만, data를 딕셔너리에서 문자열 형태로 바꾸어 보낸 것입니다. json을 import한 후 json.dump(딕셔너리)를 하면 해당 딕셔너리의 형태를 유지하면서 문자열로 바꾸어 줍니다.

여기서 왜 문자열로 바꿀 때 str을 사용해서 바꾸지 않았는지 의문이 들 수 있습니다. str을 이용해서 바꾸는 것과 json 모듈을 이용해서 바꾸는 것의 차이를 확인해 보겠습니다.

[코드 6-23] json 모듈과 str의 차이 (파일명 : ./codes/ch6/6.23.py)

```
1 import json
2
3 dict1 = {'key1': 'value1', 'key2': 'value2'}
4 dict2 = {"key1": "value1", "key2": "value2"}
5
6 print(json.dumps(dict1))
7 print(str(dict1))
8
9 print(json.dumps(dict2))
10 print(str(dict2))
```

[코드 6-23] 실행결과

```
{"key2": "value2", "key1": "value1"}
{'key2': 'value2', 'key1': 'value1'}
{"key2": "value2", "key1": "value1"}
{'key2': 'value2', 'key1': 'value1'}
```

큰 차이는 없어 보이지만 key와 value를 표현하는데 큰따옴표(")와 작은따옴표(')가 사용된 것을 알 수 있습니다. 딕셔너리 형태로 유지하면서 문자열로 바꾸기 위해서는 작은따옴표가 아니라 큰따옴표로 **키: 값**을 표현해야 합니다. 그렇기 때문에 str을 사용하는 것이 아니라 json.dump( )를 확인하여 딕셔너리를 문자열 형태로 바꾸어 사용합니다.

2-3-2-3 헤더 설정

헤더를 설정할 때는 headers를 이용합니다.

[코드 6-24] 헤더 설정하기 (파일명 : ./codes/ch6/6.24.py)

```
1 import requests as rq
2 url = "https://pjt3591oo.github.io/"
3
4 res = rq.get(url, headers={"User-Agent": "Mozilla/5.0 (Macintosh;
5 Intel Mac OS X 10_12_5) AppleWebKit/537.36 (KHTML, like Gecko)
6 Chrome/60.0.3112.113 Safari/537.36"})
7
8 print(res.url)
```

[코드 6-24] 실행결과

```
https://pjt3591oo.github.io/
```

헤더나 데이터를 보내는 경우 크롤러 입장에서는 크게 달라질 게 없습니다.

[코드 6-24]처럼 헤더를 만들어 보내면 서버는 요청된 것을 맥-크롬에서 요청한 것으로 인지합니다.

2-4 예외처리

requests를 이용하여 요청을 보낼 때 다양한 에러가 발생할 수 있습니다.

- HTTPError : HTTP 오류 발생
- ConnectionError : 연결 오류 발생
- ProxyError : 프록시 오류 발생
- SSLError : SSL 인증서 오류 발생(https)

- **Timeout** : 일정 시간 동안 서버가 응답하지 않을 때 오류 발생
- **ConnectTimeout** : 일정 시간 동안 서버가 응답하지 않을 때 오류 발생
- **ReadTimeout** : 서버가 일정 시간 동안 데이터를 보내지 않을 때 오류 발생
- **URLRequired** : 유효한 URL이 필요할 때 오류 발생
- **TooManyRedirects** : 리다이렉션이 너무 많을 때 오류 발생(새로고침)
- **MissingSchema** : HTTP 또는 HTTPS를 생략했을 때 오류 발생
- **InvalidSchema** : 유효한 스키마는 defaults.py를 참조
- **InvalidURL** : URL이 잘못됐을 때 오류 발생
- **InvalidHeader** : 헤더가 잘못됐을 때 오류 발생
- **ChunkedEncodingError** : 잘못된 방식으로 인코딩하여 보냈을 때 오류 발생
- **ContentDecodingError** : 응답 내용을 디코딩하지 못할 때 오류 발생
- **StreamConsumedError** : 응답 컨텐츠가 이미 소비되었을 때 오류 발생
- **RetryError** : 사용자가 정의한 재요청이 실패했을 때 오류 발생
- **UnrewindableBodyError** : 본문을 다시 읽을 때 오류 발생

requests 오류 처리 방법

```
import requests as rq

url = "http://blog.naver.com/pjt3591oo"

try:
    res = rq.get(url)
    print(res.url)
except rq.exceptions.HTTPError:
    print('HTTP 에러 발생 .')
except rq.exceptions.Timeout:
    print('timeout 에러 발생 ')
```

requests로 요청 시 다양한 오류가 발생할 수 있습니다. 이럴 땐 **requests.excepts.[에러명]**과 같은 except를 작성할 수 있습니다.

[코드 6-25] requests 요청 시 오류 발생 (파일명 : ./codes/ch6/6.25.py)

```
1 import requests as rq
2 url = "blog.naver.com/pjt3591oo"
3
4 res = rq.get(url)
```

[코드 6-25] 실행결과

```
requests.exceptions.MissingSchema: Invalid URL 'blog.naver.com/
pjt3591oo': No schema supplied. Perhaps you meant http://blog.naver.
com/pjt3591oo?
```

[코드 6-25]처럼 URL에 http 또는 https를 명시하지 않으면 MissingSchema 에러가 발생합니다. 친절하게도 원하는 URL을 http를 붙여서 맞는지 물어봅니다.

[코드 6-26] 에러 처리 (파일명 : ./codes/ch6/6.26.py)

```
1 import requests as rq
2
3 url = "blog.naver.com/pjt3591oo"
4
5 try:
6     res = rq.get(url)
7 except rq.exceptions.MissingSchema:
8     print('MissingSchema 에러 발생')
```

[코드 6-26] 실행결과

```
MissingSchema 에러 발생
```

[코드 6-26]처럼 에러를 처리할 수 있습니다. [코드 6-26]처럼 에러를 처리하는 것은 좋지 못한 방법입니다.

http같은 경우 코드단에서 처리 가능한 부분이기 때문에 이런 것들은 에러 처리를 하지 않는 것이 좋습니다. timeout같은 서버에 의한 에러들을 except 처리하는 것이 좋습니다.

[코드 6-27] time 에러 발생 시 (파일명 : ./codes/ch6/6.27.py)

```
 1  import requests as rq
 2  import time
 3
 4  url = "http://blog.naver.com/pjt3591oo"
 5  delay_time = 1
 6
 7  def connection(u):
 8      return rq.get(u)
 9
10  try:
11      connection(url)
12
13  except rq.exceptions.Timeout:
14      time.sleep(delay_time)
15      connection(url)
```

서버 측의 특수한 상황 때문에 timeout 에러가 발생할 수 있습니다. timeout은 서버가 일정 시간 동안 요청한 클라이언트에 응답하지 않았을 때 발생하는 에러입니다. 이럴 때 일정 시간 동안 잠시 기다렸다가 재요청을 하는 방법으로 해결할 수 있습니다.

time은 파이썬 내장 모듈입니다. time을 임포트한 후 sleep() 함수를 호출하면 sleep() 함수에 인자로 넘긴 값만큼 코드가 정지합니다.

[코드 6-27]처럼 특정 코드를 다시 호출할 경우 **retry 패턴**을 이용하면 효율적인 관리를 할 수 있습니다.

2-5 urllib 사용

파이썬에서 requests 이외의 **urllib**라고 하는 요청 모듈이 있습니다. urllib는 requests와 다르게 내장 모듈이기 때문에 설치할 필요가 없습니다.

[코드 6-28] urllib 사용 방법 (파일명 : ./codes/ch6/6.28.py)

```
1  from urllib.request import urlopen, Request
2
3  url = "https://pjt3591oo.github.io/"
4
5  req = request(url)
6  page = urlopen(req)
7
8  print(page)
```

[코드 6-28] 실행결과

```
<http.client.HTTPResponse object at 0x10254dda0>
```

urllib는 객체를 만들어 요청하게 됩니다.

```
5  req = request(url)
```

요청 객체를 만드는 부분입니다.

```
6  page = urlopen(req)
```

만들어진 요청 객체를 이용하여 요청하는 부분입니다.

[코드 6-29] 다양한 정보 확인 (파일명 : ./codes/ch6/6.29.py)

```
1  from urllib.request import urlopen, Request
2
3  url = "https://pjt3591oo.github.io/"
4
5  req = Request(url)
6  page = urlopen(req)
7
8  print(page)
9  print(page.code)
10 print(page.headers)
11 print(page.url)
12 print(page.info().get_content_charset())
```

[코드 6-29] 실행결과

```
<http.client.HTTPResponse object at 0x1025566d8>
200
Server: GitHub.com
Content-Type: text/html; charset=utf-8
Last-Modified: Sat, 20 May 2017 06:31:56 GMT
Access-Control-Allow-Origin: *
Expires: Mon, 13 Nov 2017 01:22:56 GMT
Cache-Control: max-age=600
X-GitHub-Request-Id: 154A:2AA41:73E84C:7A9FCB:5A08F197
Content-Length: 20720
Accept-Ranges: bytes
Date: Mon, 13 Nov 2017 05:47:05 GMT
Via: 1.1 varnish
Age: 55
Connection: close
X-Served-By: cache-nrt6136-NRT
X-Cache: HIT
X-Cache-Hits: 1
X-Timer: S1510552025.133820,VS0,VE1
Vary: Accept-Encoding
X-Fastly-Request-ID: ce61cfc998e2d95fb67a6db05cad93728d3bc933

https://pjt3591oo.github.io/
utf-8
```

requests와 같은 결과를 확인할 수 있습니다. 같은 URL에 접속하는 것이기 때문에 결과는 같습니다. 쿠키 부분은 요청하는 지점마다 달라지기 때문에 다를 수 있습니다.

[코드 6-30] HTML 코드 가져오기 (파일명 : ./codes/ch6/6.30.py)

```
1  from urllib.request import urlopen, Request
2
3  url = "https://pjt3591oo.github.io/"
4
5  req = request(url)
6  page = urlopen(req)
7
```

```
8  print(page)
9  print(page.read())
```

[코드 6-30] 실행결과

```
<http.client.HTTPResponse object at 0x1025566d8>
b'<!DOCTYPE html>\n<html lang="en">\n\n   <head>\n   <meta charset="utf-8">\n   <meta http-equiv="X-UA-Compatible" content="IE=edge">\n   <meta name="viewport" content="width=device-width, initial-scale=1">\n\n   <title>Home</title>\n   <meta name="description" content="\xeb\xa9\x8d\x

. . . 중 략 . . .

</div>\n\n  </div>\n\n</footer>\n\n\n  </body>\n\n</html>\n'
```

urllib는 **read()** 함수를 이용하여 HTML을 바이너리 형태로 가져옵니다. reqeusts의 content() 함수와 같은 기능을 합니다.

[코드 6-31] 데이터 요청 (파일명 :6.31.py)

```
1  from urllib.request import urlopen, Request
2  import urllib
3
4  url = "http://blog.naver.com/pjt3591oo"
5
6  # post 요청 시 보낼 데이터 만들기
7  data = {'key1': 'value1', 'key2': 'value2'}
8  data = urllib.parse.urlencode(data)
9  data = data.encode('utf-8')
10
11 print(data)
12
13 # post 요청
14 req_post = Request(url, data=data, headers={})  # 2번째 인자 데이터,
15 세 번째 인자 헤더
16 page = urlopen(req_post)
17
18 print(page)
```

```
19 print(page.url)
20
21 # get 요청
22 req_get = Request(url+"?key1=value1&key2&value2", None, headers={})
23 # 2번째 인자 데이터, 세 번째 인자 헤더
24 page = urlopen(req_get)
25
26 print(page)
27 print(page.url)
```

[코드 6-31] 실행결과

```
b'key1=value1&key2=value2'
<http.client.HTTPResponse object at 0x1025558d0>
http://blog.naver.com/pjt3591oo
<http.client.HTTPResponse object at 0x102555eb8>
http://blog.naver.com/pjt3591oo?key1=value1&key2&value2
```

urllib는 Request( ) 함수를 이용하여 요청 객체를 만들 때 두 번째 인자에는 데이터, 세 번째 인자에는 헤더가 들어갑니다. 만약 두 번째 인자 값이 존재한다면 POST 요청, 존재하지 않는다면 GET 요청을 보냅니다. 즉, 두 번째 인자 값의 존재 여부에 따라 GET 요청인지 POST 요청인지 결정됩니다(GET 요청일 때 두 번째 인자에 None을 넣거나 넣지 않으면 됩니다).

data를 만들 때는 encode( ) 함수를 바이너리 형태로 인코딩하여 보내야 합니다.

```
6 # post 요청 시 보낼 데이터 만들기
7 data = {'key1': 'value1', 'key2': 'value2'}
8 data = urllib.parse.urlencode(data) # key1=value1&key2=value2
9 data = data.encode('utf-8')        # b'key1=value1&key2=value2'
```

요청 시 필요한 데이터를 urllib에서 원하는 타입으로 바꿔주는 부분입니다.

8라인은 딕셔너리를 쿼리스트링의 형태로 바꿔줍니다.

9라인은 쿼리스트링처럼 표현된 문자열을 UTF-8로 인코딩하여 바이너리 형태로 바꿔줍니다.

[코드 6-32] 없는 페이지 요청 (파일명 : ./codes/ch6/6.32.py)

```
1  from urllib.request import urlopen, Request
2
3  url = "https://pjt3591oo.github.io/1"
4
5  req_post = request(url)
6  page = urlopen(req_post)
7
8  print(page)
9  print(page.url)
```

[코드 6-32] 실행결과

```
urllib.error.HTTPError: HTTP Error 404: Not Found
```

urllib는 requests와 다르게 잘못된 페이지 요청 시 에러를 띄워줍니다.

2-6 requests VS urllib

1. requests와 urllib는 요청 시 요청 객체를 만드는 방법에 차이가 있습니다.
2. 데이터를 보낼 때 requests는 딕셔너리 형태로 urllib는 인코딩하여 바이너리 형태로 전송합니다.
3. requests는 요청 메소드(GET, POST)를 명시하지만 urllib는 데이터의 여부에 따라 GET 요청과 POST 요청을 구분합니다.
4. 없는 페이지 요청 시 requests는 에러를 띄우지 않지만 urllib는 에러를 띄웁니다.

requests 요청은 개발자가 편하게 쓸 수 있는 요청 모듈입니다. 이러한 이유로 urllib보다 requests 모듈을 자주 사용합니다. 이 책에서는 크롤러를 만들면서 requests 모듈을 사용합니다.

3 파싱 모듈

요청 모듈로 가져온 HTML 코드를 파이썬이 쓸 수 있는 코드로 변환해 주어야 합니다. bs4 모듈을 사용하여 HTML 코드를 파이썬에서 사용 가능한 객체로 바꿔줄 수 있습니다. bs4는 파이썬 내장 모듈이기 때문에 추가로 설치할 필요가 없습니다.

3-1 bs4 사용

bs4를 사용하기 위해 import해 줍니다.

[코드 6-33] bs4 import (파일명 : ./codes/ch6/6.33.py)

```
1  import bs4
```

[코드 6-33] 실행결과

```
```

실행 후 [코드 6-33]처럼 아무런 결과가 나타나지 않았다면 해당 모듈을 사용할 수 있습니다. print()가 없기 때문에 아무 것도 출력되지 않아야 정상입니다.

[코드 6-34] bs4 사용하기 (파일명 : ./codes/ch6/6.34.py)

```
1  import bs4
2
3  html = """"""
4
5  soup = bs4.BeautifulSoup(html)
```

[코드 6-34] 실행결과

```
/Library/Frameworks/Python.framework/Versions/3.5/lib/python3.5/site-packages/bs4/__init__.py:181: UserWarning: No parser was explicitly specified, so I'm using the best available HTML parser for this system ("lxml"). This usually isn't a problem, but if you run this code on another system, or in a different virtual environment, it may use a different parser and behave differently.
```

```
The code that caused this warning is on line 5 of the file /Users/
bagjeongtae/Desktop/test/ch6.py. To get rid of this warning, change
code that looks like this:

  BeautifulSoup(YOUR_MARKUP})

to this:

  BeautifulSoup(YOUR_MARKUP, "lxml")

    markup_type=markup_type))
```

bs4 모듈에 존재하는 BeautifulSoup( ) 함수를 이용하여 문자열을 파이썬에서 사용 가능한 객체로 만들어 줍니다.

[코드 6-34] 코드와 실행결과를 보면 두 가지 문제점이 있습니다.

첫 번째는 실행 결과 시 경고문이 발생합니다. 해당 경고가 에러는 아닙니다. 단지 BeautifulSoup( ) 함수 사용 시 두 번째 인자로 파서를 넣지 않았기 때문에 시스템에서 가장 적합한 파서를 선택했다는 경고 메시지입니다. 해당 경고문은 다음과 같이 수정하면 뜨지 않게 할 수 있습니다. 대부분 시스템에서 lxml 파서를 선택했다고 나옵니다.

만약 파서가 없다는 에러가 발생한다면 pip를 이용하여 파서를 설치하면 됩니다.

[코드 6-35] 파서 선택 (파일명 : ./codes/ch6/6.35.py)

```
1  import bs4
2
3  html = """"""
4
5  soup = bs4.BeautifulSoup(html, 'lxml')
```

[코드 6-35] 실행결과

BeautifulSoup() 함수 첫 번째 인자는 파이썬 객체로 바꿀 스트링을 넣어주고 두 번째 인자로 파서를 넣습니다.

파서란, 원시 코드인 순수 문자열 객체를 해석할 수 있도록 분석하는 것을 의미합니다. 파이썬에서 사용되는 파서는 다음과 같이 존재합니다.

- lxml
- html5lib
- html.parser

각 파서는 pip를 이용하여 설치할 수 있습니다. 주로 lxml를 이용하지만, 한글이 깨질 때 파서를 바꾸면 해결되는 경우도 종종 있습니다.

각 파서의 장단점을 알아보겠습니다.

첫 번째 파서 lxml은 XML 해석이 가능한 파서입니다. 그리고 파이썬 2.x와 3.x 모두 지원 가능합니다. 다른 파서에 비해 매우 빠른 속도로 처리할 수 있습니다. 빠른 속도로 처리가 가능한 이유는 c로 구현되어 있기 때문입니다.

두 번째 파서 html5lib은 웹 브라우저의 방식으로 HTML을 해석합니다. 하지만 처리 속도가 매우 느리다는 단점을 가지고 있습니다. 그리고 html5lib는 2.x 버전 전용입니다.

세 번째 html.parser가 있습니다. 최신 버전의 파이썬에서는 사용이 불가능합니다. 만약 최신 버전의 파이썬을 사용하고 있다면 html.parser는 사용할 수 없습니다.

각 파서의 자세한 차이점은 7장에서 HTML 코드와 비교하면서 알아보겠습니다.

[코드 6-35]에서 Beautifulsoup()을 사용하는 부분에 문제가 있습니다. Beautifulsoup()을 사용할 때, bs4.BeautifulSoup()으로 사용하기에는 너무 길어 복잡합니다. import할 때 from을 사용해 좀 더 편하게 사용할 수 있도록 바꾸겠습니다.

[코드 6-36] bs4 편리한 사용 (파일명 : ./codes/ch6/6.36.py)

```
1  from bs4 import BeautifulSoup
2
3  html = """"""
4
5  soup = BeautifulSoup(html, 'lxml')
```

[코드 6-36] 실행결과

```

```

from과 import를 이용하여 bs4에 있는 BeautifulSoup( ) 함수만 사용하도록 했습니다. 만약 BeautifulSoup이 길어서 쓰기 힘들다면 as를 이용하여 편한 키워드로 사용해도 됩니다.

bs4를 활용하여 HTML을 해석하는 방법은 다음 장에서 자세히 알아보겠습니다.

4 웹 테스팅 모듈

웹 자동 테스팅 프레임워크인 selenium에 대해 알아보겠습니다. 크롤러를 만들 때 requests + bs4 조합을 사용하거나 selenium을 사용합니다. 여기서 selenium은 웹을 테스트하기 위해 나온 프레임워크입니다. selenium을 사용하기에 앞서 selenium 설치를 해야 합니다.

4-1 selenium에 필요한 프로그램 설치

selenium을 사용하기 위해 크게 두 가지가 필요합니다. 첫 번째는 pip를 이용한 selenium 설치, 두 번째는 웹을 띄우기 위한 브라우저 드라이버입니다.

터미널 실행 : selenium 설치

```
pip install selenium
```

pip를 이용하여 selenium을 설치합니다.

다음으로 브라우저 드라이버가 필요합니다. 브라우저 드라이버는 크롬, 익스플로러, 파이어폭스 등 우리가 사용하고 있는 브라우저를 코드로 사용하기 위해 필요한 프로그램입니다. 즉, selenium으로 사용할 브러우저에 맞는 드라이버를 사용하면 됩니다. 만약 크롬 브라우저 드라이버를 이용하기 위해서는 로컬 환경에 크롬이 설치되어야 합니다. 익스플로러, 파이어 폭스 등도 마찬가지입니다. 해당 브라우저 설치와 웹 드라이버가 동일해야 정상적으로 실행 가능합니다. 웹 드라이버를 크롤러와 웹 브라우저를 연결시켜 주기 위한 프로그램으로 이해하면 됩니다.

크롬 드라이버를 설치하기 위해 다음의 링크로 이동합니다(https://sites.google.com/a/chromium.org/chromedriver/downloads).

구글에서 크롬 웹 드라이버를 검색하면 해당 사이트로 접속할 수 있습니다.
해당 링크로 접속하면 크롬 드라이버를 다운로드할 수 있는 페이지가 나옵니다. 중간에 [Lastes Release: ChromeDriver 2.31]을 클릭해줍니다(뒤에 나온 2.31은 버전이며 접속하는 시기에 따라 다른 버전일 수 있습니다).

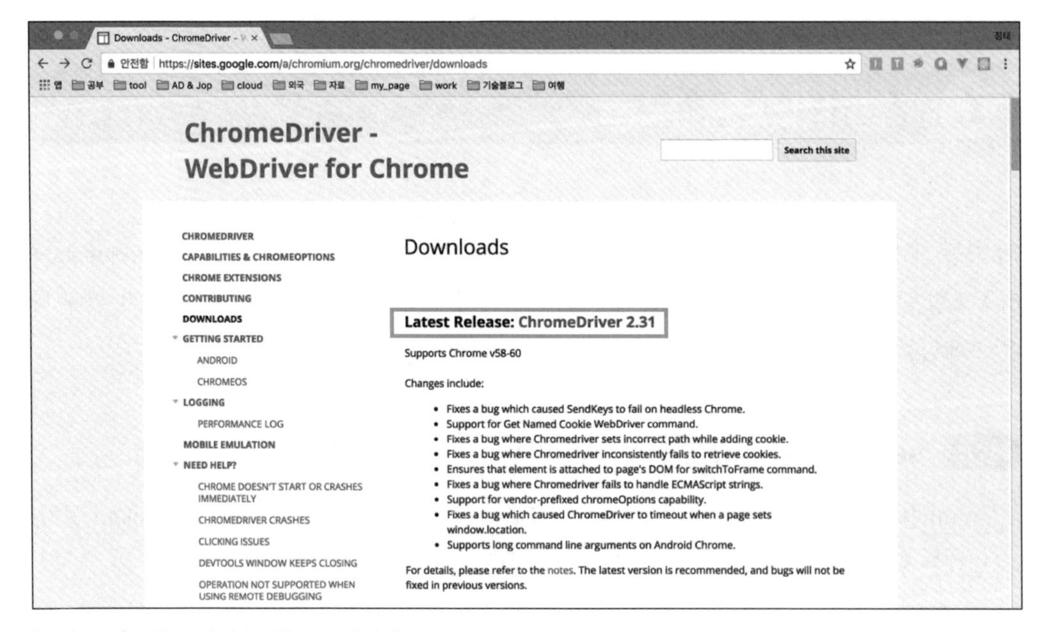

[그림 6-1] 크롬 드라이버 다운로드 페이지

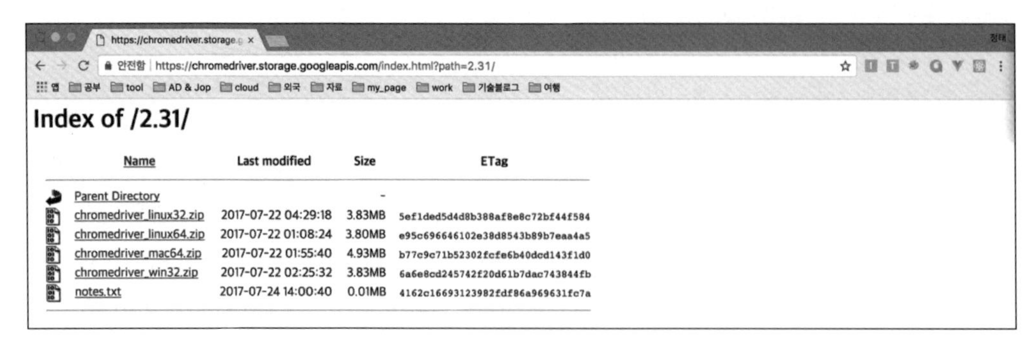

Index of /2.31/

Name	Last modified	Size	ETag
Parent Directory		-	
chromedriver_linux32.zip	2017-07-22 04:29:18	3.83MB	5ef1ded5d4d8b388af8e8c72bf44f584
chromedriver_linux64.zip	2017-07-22 01:08:24	3.80MB	e95c696646102e38d8543b89b7eaa4a5
chromedriver_mac64.zip	2017-07-22 01:55:40	4.93MB	b77c9c71b52302fcfe6b40dcd143f1d0
chromedriver_win32.zip	2017-07-22 02:25:32	3.83MB	6a6e8cd245742f20d61b7dac743844fb
notes.txt	2017-07-24 14:00:40	0.01MB	4162c16693123982fdf86a969631fc7a

[그림 6-2] 시스템 선택

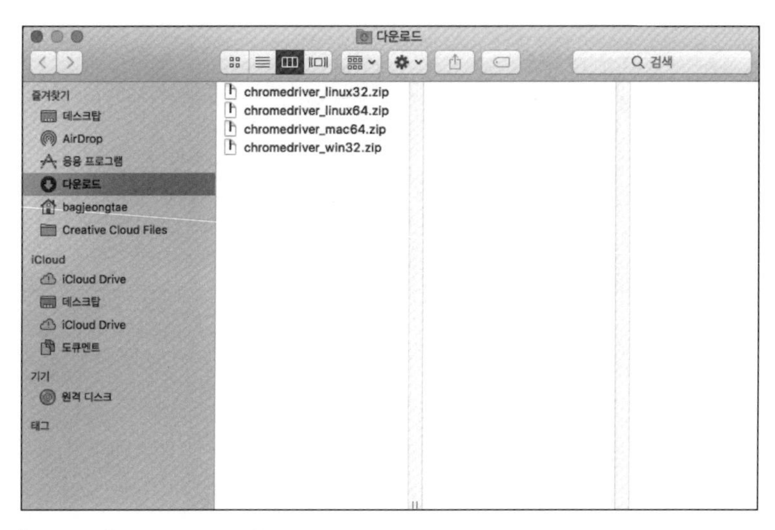

[그림 6-3] 웹 드라이버 다운로드

개발 환경을 선택합니다. 윈도우의 경우 chromedriver_win32.zip를 선택하고, 맥은 chromedriver_mac64.zip을 선택합니다. 리눅스의 경우 32비트 64비트에 따라 chromedriver_linux32와 64를 선택하면 됩니다.

설치된 압축 파일을 풀어준 다음 크롤러가 작성된 폴더에 같이 넣어주면 됩니다. 압축을 풀면 chromedriver 또는 chromedriver.exe의 이름으로 파일이 생깁니다. 맥과 리눅스의 경우 .exe가 붙지 않습니다. 여기서 파일명은 반드시 chromedriver 또는 chromedriver.exe이어야 합니다. 이름을 바꿔 사용하면 에러가 발생합니다.

4-2 selenium으로 웹 드라이버를 사용하여 웹 브라우저 띄우기

pip를 이용하여 설치한 selenium과 크롬 드라이버를 이용하여 웹 브라우저를 띄워보겠습니다.

[코드 6-37] 웹 브라우저 띄우기 (파일명 : ./codes/ch6/6.37.py)

```
1  from selenium import webdriver
2
3  driver = webdriver.Chrome('chromedriver') # 윈도우는 .exe가 붙어 있습니다.
```

[그림 6-3] [코드 6-37]의 실행결과

[코드 6-37]을 실행시키면 빈 브라우저가 뜹니다.

다양한 브라우저 활용

```
chrome_driver = webdriver.Chrome('chromedriver')
iexplore_driver = webdriver.Ie('IEDriverServer')
firefox_driver = webdriver. Firefox('FirefoxDriver')
```

브라우저와 해당 브라우저 웹 드라이버만 있다면, 다양한 브라우저를 활용할 수 있습니다. 인자는 설치된 드라이버의 경로를 입력해 줍니다. 파이썬 파일과 같은 경로에 있다면 드라이버 파일명만 넣어주면 됩니다. [코드 6-37]에서 윈도우 사용자는 다음과 같이 코드를 수정하여 실행하면 됩니다.

```
1  from selenium import webdriver
2
3  driver = webdriver.Chrome('chromedriver.exe')
```

윈도우와 맥, 리눅스의 프로그램 형식이 다르기 때문에 파일 경로만 잘 작성해주면 정상적으로 실행 가능합니다.

[코드 6-38] 웹 드라이버를 잘못 명시할 경우 (파일명 : ./codes/ch6/6.38.py)

```
1  from selenium import webdriver
2
3  driver = webdriver.Ie('chromedriver.exe')
```

[코드 6-38] 실행결과

```
selenium.common.exceptions.WebDriverException: Message: 'chromedriver.
exe' executable needs to be in PATH. Please download from http://
selenium-release.storage.googleapis.com/index.html and read up at
https://github.com/SeleniumHQ/selenium/wiki/InternetExplorerDriver
```

웹 드라이버를 잘못 명시할 경우 해당 웹 드라이버를 설치할 수 있는 페이지를 띄웁니다. 검색하기 번거롭다면 해당 모듈에서 알려주는 메시지를 이용하는 방법으로 찾아가도 됩니다.

[코드 6-39] 웹 드라이버를 명시하지 않을 경우 (파일명 : 파일명 : ./codes/ch6/6.39.py)

```
1  from selenium import webdriver
2
3  driver = webdriver.Ie( )
```

웹 드라이버를 명시하지 않는다면 상황에 따라 [코드 6-38]과 같은 에러가 발생할 수도 있고 정상적으로 실행될 수 있기 때문에 드라이버명을 정확히 입력해주는 것이 좋습니다.

5 정리

지금까지 크롤러를 만드는 데 필요한 선행 지식 및 필요한 프로그램 설치, 문법 습득, 라이브러리 및 프레임워크 설치를 해보았습니다. 다음 장부터는 **requests + bs4의 활용**, **selenium**을 활용하여 크롤러를 만들어 보겠습니다.

PART 7

bs4

bs4를 사용하는 방법에 대해 자세히 알아보겠습니다. 앞에서 잠깐 언급한 파서의 차이부터 bs4의 활용 방법까지 설명합니다.

- 파서의 차이
- bs4의 사용법
- 정규식을 활용한 bs4 고급 스킬
- 원하는 사이트 크롤러 만들기

1 파서의 차이

파이썬에서 사용 가능한 파서는 lxml, html5lib, html.parser 세 가지가 존재합니다.

1-1 lxml

lxml 파서는 c언어로 구현되어 있기 때문에 가장 빠릅니다. 그리고 XML도 처리 가능하지만, c언어로 구현됐기 때문에 c언어에 의존적입니다.

[코드 7-1] lxml 파서 - ① (파일명 : ./codes/ch7/7.1.py)

```
1  from bs4 import BeautifulSoup
2
3  html = """<p>test</p>"""
4
5  soup = BeautifulSoup(html, 'lxml')
6  print(soup)
```

[코드 7-1] 실행결과

```
<html><body><p>test</p></body></html>
```

lxml은 html과 body 태그가 포함된 형태로 만들어 줍니다.

[코드 7-2] lxml 파서 - ② (파일명 : ./codes/ch7/7.2.py)

```
1  from bs4 import BeautifulSoup
2
3  html = """<html><p>test</p></html>"""
4  soup = BeautifulSoup(html, 'lxml')
5  print(soup)
6
7  html = """<body><p>test</p></body>"""
8  soup = BeautifulSoup(html, 'lxml')
9  print(soup)
```

[코드 7-2] 실행결과

```
<html><body><p>test</p></body></html>
<html><body><p>test</p></body></html>
```

html과 body 태그가 없다면 해당 태그를 만들어 줍니다.

1-2 html5lib

html5lib 파서는 웹 브라우저 형태로 HTML를 분석하고 관리합니다. 파이썬으로 구현되어 있기 때문에 lxml처럼 c언어에 의존적이지 않지만, c언어로 구현된 lxml보다 느리다는 단점이 있습니다.

[코드 7-3] html5lib 파서 - ① (파일명 : ./codes/ch7/7.3.py)

```
1  from bs4 import BeautifulSoup
2
3  html = """<p>test</p>"""
4
5  soup = BeautifulSoup(html, 'html5lib')
6  print(soup)
```

[코드 7-3] 실행결과

```
<html><head></head><body><p>test</p></body></html>
```

html5lib는 html처럼 해석하기 때문에 html, head, body 태그가 포함된 형태로 만들어 줍니다.

[코드 7-4] html5lib 파서 - ② (파일명 : ./codes/ch7/7.4.py)

```
1  from bs4 import BeautifulSoup
2
3  html = """<html><body><p>test</p></body></html>"""
4  soup = BeautifulSoup(html, 'html5lib')
5  print(soup)
6
7  html = """<html><head></head><p>test</p></html>"""
8  soup = BeautifulSoup(html, 'html5lib')
9  print(soup)
```

```
10
11 html = """<head></head><p>test</p>"""
12 soup = BeautifulSoup(html, 'html5lib')
13 print(soup)
```

[코드 7-4] 실행결과

```
<html><head></head><body><p>test</p></body></html>
<html><head></head><body><p>test</p></body></html>
<html><head></head><body><p>test</p></body></html>
```

html, head, body 태그 중 하나라도 없다면, 해당 태그를 추가합니다.

html.parser는 버전에 따라 실행 여부가 다르고 추천하지 않는 파서이기 때문에 다루지 않겠습니다. 속도는 html5lib보다 빠르고 lxml보다는 느리다 정도만 알아도 괜찮습니다. html.parser는 파이썬 2.7.2 버전이나 3.2.2 이하의 버전에서 버전에서 정상 동작하지 않을 수 있습니다. 해당 버전에서는 lxml을 필수적으로 설치해야 합니다.
가장 최신 버전의 파이썬을 설치했다면 html.parser는 사용할 수 없습니다.

1-3 lxml VS html5lib

앞에서 lxml과 html5lib의 속도에 대해 언급했습니다. 어느 정도 속도 차이가 나는지 확인해 보겠습니다. 여기서 여러분들은 lxml을 사용해야 하는 이유를 알 수 있습니다.

먼저, 프로그램이 실행한 시간을 측정하는 코드부터 작성해 보겠습니다.

[코드 7-5] 프로그램 시간 측정 (파일명 : ./codes/ch7/7.5.py)

```
1 import time
2 startTime = time.time( )
3
4 print('측정하고 싶은 실행 코드')
5
6 endTime = time.time( ) - startTime
7 print(endTime)
```

[코드 7-5] 실행결과

```
측정하고 싶은 코드
5.3882598876953125e-05
```

시간 계산을 하기 위해 time 모듈을 import하여 가져왔습니다.

실행결과를 보면 소수점 자리가 너무 낮기 때문에 e-05 형태로 표기됩니다. e-05는 1/100000를 의미합니다. 숫자와 영어를 표기할 땐 곱하기 기호가 생략할 수 있기 때문에 [코드 7-5]의 실행결과를 풀어 표현하면 다음과 같이 됩니다.

```
5.3882598876953125  * 1 / 100000 = 0.000053882598876953125
```

엄청나게 빠른 속도입니다. 이 코드를 이용해 lxml과 html5lib의 속도를 비교해 보겠습니다.

[코드 7-6] lxml VS html5lib - ① (파일명 : ./codes/ch7/7.6.py)

```
 1 import time
 2 from bs4 import BeautifulSoup
 3
 4 html = """<html><head></head><p>test</p></html>"""
 5
 6 start_time = time.time( )
 7 BeautifulSoup(html, 'lxml')
 8 lxml_end_time = time.time( ) - start_time
 9
10 start_time = time.time( )
11 BeautifulSoup(html, 'html5lib')
12 html5lib_end_time = time.time( ) - start_time
13
14 print('lxml 시간측정 : %f'%(lxml_end_time))
15 print('html5lib 시간측정 : %f'%(html5lib_end_time))
16 print(html5lib_end_time - lxml_end_time)
```

[코드 7-6] 실행결과

```
lxml 시간측정 : 0.001052
html5lib 시간측정 : 0.003679
3.497506799637353
```

lxml과 html5lib의 실행 속도가 3배 정도 차이납니다. 이번에는 반복문을 이용하여 평균적으로 시간이 얼마나 걸리는지 측정해 보겠습니다.

[코드 7-7] lxml VS html5lib – ② (파일명 : ./codes/ch7/7.7py)

```
 1  import time
 2  from bs4 import BeautifulSoup
 3
 4  html = """<html><head></head><p>test</p></html>"""
 5
 6  time_sum = 0
 7  loop_count = 5
 8
 9  for i in range(0, loop_count):
10
11      start_time = time.time( )
12      BeautifulSoup(html, 'lxml')
13      lxml_end_time = time.time( ) - start_time
14
15      start_time = time.time( )
16      BeautifulSoup(html, 'html5lib')
17      html5lib_end_time = time.time( ) - start_time
18
19      rate = html5lib_end_time / lxml_end_time
20
21      print("%d 번째 시도" %(i))
22      print('lxml 시간측정 : %f' %(lxml_end_time))
23      print('html5lib 시간측정 : %f' %(html5lib_end_time))
24      print('**', rate, '**\n')
25      time_sum += rate
26
27  average = time_sum / loop_count
28  print('평균속도 : %f' %(average))
```

[코드 7-7] 실행결과

```
0 번째 시도
lxml 시간측정 : 0.000541
html5lib 시간측정 : 0.001661
** 3.0705156456588805 **
```

```
1 번째 시도
lxml 시간측정 : 0.000342
html5lib 시간측정 : 0.000710
** 2.0767085076708507 **

2 번째 시도
lxml 시간측정 : 0.000435
html5lib 시간측정 : 0.000877
** 2.0169956140350878 **

3 번째 시도
lxml 시간측정 : 0.000290
html5lib 시간측정 : 0.000692
** 2.3865131578947367 **

4 번째 시도
lxml 시간측정 : 0.000288
html5lib 시간측정 : 0.000895
** 3.1067880794701987 **

평균속도 : 2.531504
```

평균적으로 2.5배 정도 차이가 발생합니다. 여기서 시간 차이가 발생한다는 것을 보는 것도 중요하지만, 코드 작성을 자세히 보는 것이 중요합니다. 계산에 필요한 데이터, 계산된 결과를 변수에 담아 다음에 또 사용할 수 있도록 하는 것이 프로그램의 성능 개선 및 유지보수에 효율적입니다.

9라인에서 loop_count 변수를 통해 반복문을 돌리는 횟수와 속도의 평균 속도를 계산하기 위해 사용합니다. 만약 loop_count 변수를 생성하지 않았다면 다음과 같이 코드가 수정됩니다.

```
    ...생략
 9  for i in range(0, 5):
      ...생략

27  average = time_sum / 5
    ...생략
```

반복문을 돌리는 부분과 계산하는 부분을 전부 고쳐야 합니다. 하지만 변수를 사용하면 하나의 변수값을 통해 반복문을 돌리는 횟수와 평균값을 구하는 데 필요한 데이터를 수정할 수 있습니다. 이런식으로 변수를 활용하면 효율적인 프로그램을 만들 수 있습니다.

1-4 파서를 잘못 넣을 경우

파서를 잘못 넣으면 에러가 발생합니다.

[코드 7-8] 파서를 잘못 넣을 경우 (파일명 : ./codes/ch7/7.8.py)

```
1  from bs4 import BeautifulSoup
2
3  html = """<html><head></head><p>test</p></html>"""
4
5  time_sum = 0
6  BeautifulSoup(html, 'test')
```

[코스 7-8] 실행결과

```
bs4.FeatureNotFound: Couldn't find a tree builder with the features
you requested: test. Do you need to install a parser library?
```

없는 파서를 넣거나, 오타 등의 이유로 잘못 타이핑했다면, 해당 파서를 찾을 수 없다고 에러 메시지를 띄워줍니다. 이런 경우 파서를 잘 넣어주면 되기 때문에 실수로 오타만 나지 않는다면 큰 문제는 없습니다. 정상적인 시스템에서는 프로그램이 실행 중 갑자기 파서가 없어지는 경우는 없기 때문에 크게 신경을 쓰지 않아도 되는 부분입니다.

지금까지 파서 간 차이, 속도의 차이를 알아보았습니다. 이제부터는 bs4 사용 방법을 알아보겠습니다.

2 bs4 사용

bs4를 이용해 requests로 가져온 HTML 코드를 파이썬에서 사용할 수 있도록 바꿔줍니다. bs4를 얼마나 잘 쓰느냐에 따라 크롤러를 빠르고 정확하게 만들 수 있습니다.

[코드 7-9] bs4 (파일명 : ./codes./ch7/7.9.py)

```
1  from bs4 import BeautifulSoup
2
3  html = """<html> <head> </head> <body> <p>test</p> </body></
4  html>"""
5
6  soup = BeautifulSoup(html, 'lxml')
7  print(soup)
8  print(type(soup))
```

[코드 7-9] 실행결과

```
<html> <head> </head> <body> <p>test</p> </body></html>
<class 'bs4.BeautifulSoup'>
```

BeatifulSoup( ) 함수를 이용하여 HTML 문자열을 bs4.BeautifulSoup의 형태로 바꾸었습니다. 해당 함수는 bs4.BeautifulSoup 형태로 바뀐 데이터를 반환합니다. 이렇게 바뀐 데이터를 bs4에서는 soup이라고 표현하므로 soup이라는 변수명을 사용합니다. 여기서 굳이 soup 이름으로 변수명을 사용하지 않아도 됩니다.

[코드 7-10] html을 예쁘게 출력 (파일명 : ./codes./ch7/7.10.py)

```
1  from bs4 import BeautifulSoup
2
3  html = """<html> <head><title>test site</title></head> <body>
4  <p>test</p> <p>test1</p> <p>test2</p> </body></html>"""
5
6  soup = BeautifulSoup(html, 'lxml')
7  print(soup.prettify( ))
```

[코드 7-10] 실행결과

```
<html>
  <head>
    <title>
      test site
    </title>
  </head>
  <body>
    <p>
      test
    </p>
    <p>
      test1
    </p>
    <p>
      test2
    </p>
  </body>
</html>
```

[코드 7-9]처럼 soup을 그냥 출력하면 한 줄로 표현되기 때문에 보기 좋지 않습니다. 하지만 prettify() 함수를 이용하면 보기 좋게 출력할 수 있습니다. [코드 7-9]보다 훨씬 보기 좋아졌습니다.

2-1 간단한 태그 접근

간단하게 태그에 접근하는 방법부터 살펴보겠습니다.

[코드 7-11] 태그 접근 (파일명 : ./codes/ch7/7.11.py)

```
1  from bs4 import BeautifulSoup
2
3  html = """<html> <head><title>test site</title></head> <body>
4  <p>test</p> <p>test1</p> <p>test2</p> </body></html>"""
5
6  soup = BeautifulSoup(html, 'lxml')
7  tag_title = soup.title
```

```
 8
 9 print(tag_title)
10 print(type(soup), ',', type(tag_title))
```

[코드 7-11] 실행결과

```
<title>test site</title>
<class 'bs4.BeautifulSoup'> , <class 'bs4.element.Tag'>
```

soup.[태그 이름]의 형태로 태그의 정보를 가져올 수 있습니다. 하지만 이 경우는 가장 첫 번째로 등장하는 태그의 정보만 가져옵니다. 만약 soup.p를 한다면, 가장 먼저 등장하는 p 태그의 정보만 가져옵니다. 태그 이름 또는 데이터만 뽑을 수 있습니다.

type을 이용해서 타입을 확인했을 때 **bs4.BeautifulSoup**과 **bs.element.Tag**로 출력합니다. bs4.BeautifulSoup은 문서 전체를 의미합니다. 문서란 HTML 코드 전체를 의미하며, **6라인**처럼 HTML을 BeautifulSoup( ) 함수에 넣는 부분은 문서를 bs4.BeautifulSoup으로 변환하는 과정입니다. 그리고 bs4는 각각의 태그를 bs4.element.Tag로 취급합니다.

[코드 7-12] 태그 데이터 뽑기 (파일명 : ./codes/ch7/7.12.py)

```
 1 from bs4 import BeautifulSoup
 2
 3 html = """<html> <head><title>test site</title></head> <body>
 4 <p>test</p> <p>test1</p> <p>test2</p> </body></html>"""
 5
 6 soup = BeautifulSoup(html, 'lxml')
 7 tag_title = soup.title
 8
 9 print(tag_title.text)
10 print(tag_title.string)
11 print(tag_title.name)
```

[코드 7-12] 실행결과

```
test site
test site
title
```

text 속성과 string 속성을 이용하면 해당 태그의 값을 가져올 수 있습니다. text와 string의 결과가 같아 보이지만 약간의 차이가 있습니다.

name 속성을 이용하면 해당 태그 이름을 가져올 수 있습니다.

2-2 속성 데이터

a 태그의 href 속성, img 태그의 src 속성을 가져오기 위해서는 속성에 접근해야 합니다.

[코드 7-13] 태그에서 속성 뽑기 (파일명 : ./codes/ch7/7.13.py)

```
 1 from bs4 import BeautifulSoup
 2 
 3 html = """<html> <head><title class="t" id="ti">test site</title></
 4 head> <body> <p>test</p> <p>test1</p> <p>test2</p> </body></
 5 html>"""
 6 
 7 soup = BeautifulSoup(html, 'lxml')
 8 tag_title = soup.title
 9 
10 print(tag_title.attrs)
11 print(tag_title['class'])
12 print(tag_title['id'])
```

[코드 7-13] 실행결과

```
{'id': 'ti', 'class': ['t']}
['t']
ti
```

태그에서 attrs 속성을 이용하면 해당 태그의 속성을 가져올 수 있습니다. 그리고 태그의 속성에 접근할 때 딕셔너리에서 [키 : 값] 의 형태를 접근하는 것처럼 하면 됩니다. **11~12라인**처럼 속성 접근이 가능합니다. 딕셔너리처럼 접근이 가능하기 때문에 키가 없다면 에러가 발생합니다. 이를 방지하기 위해 get() 함수를 이용하면 키가 존재하지 않을 때 기본값을 설정할 수 있습니다.

[코드 7-14] 태그에 없는 속성 접근 (파일명 : ./codes/ch7/7.14.py)

```
1  from bs4 import BeautifulSoup
2  
3  html = """<html> <head><title class="t" id="ti">test site</title></
4  head> <body> <p>test</p> <p>test1</p> <p>test2</p> </body></
5  html>"""
6  
7  soup = BeautifulSoup(html, 'lxml')
8  tag_title = soup.title
9  
10 print(tag_title['class1'])
```

[코드 7-14] 실행결과

```
KeyError: 'class1'
```

존재하지 않는 속성값에 접근하면, 딕셔너리에서 없는 키에 접근했을 때 발생하는 KeyError 에러가 발생합니다. get()을 이용하여 속성에 접근하면 에러를 방지할 수 있습니다.

[코드 7-15] get 이용 속성 접근 (파일명 : ./codes/ch7/7.15.py)

```
1  from bs4 import BeautifulSoup
2  
3  html = """<html> <head><title class="t" id="ti">test site</title></
4  head> <body> <p>test</p> <p>test1</p> <p>test2</p> </body></
5  html>"""
6  
7  soup = BeautifulSoup(html, 'lxml')
8  tag_title = soup.title
9  
10 print(tag_title.attrs)
11 print(tag_title.get('class'))
12 print(tag_title.get('id'))
13 print(tag_title.get('class1'))
14 print(tag_title.get('class1', 'default_value'))
```

[코드 7-15] 실행결과

```
{'id': 'ti', 'class': ['t']}
['t']
ti
None
default_value
```

타입이 bs4.element.Tag인 태그들은 속성을 딕셔너리처럼 접근할 수 있고, 딕셔너리 형태이기 때문에 딕셔너리 문법을 그대로 적용할 수 있습니다.

2-3 태그의 text와 string 속성 차이

text와 string 속성을 이용하면 해당 태그의 데이터를 뽑을 수 있습니다. 하지만 이 둘은 타입이 다릅니다.

[코드 7-16] text와 string 차이 (파일명 : ./codes/ch7/7.16.py)

```
1  from bs4 import BeautifulSoup
2
3  html = """<html> <head><title>test site</title></head> <body>
4  <p>test</p> <p>test1</p> <p>test2</p> </body></html>"""
5
6  soup = BeautifulSoup(html, 'lxml')
7  tag_title = soup.title
8
9  data_text = tag_title.text
10 data_string = tag_title.string
11
12 print('text : ', data_text, type(data_text))
13 print('string : ', data_string, type(data_string))
```

[코드 7-16] 실행결과

```
text : test site <class 'str'>
string : test site <class 'bs4.element.NavigableString'>
```

뽑힌 데이터는 같지만, type()으로 타입을 확인할 땐 다른 타입으로 나타납니다.

[코드 7-17] 복잡한 태그에서 text와 string 속성의 차이 (파일명 : ./codes/ch7/7.17.py)

```
1  from bs4 import BeautifulSoup
2
3  html = """<html> <head><title>test site</title></head> <body>
4  <p><span>test1</span><span>test2</span></p> </body></html>"""
5
6  soup = BeautifulSoup(html, 'lxml')
7  tag_p = soup.p
8
9  data_text = tag_p.text
10 data_string = tag_p.string
11
12 print('text : ', data_text, type(data_text))
13 print('string : ', data_string, type(data_string))
```

[코드 7-17] 실행결과

```
text : test1test2 <class 'str'>
string : None <class 'NoneType'>
```

text는 하위 태그들 즉, span 태그에 대한 값도 전부 출력해줍니다. string은 정확히 태그에 대한 값만 출력합니다. [코드 7-17]처럼 p 태그가 span 태그를 가지고 있기 때문에 string 속성을 출력해도 None 값이 뜹니다. string으로 데이터를 정확히 뽑고 싶다면 tag_p.span.string처럼 자식 태그가 존재하지 않는 태그까지 접근해야 합니다.

```
data_string = tag_p.span.string # 첫번째 span 값인  text1 출력
```

p 태그에 span이 2개 있기 때문에 span으로 접근하면 첫 번째 span으로 접근합니다. 그리고 string 속성을 가져오면 test1값을 가져옵니다.

2-4 자식 태그 접근하기

content 속성과 children 속성을 이용하여 자식 태그를 가져올 수 있습니다.

[코드 7-18] content 활용하여 자식 태그 가져오기 (파일명 : ./codes/ch7/7.18.py)

```
1  from bs4 import BeautifulSoup
2
3  html = """<html> <head><title>test site</title></head> <body>
4  <p><span>test1</span><span>test2</span></p> </body></html>"""
5
6  soup = BeautifulSoup(html, 'lxml')
7
8  tag_p_chidren = soup.p.contents
9
10 print(tag_p_chidren)
```

[코드 7-18] 실행결과

```
[<span>test1</span>, <span>test2</span>]
```

contents 속성을 사용하면 리스트 형태로 자식 태그를 가져옵니다.

[코드 7-19] children 활용하여 자식 태그 가져오기-① (파일명 : ./codes/ch7/7.19.py)

```
1  from bs4 import BeautifulSoup
2
3  html = """<html> <head><title>test site</title></head> <body>
4  <p><span>test1</span><span>test2</span></p> </body></html>"""
5
6  soup = BeautifulSoup(html, 'lxml')
7
8  tag_p_chidren = soup.p.children
9
10 print(tag_p_chidren)
```

[코드 7-19] 실행결과

```
<list_iterator object at 0x1037faf60>
```

children은 contents와 다르게 **〈이터레이터 object〉** 형태로 반환됩니다. children으로 가져온 값을 반복문을 이용해 사용해야 합니다.

[코드 7-20] children 활용하여 자식 태그 가져오기-② (파일명 : ./codes/ch7/7.20.py)

```
1  from bs4 import BeautifulSoup
2
3  html = """<html> <head><title>test site</title></head> <body>
4  <p><span>test1</span><span>test2</span></p> </body></html>"""
5
6  soup = BeautifulSoup(html, 'lxml')
7
8  tag_p_child = soup.p.children
9
10 for child in tag_p_child:
11     print(child)
```

[코드 7-20] 실행결과

```
<span>test1</span>
<span>test2</span>
```

반복문을 이용하여 p의 자식 태그인 span 태그들을 출력했습니다.

2-5 부모 태그 접근하기

자식 태그로 내려가는 것이 아닌, 부모 태그로 올라가는 형태로 접근할 수 있습니다. [코드 7-21]을 예로 들면, title 태그로 head 태그 접근, span 태그로 p 태그 접근을 할 수 있습니다.

부모 태그를 가져오는 방법은 parent와 parents 두 가지가 있습니다.

[코드 7-21] 부모 태그 접근하기 parent (파일명 : ./codes/ch7/7.21.py)

```
1  from bs4 import BeautifulSoup
2
3  html = """<html> <head><title>test site</title></head> <body>
4  <p><span>test1</span><span>test2</span></p> </body></html>"""
5
```

```
 6  soup = BeautifulSoup(html, 'lxml')
 7
 8  tag_span = soup.span
 9  tag_title = soup.title
10
11  span_parent = tag_span.parent
12  title_parent = tag_title.parent
13
14  print('태그')
15  print(tag_span)
16  print(tag_title)
17
18  print('부모 태그')
19  print(span_parent)
20  print(title_parent)
```

[코드 7-21] 실행결과

```
태그
<span>test1</span>
<title>test site</title>
부모 태그
<p><span>test1</span><span>test2</span></p>
<head><title>test site</title></head>
```

parent 속성을 이용하면 바로 위의 태그를 가져옵니다.

[코드 7-22] 부모 태그 접근하기 parents-① (파일명 : ./codes/ch7/7.22.py)

```
 1  from bs4 import BeautifulSoup
 2
 3  html = """<html> <head><title>test site</title></head> <body>
 4  <p><span>test1</span><span>test2</span></p> </body></html>"""
 5
 6  soup = BeautifulSoup(html, 'lxml')
 7
 8  tag_span = soup.span
 9  tag_title = soup.title
10
```

```
11  span_parents = tag_span.parents
12  title_parents = tag_title.parents
13
14  print('태그')
15  print(tag_span)
16  print(tag_title)
17
18  print('부모 태그')
19  print(span_parents)
20  print(title_parents)
```

[코드 7-22] 실행결과

```
태그
<span>test1</span>
<title>test site</title>
부모 태그
<generator object parents at 0x101a57db0>
<generator object parents at 0x101a6cca8>
```

parents 속성에 접근하면 children과 비슷하지만 〈제너레이터 객체〉의 형태로 가져옵니다. 이것도 반복문을 이용하면 결과를 확인할 수 있습니다.

[코드 7-23] 부모 태그 접근하기 parents-② (파일명 : ./codes/ch7/7.23.py)

```
 1  from bs4 import BeautifulSoup
 2
 3  html = """<html> <head><title>test site</title></head> <body>
 4  <p><span>test1</span><span>test2</span></p> </body></html>"""
 5
 6  soup = BeautifulSoup(html, 'lxml')
 7
 8  tag_span = soup.span
 9  tag_title = soup.title
10
11  span_parents = tag_span.parents
12  title_parents = tag_title.parents
13
14  print('태그')
```

```
15 print(tag_span)
16 print(tag_title)
17
18 print('span 부모 태그')
19 for parent in span_parents:
20     print(parent)
21
22 print('title 부모 태그')
23 for parent in title_parents:
24     print(parent)
```

[코드 7-23] 실행결과

```
태그
<span>test1</span>
<title>test site</title>
span 부모 태그
<p><span>test1</span><span>test2</span></p>
<body> <p><span>test1</span><span>test2</span></p> </body>
<html> <head><title>test site</title></head> <body> <p><span>test1</
span><span>test2</span></p> </body></html>
<html> <head><title>test site</title></head> <body> <p><span>test1</
span><span>test2</span></p> </body></html>
title 부모 태그
<head><title>test site</title></head>
<html> <head><title>test site</title></head> <body> <p><span>test1</
span><span>test2</span></p> </body></html>
<html> <head><title>test site</title></head> <body> <p><span>test1</
span><span>test2</span></p> </body></html>
```

parents 속성을 이용하면 가장 최상위 부모 태그까지 가져올 수 있습니다.

2-6 형제 태그 접근하기

형제sibling 태그란 동등한 위치의 태그를 의미합니다. [코드 7-23]에서 p 태그 아래에 있는 두 개의 span 태그는 서로 형제 관계라고 할 수 있습니다. 형제 관계에서는 서로 태그가 같을 필요는 없습니다.

[코드 7-24] 형제 태그 접근 - ① (파일명 : ./codes/ch7/7.24.py)

```
1  from bs4 import BeautifulSoup
2
3  html = """<html> <head><title>test site</title></head> <body>
4  <p><span>test1</span><span>test2</span></p> </body></html>"""
5
6  soup = BeautifulSoup(html, 'lxml')
7
8  tag_span = soup.span
9
10 a = tag_span.next_sibling
11 b = a.previous_sibling
12
13 print(a)
14 print(b)
```

[코드 7-24] 실행결과

```
<span>test2</span>
<span>test1</span>
```

next_sibling와 previous_sibling으로 다음 형제와 이전 형제를 가져올 수 있습니다.

[코드 7-25] 형제 태그 접근 - ② (파일명 : ./codes/ch7/7.25.py)

```
1  from bs4 import BeautifulSoup
2
3  html = """<html> <head><title>test site</title></head> <body>
4  <p><a>test1</a><b>test2</b><c>test3</c></p> </body></html>"""
5
6  soup = BeautifulSoup(html, 'lxml')
7
8  tag_a = soup.a
9  tag_b = soup.b
10 tag_c = soup.c
11
12 print('tags')
13 print(tag_a)
```

```
14 print(tag_b)
15 print(tag_c)
16
17 tag_a_next = tag_a.next_sibling
18 tag_a_prev = tag_a.previous_sibling
19
20 tag_b_next = tag_b.next_sibling
21 tag_b_prev = tag_b.previous_sibling
22
23 tag_c_next = tag_c.next_sibling
24 tag_c_prev = tag_c.previous_sibling
25
26 print('siblings')
27 print(tag_a_next)
28 print(tag_a_prev)
29
30 print(tag_b_next)
31 print(tag_b_prev)
32
33 print(tag_c_next)
34 print(tag_c_prev)
```

[코드 7-25] 실행결과

```
tags
<a>test1</a>
<b>test2</b>
<c>test3</c>
siblings
<b>test2</b>
None
<c>test3</c>
<a>test1</a>
None
<b>test2</b>
```

가장 먼저 등장하는 형제는 previous_sibling 속성을 가져오면 None 값이 나타납니다. 이전에 등장하는 형제가 없기 때문입니다. 가장 마지막에 등장하는 형제도 next_sibling 속성을 가져오면 다음에 등장하는 형제가 없기 때문에 None 값이 뜹니다.

next_sibling와 previous_sibling도 children과 parent처럼 복수 형태로 s를 붙여 사용 가능합니다.

[코드 7-26] 형제 태그 접근-③ (파일명 : ./codes/ch7/7.26.py)

```
 1 from bs4 import BeautifulSoup
 2 
 3 html = """<html> <head><title>test site</title></head> <body>
 4 <p><a>test1</a><b>test2</b><c>test3</c></p> </body></html>"""
 5 
 6 soup = BeautifulSoup(html, 'lxml')
 7 
 8 tag_a = soup.a
 9 tag_b = soup.b
10 tag_c = soup.c
11 
12 print('tags')
13 print(tag_a)
14 print(tag_b)
15 print(tag_c)
16 
17 tag_a_nexts = tag_a.next_siblings
18 tag_a_prevs = tag_c.previous_siblings
19 
20 print(tag_a_nexts)
21 print(tag_a_prevs)
22 
23 print('next siblings')
24 for sibling in tag_a_nexts:
25     print(sibling)
26 
27 print('previous siblings')
28 for sibling in tag_a_prevs:
29     print(sibling)
```

[코드 7-26] 실행결과

```
tags
<a>test1</a>
<b>test2</b>
```

```
<c>test3</c>
<generator object next_siblings at 0x102248d58>
<generator object previous_siblings at 0x102348f68>
next siblings
<b>test2</b>
<c>test3</c>
previous siblings
<b>test2</b>
<a>test1</a>
```

next_siblings와 previsous_siblings를 이용하여 앞, 뒤에 있는 모든 형제 태그를 가져올 수 있습니다. 이 두 속성도 parents처럼 제너레이터 객체로 반환되기 때문에 반복문을 이용하여 출력했습니다.

2-7 다음, 이전 요소 접근하기

sibling, siblings를 이용하여 형제 태그로 접근했습니다. 이번에는 다음, 이전 요소로 접근하는 방법을 알아보겠습니다. next_element, previous_element를 이용하여 다음 요소, 이전 요소로 접근 가능합니다.

이 부분은 형제로 접근하는 것과 흡사하지만 약간의 차이가 있습니다. 형제에 접근하는 것은 태그에 접근하는 것이고 이번에 접근하는 방식은 요소의 접근입니다. 요소란, 태그도 포함되지만 태그 안에 들어 있는 자식 태그, 문자도 포함됩니다.

[코드 7-27] 요소 접근하기-① (파일명 : ./codes/ch7/7.27.py)

```
 1  from bs4 import BeautifulSoup
 2
 3  html = """<html> <head><title>test site</title></head> <body>
 4  <p><a>test1</a><b>test2</b><c>test3</c></p> </body></html>"""
 5
 6  soup = BeautifulSoup(html, 'lxml')
 7
 8  tag_a = soup.a
 9  tag_a_nexts = tag_a.next_elements
10
```

```
11  for i in tag_a_nexts:
12      print(i)
```

[코드 7-27] 실행결과

```
test1
<b>test2</b>
test2
<c>test3</c>
test3
```

element도 복수형, 단수 형태로 접근 가능합니다. 단수 형태는 위의 children, parent, sibling처럼 사용하면 됩니다. [코드 7-27] 실행결과를 보면 test2와 test3이 출력되었습니다. 태그의 다음 요소는 형제 태그가 아닌 자식 태그를 먼저 접근합니다.

[코드 7-28] 요소 접근하기-② (파일명 7.28.py)

```
1  from bs4 import BeautifulSoup
2
3  html = """<html> <head><title>test site</title></head> <body>
4  <p><a>ttt<span>123</span><span>123</span></a><b>test2</
5  b><c>test3</c></p> </body></html>"""
6
7  soup = BeautifulSoup(html, 'lxml')
8
9  tag_p_nexts = soup.p.next_elements
10
11 print(soup.prettify( ))
12 print('**elements**')
13
14 for i in tag_p_nexts:
15     print(i)
```

[코드 7-28] 실행결과

```
<html>
 <head>
  <title>
```

```
      test site
    </title>
  </head>
  <body>
    <p>
      <a>
      12
        <span>
        123
        </span>
        <span>
        123
        </span>
      </a>
      <b>
      test2
      </b>
      <c>
      test3
      </c>
    </p>
  </body>
</html>
**elements**
<a>12<span>123</span><span>123</span></a>
12
<span>123</span>
123
<span>123</span>
123
<b>test2</b>
test2
<c>test3</c>
test3
```

elements를 이용하면 태그 내부에 있는 값, 태그를 전부 접근 가능 합니다. 접근하는 범위는 siblings 할 때처럼 형제 태그가 끝날 때입니다.

2-8 bs4 여러 가지 타입들

bs4를 사용하면서 Tag, NavigableString의 타입들을 보았습니다. bs4에서 해당 타입들을 import하여 타입 검사를 할 수 있습니다.

[코드 7-29] 타입 검사 (파일명 : ./codes/ch7/7.29.py)

```
 1  from bs4 import BeautifulSoup
 2  from bs4 import NavigableString, Tag
 3
 4  html = """<html> <head><title>test site</title></head> <body>
 5  <p><a>ttt<span>123</span><span>123</span></a><b>test2</
 6  b><c>test3</c></p> </body></html>"""
 7
 8  soup = BeautifulSoup(html, 'lxml')
 9
10  tag_p_nexts = soup.p.next_elements
11
12  for i in tag_p_nexts:
13      print(i, type(i) == NavigableString, type(i) == Tag)
```

[코드 7-29] 실행결과

```
<a>ttt<span>123</span><span>123</span></a> False True
ttt True False
<span>123</span> False True
123 True False
<span>123</span> False True
123 True False
<b>test2</b> False True
test2 True False
<c>test3</c> False True
test3 True False
   True False
```

bs4에서 NavigableString, Tag를 가져와서 해당 키워드로 타입 검사를 할 수 있습니다.

[코드 7-28]에서 elements를 출력할 때 마지막에 빈 줄이 들어 있는 것을 눈치챘을 것입니다. 이 부분은 오타로 엔터를 잘못친 것이 아니라 elements로 요소에 접근할 때 마지막은 빈 요소에 접근합니다. 그렇기 때문에 앞의 예제에서 마지막에 빈 값이 출력된 것입니다.

2-9 원하는 요소 정확히 접근하기

앞에서 설명한 방법으로는 우리가 원하는 요소에 접근하기가 어렵습니다. 이제부터는 우리가 수집하고자 하는 데이터를 접근하기 위해 다양한 함수에 대해 소개하겠습니다.

지금부터 크롤러를 만드는 데 매우 중요한 부분입니다.

2-10 find_all( )

find_all( ) 함수를 이용하면 우리가 원하는 태그들을 리스트의 형태로 얻어올 수 있습니다.

[코드 7-30] 원하는 태그 전부 가져오기 (파일명 7.30.py)

```
1  from bs4 import BeautifulSoup
2
3  html = """<html> <head><title>test site</title></head> <body>
4  <p>test1</p><p>test2</p><p>test3</p></p> </body></html>"""
5
6  soup = BeautifulSoup(html, 'lxml')
7
8  print(soup.find_all('title'))
9  print(soup.find_all('p'))
```

[코드 7-30] 실행결과

```
[<title>test site</title>]
[<p>test1</p>, <p>test2</p>, <p>test3</p>]
```

soup.p를 했을 때는 가장 처음 등장하는 p 태그만 가져왔지만, find_all( ) 함수를 이용하면 첫 번째 인자로 전달된 태그를 전부 가져와서 리스트 형태로 만들어 줍니다.

[코드 7-31] id 값으로 가져오기 (파일명 : ./codes/ch7/7.31.py)

```
1  from bs4 import BeautifulSoup
2
3  html = """<html> <head><title>test site</title></head> <body>
4  <p>test1</p><p id="d">test2</p><p>test3</p></p> </body></html>"""
5
6  soup = BeautifulSoup(html, 'lxml')
```

```
7
8 print(soup.find_all(id='d'))
```

[코드 7-31] 실행결과

```
[<p id="d">test2</p>]
```

id=''를 이용하여 원하는 id 값을 가진 태그를 찾을 수 있습니다. id 값은 해당 페이지에서 한 번만 사용 가능하므로 하나 또는 빈 리스트가 출력될 것입니다.

id의 특정 값이 아닌 id의 존재 여부를 가지고 태그를 가져올 수 있습니다.

[코드 7-32] id 존재 유무로 가져오기 (파일명 : ./codes/ch7/7.32.py)

```
1 from bs4 import BeautifulSoup
2
3 html = """<html> <head><title>test site</title></head> <body>
4 <p>test1</p><p id="d">test2</p><p>test3</p></p> </body></html>"""
5
6 soup = BeautifulSoup(html, 'lxml')
7
8 print(soup.find_all(id = True))
9 print(soup.body.find_all(id = False))
```

[코드 7-32] 실행결과

```
[<p id="d">test2</p>]
[<p>test1</p>, <p>test3</p>]
```

id = True는 id가 존재하는 태그, id = False는 id가 존재하지 않는 태그를 리스트로 만들어 가져옵니다.

8라인에서 soup.body를 찍은 이유는 body 내부에 있는 것을 기준으로 하기 위함입니다. 만약 `soup.find_all(id=False)`를 하게 되면 다음과 같이 출력됩니다.

```
[<html> <head><title>test site</title></head> <body> <p>test1</
p><p id="d">test2</p><p>test3</p> </body></html>, <head><title>test
site</title></head>, <title>test site</title>, <body> <p>test1</p><p
id="d">test2</p><p>test3</p> </body>, <p>test1</p>, <p>test3</p>]
```

soup이 문서 전체를 의미하기 때문에 HTML 안에 있는 모든 것을 기준으로 출력되기 때문에 필요 없는 태그들도 리스트로 만들어져 반환됩니다. 하지만 우리가 수집하고자 하는 데이터는 body 태그 내부에 들어 있습니다.

[코드 7-33] 원하는 태그, 원하는 id 값으로 태그 가져오기 (파일명 : ./codes/ch7/7.33.py)

```
1  from bs4 import BeautifulSoup
2
3  html = """<html> <head><title>test site</title></head> <body>
4  <p>test1</p><p id="d">test2</p><p>test3</p></p> </body></html>"""
5
6  soup = BeautifulSoup(html, 'lxml')
7
8  print(soup.find_all('p', id='d'))
9  print(soup.find_all('p', id='c'))
```

[코드 7-33] 실행결과

```
[<p id="d">test2</p>]
[]
```

id가 d인 p 태그, id가 c인 p 태그를 찾는 코드입니다. id가 c인 p 태그는 존재하지 않기 때문에 빈 리스트가 출력됩니다. 여기서 id의 존재 여부로 태그를 가져올 땐 `id = True`, `id = False`로 바꿔주면 됩니다.

class 속성을 이용해 필요한 태그를 가져올 수 있습니다.

[코드 7-34] class 속성 이용하여 필요한 태그 가져오기-① (파일명 : ./codes/ch7/7.34.py)

```
 1  from bs4 import BeautifulSoup
 2
 3  html = """<html> <head><title>test site</title></head> <body>
 4  <p>test1</p><p class="d">test2</p><p class="c">test3</p></p> </
 5  body></html>"""
 6
 7  soup = BeautifulSoup(html, 'lxml')
 8
 9  print(soup.find_all('p', class_='d'))
10  print(soup.find_all('p', class_='c'))
```

[코드 7-34] 실행결과

```
[<p class="d">test2</p>]
[<p class="c">test3</p>]
```

class를 이용해 태그를 가져오고 싶다면, class_로 표현해줍니다. class라는 키워드는 클래스를 만들 때 사용하는 키워드이기 때문에 언더바(_)를 붙여 중복을 피해 줍니다. 하지만 클래스는 굳이 class_ 키워드를 붙이지 않고 비워도 됩니다.

[코드 7-35] class 속성 이용하여 필요한 태그 가져오기-② (파일명 : ./codes/ch7/7.35.py)

```
 1  from bs4 import BeautifulSoup
 2
 3  html = """<html> <head><title>test site</title></head> <body>
 4  <p>test1</p><p class="d">test2</p><p class="c">test3</p></p> </
 5  body></html>"""
 6
 7  soup = BeautifulSoup(html, 'lxml')
 8
 9  print(soup.find_all('p', 'd'))
10  print(soup.find_all('p', 'c'))
```

[코드 7-35] 실행결과

```
[<p class="d">test2</p>]
[<p class="c">test3</p>]
```

[코드 7-34]와 [코드 7-35]의 결과가 같게 나타납니다. 클래스 속성은 굳이 class_ 키워드를 사용하지 않아도 됩니다. 하지만 코드의 가독성 향상을 위해 class_를 써주는 습관을 지니는게 좋습니다.

id, class뿐 아니라 태그에 들어 있는 속성명을 사용할 수 있는데, a 태그의 href, img 태그의 src 등이 있습니다.

name을 이용하면 태그의 값으로 태그를 가져올 수 있습니다.

[코드 7-36] text 속성 이용하여 필요한 태그 가져오기-③ (파일명 : ./codes/ch7/7.36.py)

```
 1  from bs4 import BeautifulSoup
 2
 3  html = """<html> <head><title>test site</title></head> <body>
 4  <p>test1</p><p class="d">test2</p><p class="c">test3</p></p> </
 5  body></html>"""
 6
 7  soup = BeautifulSoup(html, 'lxml')
 8
 9  print(soup.find_all('p', text="test1"))
10  print(soup.find_all('p', text="t"))
```

[코드 7-36] 실행결과

```
[<p>test1</p>]
[]
```

p 태그 중에서 'test1'이라는 값을 가진 태그와 't'라는 값을 가진 태그를 찾는 코드입니다. text는 값을 의미합니다.

가끔 find_all()을 이용할 때 찾는 태그의 양을 제한해 주어야 할 때가 있습니다. 이때는 limit라는 키워드를 이용합니다.

[코드 7-37] limit 키워드 이용하여 가져오는 태그 제한하기 (파일명 : ./codes/ch7/7.37.py)

```
 1  from bs4 import BeautifulSoup
 2
 3  html = """<html> <head><title>test site</title></head> <body>
 4  <p>test1</p><p class="d">test2</p><p class="c">test3</p></p> </
 5  body></html>"""
 6
 7  soup = BeautifulSoup(html, 'lxml')
 8
 9  print(soup.find_all('p', limit=1))
10  print(soup.find_all('p', limit=2))
11  print(soup.find_all('p', limit=3))
12  print(soup.find_all('p', limit=4))
```

[코드 7-37] 실행결과

```
[<p>test1</p>]
[<p>test1</p>, <p class="d">test2</p>]
[<p>test1</p>, <p class="d">test2</p>, <p class="c">test3</p>]
[<p>test1</p>, <p class="d">test2</p>, <p class="c">test3</p>]
```

limit 값이 해당 태그의 양보다 많아도 에러는 띄우지 않습니다.

find_all()을 할 때 아무런 값을 넣어주지 않으면 모든 태그를 가져옵니다.

[코드 7-38] find_all( ) 빈 인자로 모든 태그 가져오기 (파일명 : ./codes/ch7/7.38.py)

```
1  from bs4 import BeautifulSoup
2
3  html = """<html> <head><title>test site</title></head> <body>
4  <p>test1</p><p class="d">test2</p><p class="c">test3</p></p> </
5  body></html>"""
6
7  soup = BeautifulSoup(html, 'lxml')
8
9  print(soup.find_all( ))
```

[코드 7-38] 실행결과

```
[<html> <head><title>test site</title></head> <body> <p>test1</
p><p class="d">test2</p><p class="c">test3</p> </body></html>,
<head><title>test site</title></head>, <title>test site</title>,
<body> <p>test1</p><p class="d">test2</p><p class="c">test3</p> </
body>, <p>test1</p>, <p class="d">test2</p>, <p class="c">test3</p>]
```

HTML 코드에서 모든 태그를 가져왔습니다. HTML부터 시작해서 가장 안쪽에 있는 p 태그까지 리스트로 가져왔습니다.

find_all()을 사용할 때 리스트 형태로 인자를 주면 여러 개의 태그를 가져올 수 있습니다.

[코드 7-39] 여러 태그 가져오기 (파일명 : ./codes/ch7/7.39.py)

```
1 from bs4 import BeautifulSoup
2
3 html = """<html> <head><title>test site</title></head> <body>
4 <p>test1</p><p class="d">test2</p><p class="c">test3</p></p> <a>a
5 tag</a> <b>b tag</b></body></html>"""
6
7 soup = BeautifulSoup(html, 'lxml')
8
9 print(soup.find_all(['a', 'b']))
```

[코드 7-39] 실행결과

```
[<a>a tag</a>, <b>b tag</b>]
```

find_all( ) 함수에 가져오고 싶은 태그를 리스트로 만들어 넘기면 원하는 태그를 전부 가져옵니다.

[코드 7-40] find_all( ) 연속적으로 사용하기 (파일명 : ./codes/ch7/7.40.py)

```
1 from bs4 import BeautifulSoup
2
3 html = """<html> <head><title>test site</title></head> <body>
4 <p>test1</p><p class="d">test2</p><p class="c">test3</p></p> <a>a
5 tag</a> <b>b tag</b></body></html>"""
6
7 soup = BeautifulSoup(html, 'lxml')
8
9 tag_body = soup.find_all('body')
10 tag_p = tag_body[0].find_all('p')
11
12 print(type(tag_body), tag_body)
13 print(type(tag_p), tag_p)
```

[코드 7-40] 실행결과

```
<class 'bs4.element.ResultSet'> [<body> <p>test1</p><p class="d">
test2</p><p class="c">test3</p> <a>a tag</a> <b>b tag</b></body>]
<class 'bs4.element.ResultSet'> [<p>test1</p>, <p class="d">test2</p>,
<p class="c">test3</p>]
```

find_all()을 이용해서 [코드 7-40]처럼 연속적으로 접근하여 사용할 수 있습니다.

2-11 find()

find()는 find_all()과 다르게 하나의 요소만 가져옵니다. find()는 해당 페이지에서 찾고자 하는 요소가 하나만 있을 때 사용하는 것이 좋습니다. 가장 많이 사용되는 예가 id 값으로 접근하는 요소입니다.

[코드 7-41] find()와 find_all() 비교하기-① (파일명 : ./codes/ch7/7.41.py)

```
 1 from bs4 import BeautifulSoup
 2 
 3 html = """<html> <head><title>test site</title></head> <body>
 4 <p>test1</p><p class="d">test2</p><p class="c">test3</p></p> <a>a
 5 tag</a> <b>b tag</b></body></html>"""
 6 
 7 soup = BeautifulSoup(html, 'lxml')
 8 
 9 print(soup.find('p'))
10 print(soup.find_all('p', limit=1)[0])
```

[코드 7-41] 실행결과

```
<p>test1</p>
<p>test1</p>
```

하나의 요소만 접근하고자 할 땐 find_all()보다는 find()를 사용하는 것이 훨씬 깔끔한 코드를 작성할 수 있습니다. 만약 [코드 7-41]처럼 작성하면 문제가 발생할 수 있습니다.

[코드 7-42] find()와 find_all() 비교하기-② (파일명 : ./codes/ch7/7.442.py)

```
1 from bs4 import BeautifulSoup
2 
3 html = """<html> <head><title>test site</title></head> <body>
4 <p>test1</p><p class="d">test2</p><p class="c">test3</p></p> <a>a
5 tag</a> <b>b tag</b></body></html>"""
6 
7 soup = BeautifulSoup(html, 'lxml')
```

```
8
9  print(soup.find('img'))
10 print(soup.find_all('img', limit=1)[0])
```

[코드 7-42] 실행결과

```
None
IndexError: list index out of range
```

find_all()에서 에러가 발생합니다. find_all('img')은 [ ]가 반환되고 여기서 0번째 인덱스 접근을 하므로 IndexError가 발생합니다. 반면에 find()는 해당 요소가 없으면 None 값을 반환합니다.

[코드 7-43] find 사용하기 (파일명 : ./codes/ch7/7.43.py)

```
1  from bs4 import BeautifulSoup
2
3  html = """<html> <head><title>test site</title></head>
4  <body> <p id="i" class="a">test1</p><p class="d">test2</p><p
5  class="d">test3</p></p> <a>a tag</a> <b>b tag</b></body></html>"""
6
7  soup = BeautifulSoup(html, 'lxml')
8
9  print(soup.find('p', class_="d"))
10 print(soup.find('p', class_="d"))
11 print(soup.find('p', id="i"))
```

[코드 7-43] 실행결과

```
<p class="d">test2</p>
<p class="d">test2</p>
<p class="a" id="i">test1</p>
```

find()의 사용법은 find_all()과 다르지 않습니다. 단지, 반환되는 값의 결과가 리스트가 아니라 하나의 요소입니다.

[코드 7-44] 연속적인 find( ) 사용하기 (파일명 : ./codes/ch7/7.44.py)

```
1 from bs4 import BeautifulSoup
2
3 html = """<html> <head><title>test site</title></head> <body>
4 <p>test1</p><p class="d">test2</p><p class="c">test3</p></p> <a>a
5 tag</a> <b>b tag</b></body></html>"""
6
7 soup = BeautifulSoup(html, 'lxml')
8
9 print(soup.find('body').find('p', class_="d"))
```

[코드 7-44] 실행결과

```
<p class="d">test2</p>
```

find( )를 연속적으로 사용할 수 있습니다. 찾으려고 하는 대상이 문서에 하나만 존재한다면, find_all( )을 사용하는 것보다 더 편하게 사용할 수 있습니다.

찾으려고 하는 대상이 문서에 하나만 존재한다는 것은 id처럼 해당 페이지에서 **고유한 값**을 가지고 있는 경우를 의미합니다.

2-12 select( )

select( ) 함수를 이용하면 find_all( )처럼 리스트로 반환합니다. 하지만 select( )는 **CSS 셀렉터**를 활용하여 원하는 요소에 접근합니다.

[코드 7-45] select 사용하기 (파일명 : ./codes/ch7/7.45.py)

```
1 from bs4 import BeautifulSoup
2
3 html = """<html> <head><title>test site</title></head>
4 <body> <p id="i" class="a">test1</p><p class="d">test2</p><p
5 class="d">test3</p></p> <a>a tag</a> <b>b tag</b></body></html>"""
6
7 soup = BeautifulSoup(html, 'lxml')
8
9 print(soup.select('p'))
```

```
10 print(soup.select('.d'))
11 print(soup.select('p.d'))
12 print(soup.select('#i'))
13 print(soup.select('p#i'))
```

[코드 7-45] 실행결과

```
[<p class="a" id="i">test1</p>, <p class="d">test2</p>, <p
class="d">test3</p>]
[<p class="d">test2</p>, <p class="d">test3</p>]
[<p class="d">test2</p>, <p class="d">test3</p>]
[<p class="a" id="i">test1</p>]
[<p class="a" id="i">test1</p>]
```

select()도 find_all()과 마찬가지로 매칭되는 모든 결과를 리스트로 반환해줍니다.

9라인은 문서에서 모든 p 요소를 찾아줍니다.
10라인은 문서에서 클래스가 d인 모든 요소를 찾아줍니다.
11라인은 문서에서 태그가 p이고 클래스가 d인 모든 요소를 찾아줍니다.
12라인은 문서에서 아이디가 i인 모든 요소를 찾아줍니다.
13라인은 문서에서 태그가 p이고 아이디가 i인 모든 요소를 찾아줍니다.

여기서 클래스는 마침표(.), 아이디는 샵(#)으로 접근하는 것만 알면 쉽게 CSS 셀렉터를 만들 수 있습니다. 마지막으로 자식 태그를 표현할 땐 띄어쓰기를 사용합니다.

[코드 7-46] 연속적인 접근 (파일명 : ./codes/ch7/7.46.py)

```
1  from bs4 import BeautifulSoup
2
3  html = """<html> <head><title>test site</title></head> <body>
4  <div><p id="i" class="a">test1</p><p class="d">test2</p></div><p
5  class="d">test3</p></p> <a>a tag</a> <b>b tag</b></body></html>"""
6
7  soup = BeautifulSoup(html, 'lxml')
8
9  print(soup.select('body p'))
10 print(soup.select('body .d'))
```

```
11 print(soup.select('body p.d'))
12 print(soup.select('body #i'))
13 print(soup.select('body p#i'))
14
15 print(soup.select('div p'))
```

[코드 7-46] 실행결과

```
[<p class="a" id="i">test1</p>, <p class="d">test2</p>, <p
class="d">test3</p>]
[<p class="d">test2</p>, <p class="d">test3</p>]
[<p class="d">test2</p>, <p class="d">test3</p>]
[<p class="a" id="i">test1</p>]
[<p class="a" id="i">test1</p>]
[<p class="a" id="i">test1</p>, <p class="d">test2</p>]
```

띄어쓰기를 이용해 자식 태그를 표현합니다. 띄어쓰기를 하면 자식 태그를 의미합니다.

'태그1 태그2'는 태그2가 태그1의 자식 태그입니다. 이러한 형태로 원하는 요소를 자유자재로 접근할 수 있습니다.

2-13 extract( )

extract( )는 태그를 지우는 역할을 합니다. 실제 웹 사이트에서 HTML을 가져오면 용량이 크기 때문에 style, script같이 크롤링하는 데 필요 없는 태그는 제거해서 사용할 수 있습니다.

[코드 7-47] 필요 없는 태그 제거-① (파일명 : ./codes/ch7/7.47.py)

```
1 from bs4 import BeautifulSoup
2
3 html = """<html> <head><title>test site</title></head> <body>
4 <div><p id="i" class="a">test1</p><p class="d">test2</p></div><p
5 class="d">test3</p></p> <a>a tag</a> <b>b tag</b></body></html>"""
6
7 soup = BeautifulSoup(html, 'lxml')
8
9 a = soup.body.extract( )
10
```

```
11 print('제거항목')
12 print(a)
13 print('제거완료')
14 print(soup)
```

[코드 7-47] 실행결과

```
제거항목
<body> <div><p class="a" id="i">test1</p><p class="d">test2</p></
div><p class="d">test3</p> <a>a tag</a> <b>b tag</b></body>
제거완료
<html> <head><title>test site</title></head> </html>
```

extract( )를 사용하면 해당 요소를 제거할 수 있습니다. [코드 7-47]은 확실히 보여주기 위해 body를 제거했는데, 실제로는 body를 제거하지 않습니다.

[코드 7-48] 필요 없는 태그 제거- ② (파일명 : ./codes/ch7/7.48.py)

```
1  from bs4 import BeautifulSoup
2
3  html = """<html> <head><title>test site</title></head> <body>
4  <div><p id="i" class="a">test1</p><p class="d">test2</p></div><p
5  class="d">test3</p></p> <a>a tag</a> <b>b tag</b></body></html>"""
6
7  soup = BeautifulSoup(html, 'lxml')
8
9  for tag in soup.select('p'):
10     print(tag.extract( ))
11
12 print('제거완료')
13 print(soup)
```

[코드 7-48] 실행결과

```
<p class="a" id="i">test1</p>
<p class="d">test2</p>
<p class="d">test3</p>
제거완료
<html> <head><title>test site</title></head> <body> <div></div> <a>a
tag</a> <b>b tag</b></body></html>
```

find_all( ), find( ), select( )를 이용하여 요소에 접근한 후 extract( )를 이용하면 해당 태그를 제거할 수 있습니다.

[코드 7-49] 필요 없는 태그 제거-③ (파일명 : ./codes/ch7/7.49.py)

```
 1  from bs4 import BeautifulSoup
 2
 3  html = """<html> <head><title>test site</title></head> <body>
 4  <div><p id="i" class="a">test1</p><p class="d">test2</p></div><p
 5  class="d">test3</p></p> <a>a tag</a> <b>b tag</b></body></html>"""
 6
 7  soup = BeautifulSoup(html, 'lxml')
 8
 9  for tag in soup.find_all(['p', 'a']):
10      print(tag.extract( ))
11
12  print('제거완료')
13  print(soup)
```

[코드 7-49] 실행결과

```
<p class="a" id="i">test1</p>
<p class="d">test2</p>
<p class="d">test3</p>
<a>a tag</a>
제거완료
<html> <head><title>test site</title></head> <body> <div></div>  <b>b
tag</b></body></html>
```

select( )나 find_all( )을 사용하여 결과를 반복문을 돌려 요소를 전부 없앨 수 있습니다. 특히 find_all( )을 사용하면 여러 개의 태그를 한 번에 제거할 수 있습니다.

[코드 7-50] 필요 없는 태그 제거 함수 (파일명 : ./codes/ch7/7.50.py)

```
 1  from bs4 import BeautifulSoup
 2
 3  def remove_tag(soup, tags):
 4      if tags == [ ]:
 5          return False
```

```
 6
 7      removes = [ ]
 8
 9      for tag in soup.find_all(tags):
10          removes.append(tag.extract( ))
11
12      return removes
13
14  html = """<html> <head><title>test site</title></head> <body>
15  <div><p id="i" class="a">test1</p><p class="d">test2</p></div><p
16  class="d">test3</p></p> <a>a tag</a> <b>b tag</b></body></html>"""
17
18  soup = BeautifulSoup(html, 'lxml')
19
20  removed_tag = remove_tag(soup, [ ])
21  print(removed_tag)
22  print(soup)
```

[코드 7-50] 실행결과

```
[<p class="a" id="i">test1</p>, <p class="d">test2</p>, <p
class="d">test3</p>]
<html> <head><title>test site</title></head> <body> <div></div> <a>a
tag</a> <b>b tag</b></body></html>
```

태그를 제거하는 함수를 만들어 보았습니다. 첫 번째 인자는 soup을 받고 두 번째 인자는 없애고 싶은 태그를 받습니다. 두 번째 인자는 리스트와 문자열 두 가지의 타입을 모두 받을 수 있습니다. 그리고 [ ] 빈 리스트가 들어갈 경우 모든 태그를 없애기 때문에 [ ] 빈 리스트를 받게 되면 함수를 즉시 종료시킵니다. 정말로 모든 태그를 없애고 싶다면 html을 인자로 넘기면 됩니다. 빈 값은 사용자의 실수가 있을 수 있기 때문에 실수의 가능성이 있는 부분은 자체적으로 처리해 주었습니다. 마지막으로 해당 함수는 제거된 태그 요소를 리스트로 만들어 반환합니다.

3 정규식을 활용한 bs4 고급 스킬

정규식을 활용하면 bs4를 좀 더 멋지게 사용할 수 있습니다. 정규식은 매우 양이 많기 때문에 기초적인 부분만 다룹니다.

3-1 bs4와 re의 조합

find_all()과 find()를 할 때 정규식을 사용하여 좀 더 멋지게 요소를 찾을 수 있습니다. 정규식을 사용하기 위해 먼저 re(Regular Expression)라고 하는 모듈을 import 해야 합니다.

[코드 7-51] 정규식을 사용하기 위해 re 모듈 import (파일명 : ./codes/ch7/7.51.py)

```
1  import re
```

[코드 7-51] 실행결과

```
```

정상적으로 re를 import 했으면 아무런 메시지가 뜨지 않습니다.

[코드 7-52] find_all( )과 re의 조합 (파일명 : ./codes/ch7/7.52.py)

```
 1  from bs4 import BeautifulSoup
 2  import re
 3
 4  html = """<html> <head><title>test site</title></head> <body>
 5  <div><p id="i" class="a">test1</p><p class="d">test2</p></div><p
 6  class="d">test3</p></p> <a href="/example/test1">a tag</a> <b>b
 7  tag</b></body></html>"""
 8
 9  soup = BeautifulSoup(html, 'lxml')
10
11  print(soup.find_all(class_=re.compile('d')))
12  print(soup.find_all(id=re.compile('i')))
13  print(soup.find_all(re.compile('t')))
14  print(soup.find_all(re.compile('^t')))
15  print(soup.find_all(href=re.compile('/')))
```

[코드 7-52] 실행결과

```
[<p class="d">test2</p>, <p class="d">test3</p>]
[<p class="a" id="i">test1</p>]
[<html> <head><title>test site</title></head> <body> <div><p class="a"
id="i">test1</p><p class="d">test2</p></div><p class="d">test3</
p> <a href="/example/test1">a tag</a> <b>b tag</b></body></html>,
<title>test site</title>]
[<title>test site</title>]
[<a href="/example/test1">a tag</a>]
```

[코드 7-52]는 re.compile()을 이용하여 해당 문자열이 포함된 요소를 찾는 코드입니다. re.compile()은 검색, 치환하고자 하는 패턴을 만드는 함수입니다.

11라인은 클래스 값에 d가 포함된 요소를 찾습니다.
12라인은 아이디 값에 i가 포함된 요소를 찾습니다.
13라인은 태그에 t가 포함된 요소를 찾습니다.
14라인은 태그 이름이 t로 시작하는 요소를 찾습니다(^는 시작을 의미).
15라인은 href에 슬래시(/)가 포함된 요소를 찾습니다.

정규식을 이용하면 정확한 단어가 아니라 특정 단어를 포함하거나, 패턴이 일치하는 요소를 찾을 수 있습니다.

3-2 정규식

정규식은 우리가 문자열을 다룰 때 문자열에서 특정 패턴을 검색하거나 바꾸기 위해 사용하는 식입니다. 파이썬에서는 정규식을 사용하기 위해 re라는 모듈을 사용합니다. re는 파이썬을 설치할 때 같이 설치되기 때문에 pip를 이용하여 추가적인 설치가 필요하지 않습니다.

정규식을 활용하면 bs4에서 뿐만 아니라 문자열을 처리할 때도 많은 도움이 됩니다.
정규식을 사용하기 위해서는 세 가지의 과정을 거칩니다.

1단계 : 패턴 만들기 : re.compile(정규 표현식)을 이용하여 패턴을 만듭니다.
2단계 : 만들어진 패턴을 이용해서 match(문자열), search(문자열), findall(문자열), finditer(문자열)을 합니다.

3단계 : 2단계에서 match( ), search( )를 통해 나온 결과물을 group( ), start( ), end( ), span( )을 이용하여 리턴합니다. findall( )과 finditer( )은 리스트와 객체로 반환하므로 반복문을 이용하여 group( ), start( ), end( ), span( )을 사용해야 합니다.

[코드 7-53] 정규 표현식 사용 (파일명 : ./codes/ch7/7.53.py)

```
 1  import re
 2
 3  test_str= "test t1sd j test1"
 4
 5  pattern = re.compile('test')
 6  a = pattern.match(test_str)
 7  b = pattern.search(test_str)
 8  c = pattern.findall(test_str)
 9  d = pattern.finditer(test_str)
10
11  print('-- match result --')
12  print(a)
13  print(a.group( ), a.start( ), a.end( ), a.span( ))
14
15  print('-- search result --')
16  print(b)
17  print(b.group( ), b.start( ), b.end( ), b.span( ))
18
19  print('-- findall result --')
20  print(c)
21
22  print('-- finditer result --')
23  print(d)
24  for i in d:
25      print(i.group( ), i.start( ), i.end( ), i.span( ))
```

[코드 7-53] 실행결과

```
-- match result --
<_sre.SRE_Match object; span=(0, 4), match='test'>
test 0 4 (0, 4)
-- search result --
<_sre.SRE_Match object; span=(0, 4), match='test'>
```

```
test 0 4 (0, 4)
-- findall result --
['test', 'test']
-- finditer result --
<callable_iterator object at 0x1020b8da0>
test 0 4 (0, 4)
test 12 16 (12, 16)
```

[코드 7-53]은 파이썬에서 정규식을 사용하는 방법입니다. 여기서 가장 중요한 부분은 다섯 번째 줄에서 re.compile( )을 이용하여 패턴을 만들어 내는 부분입니다. [코드 7-55]는 re.compile( )로 test를 전부 찾으라는 패턴을 이용하여 match( ), search( ), findall( ), finditer( )를 하는 코드입니다.

re.compile( )에 들어가는 식을 **정규 표현식**이라고 합니다. 간단한 정규 표현식을 알아보겠습니다.

3-2-1 단어를 찾는 정규 표현식

소문자 찾기, 대문자 찾기, 숫자 찾기, 소문자 + 대문자 찾기, 소문자 + 숫자 찾기 같은 다양한 패턴을 만들 수 있습니다.

[코드 7-54] 숫자 찾기 (파일명 : ./codes/ch7/7.54.py)

```
1  import re
2  
3  test_str= """I am Park Jeong-tae. I live in Paju.
4  I lived in Paju for 25 years.
5  Sample text for testing:
6  abcdefghijklmnopqrsAvwxyz ABCDEFGHIJKLMNOPQRSTUVWXYZ
7  0123456789 _+-.,!@#$%^&*();\/|<>"'
8  12345 -98.7 3.141 .6180 9,000 +42"""
9  
10 pattern = re.compile('[0-9]')
11 pattern1 = re.compile('[0-9]+')
12 c = pattern.findall(test_str)
13 d = pattern1.findall(test_str)
14 
15 print(c)
16 print(d)
```

[코드 7-54] 실행결과

```
['2', '5', '0', '1', '2', '3', '4', '5', '6', '7', '8', '9', '1', '2',
'3', '4', '5', '9', '8', '7', '3', '1', '4', '1', '6', '1', '8', '0',
'9', '0', '0', '0', '4', '2']
['25', '0123456789', '12345', '98', '7', '3', '141', '6180', '9',
'000', '42']
```

[0-9]는 0부터 9까지를 의미합니다.

10라인은 0부터 9까지 숫자를 찾아주는 패턴이 되고, +는 하나 이상 포함된 것을 계속 찾아줍니다. [0-9]+는 0부터 9까지 포함되면 하나의 값으로 인식하게 됩니다.

만약 123을 [0-9]로 찾으면 1, 2, 3을 독립적 결과로 반환하고 [0-9]+로 찾으면 123을 하나로 반환합니다. 이러한 방식으로 소문자, 대문자를 찾을 수 있습니다.

[코드 7-55] 대문자, 소문자 찾기 (파일명 : ./codes/ch7/7.55.py)

```
1  import re
2
3  test_str= """I am Park Jeong-tae. I live in Paju.
4  I lived in Paju for 25 years.
5  Sample text for testing:
6  abcdefghijklmnopqrsAvwxyz ABCDEFGHIJKLMNOPQRSTUVWXYZ
7  0123456789 _+-.,!@#$%^&*();\/|<>"'
8  12345 -98.7 3.141 .6180 9,000 +42"""
9
10 pattern = re.compile('[a-z]')
11 pattern1 = re.compile('[a-z]+')
12 c = pattern.findall(test_str)
13 d = pattern1.findall(test_str)
14
15 print(c)
16 print(d)
17
18 pattern = re.compile('[A-Z]')
19 pattern1 = re.compile('[A-Z]+')
20 c = pattern.findall(test_str)
21 d = pattern1.findall(test_str)
```

```
22
23 print(c)
24 print(d)
```

[코드 7-55] 실행결과

```
['a', 'm', 'a', 'r', 'k', 'e', 'o', 'n', 'g', 't', 'a', 'e', 'l', 'i',
'v', 'e', 'i', 'n', 'a', 'j', 'u', 'l', 'i', 'v', 'e', 'd', 'i', 'n',
'a', 'j', 'u', 'f', 'o', 'r', 'y', 'e', 'a', 'r', 's', 'a', 'm', 'p',
'l', 'e', 't', 'e', 'x', 't', 'f', 'o', 'r', 't', 'e', 's', 't', 'i',
'n', 'g', 'a', 'b', 'c', 'd', 'e', 'f', 'g', 'h', 'i', 'j', 'k', 'l',
'm', 'n', 'o', 'p', 'q', 'r', 's', 'v', 'w', 'x', 'y', 'z']
['am', 'ark', 'eong', 'tae', 'live', 'in', 'aju', 'lived',
'in', 'aju', 'for', 'years', 'ample', 'text', 'for', 'testing',
'abcdefghijklmnopqrs', 'vwxyz']
['I', 'P', 'J', 'I', 'P', 'I', 'P', 'S', 'A', 'A', 'B', 'C', 'D', 'E',
'F', 'G', 'H', 'I', 'J', 'K', 'L', 'M', 'N', 'O', 'P', 'Q', 'R', 'S',
'T', 'U', 'V', 'W', 'X', 'Y', 'Z']
['I', 'P', 'J', 'I', 'P', 'I', 'P', 'S', 'A',
'ABCDEFGHIJKLMNOPQRSTUVWXYZ']
```

[a-z]는 a부터 z까지, [A-Z]는 A부터 Z까지를 의미합니다. [코드 7-54]과 같은 원리입니다.

[코드 7-56] 대문자 + 소문자 찾기 (파일명 : ./codes/ch7/7.56.py)

```
1  import re
2
3  test_str= """I am Park Jeong-tae. I live in Paju.
4  I lived in Paju for 25 years.
5  Sample text for testing:
6  abcdefghijklmnopqrsAvwxyz ABCDEFGHIJKLMNOPQRSTUVWXYZ
7  0123456789 _+-.,!@#$%^&*();\/|<>"'
8  12345 -98.7 3.141 .6180 9,000 +42"""
9
10 pattern = re.compile('[a-zA-Z]')
11 pattern1 = re.compile('[a-zA-Z]+')
12 c = pattern.findall(test_str)
13 d = pattern1.findall(test_str)
14
```

```
15  print(c)
16  print(d)
```

[코드 7-56] 실행결과

```
['I', 'a', 'm', 'P', 'a', 'r', 'k', 'J', 'e', 'o', 'n', 'g', 't', 'a',
'e', 'I', 'l', 'i', 'v', 'e', 'i', 'n', 'P', 'a', 'j', 'u', 'I', 'l',
'i', 'v', 'e', 'd', 'i', 'n', 'P', 'a', 'j', 'u', 'f', 'o', 'r', 'y',
'e', 'a', 'r', 's', 'S', 'a', 'm', 'p', 'l', 'e', 't', 'e', 'x', 't',
'f', 'o', 'r', 't', 'e', 's', 't', 'i', 'n', 'g', 'a', 'b', 'c', 'd',
'e', 'f', 'g', 'h', 'i', 'j', 'k', 'l', 'm', 'n', 'o', 'p', 'q', 'r',
's', 'A', 'v', 'w', 'x', 'y', 'z', 'A', 'B', 'C', 'D', 'E', 'F', 'G',
'H', 'I', 'J', 'K', 'L', 'M', 'N', 'O', 'P', 'Q', 'R', 'S', 'T', 'U',
'V', 'W', 'X', 'Y', 'Z']
['I', 'am', 'Park', 'Jeong', 'tae', 'I', 'live', 'in', 'Paju', 'I',
'lived', 'in', 'Paju', 'for', 'years', 'Sample', 'text', 'for',
'testing', 'abcdefghijklmnopqrsAvwxyz', 'ABCDEFGHIJKLMNOPQRSTUVWXYZ']
```

[a-zA-Z]는 a부터 z까지와 A부터 Z까지 포함된 것을 모두 찾는 것을 의미합니다. 여기에 0-9까지 추가 한다면 대문자 + 소문자 + 숫자가 포함된 단어를 전부 찾을 수 있습니다.

[코드 7-57] 다양한 표현식 (파일명 : ./codes/ch7/7.57.py)

```
1   import re
2
3   # 전화번호 추출
4   test_num = "저의 전화번호는 010-6666-7777 입니다"
5
6   pattern = re.compile('[0-9][0-9][0-9]-[0-9][0-9][0-9][0-9]-[0-9]
7   [0-9][0-9][0-9]')  #숫자숫자숫자-숫자숫자숫자숫자-숫자숫자숫자숫자 형태
8   pattern1 = re.compile('\d\d\d-\d\d\d\d-\d\d\d\d')  #숫자숫자숫자-숫자
9   숫자숫자숫자-숫자숫자숫자숫자 형태
10  pattern2 = re.compile('\d{3}-\d{4}-\d{4}')  #숫자숫자숫자-숫자숫자숫자숫
11  자-숫자숫자숫자숫자 형태
12  c = pattern.findall(test_num)
13  d = pattern1.findall(test_num)
14  e = pattern2.findall(test_num)
15  print(c)
```

```
16 print(d)
17 print(e)
18
19 test_str = """I am Park Jeong-tae. I live in Paju.
20 I lived in Paju for 25 years. estadsffjkfad test
21 Sample text for testing:
22 abcdefghijklmestnopqrsAvwxyz ABCDEFGHIJKLMNOPQRSTUVWXYZ
23 0123456789 +-.,!@#$%^&*();\/|<>"'
24 12345 -98.7 3.141 .6180 9,000 +42"""
25
26 pattern = re.compile('[a-zA-Z0-9]+')    # a부터 z까지, A부터 Z까지, 0부
27 터 9까지 포함된 것
28 pattern1 = re.compile('\w+')
29 c = pattern.findall(test_str)
30 d = pattern1.findall(test_str)
31 print(c)
32 print(d)
33
34 pattern = re.compile('[^a-z]+')    # a부터 z까지 포함되지 않는 것
35 c = pattern.findall(test_str)
36 print(c)
37
38 pattern = re.compile('[^A-Z]+')    # A부터 Z까지 포함되지 않는 것
39 c = pattern.findall(test_str)
40 print(c)
41
42 pattern = re.compile('t..t')        # t문자문자t 패턴
43 pattern1 = re.compile('t...t')     # t문자문자문자t 패턴
44 c = pattern.findall(test_str)
45 d = pattern1.findall(test_str)
46 print(c)
47 print(d)
48
49 pattern = re.compile('t?est\w+')   # test나 est로 시작하는 문자열 뒤에
50                                          \w가 있어야 됨
51 pattern1 = re.compile('t?est\w*') # test나 est로 시작하는 문자열 뒤에
52                                          \w가 없어도 됨
53 c = pattern.findall(test_str)
```

```
54  d = pattern1.findall(test_str)
55  print(c)
56  print(d)
```

[코드 7-57] 실행결과

```
['010-6666-7777']
['010-6666-7777']
['010-6666-7777']
['I', 'am', 'Park', 'Jeong', 'tae', 'I', 'live', 'in', 'Paju', 'I',
'lived', 'in', 'Paju', 'for', '25', 'years', 'estadsffjkfad', 'test',
'Sample', 'text', 'for', 'testing', 'abcdefghijklmestnopqrsAvwxyz',
'ABCDEFGHIJKLMNOPQRSTUVWXYZ', '0123456789', '12345', '98', '7', '3',
'141', '6180', '9', '000', '42']
['I', 'am', 'Park', 'Jeong', 'tae', 'I', 'live', 'in', 'Paju', 'I',
'lived', 'in', 'Paju', 'for', '25', 'years', 'estadsffjkfad', 'test',
'Sample', 'text', 'for', 'testing', 'abcdefghijklmestnopqrsAvwxyz',
'ABCDEFGHIJKLMNOPQRSTUVWXYZ', '0123456789', '12345', '98', '7', '3',
'141', '6180', '9', '000', '42']
['I ', ' P', ' J', '-', '. I ', ' ', ' P', '.\nI ', ' ', ' P',
' ', ' 25 ', '. ', ' ', '\nS', ' ', ' ', ' ', ':\n', 'A', '
ABCDEFGHIJKLMNOPQRSTUVWXYZ\n0123456789 +-.,!@#$%^&*();\\/|< >"\'\
n12345 -98.7 3.141 .6180 9,000 +42']
[' am ', 'ark ', 'eong-tae. ', ' live in ', 'aju.\n', ' lived
in ', 'aju for 25 years. estadsffjkfad test\n', 'ample text
for testing:\nabcdefghijklmestnopqrs', 'vwxyz ', '\n0123456789
+-.,!@#$%^&*();\\/|< >"\'\n12345 -98.7 3.141 .6180 9,000 +42']
['test', 'text', 'test']
[]
['estadsffjkfad', 'testing', 'estnopqrsAvwxyz']
['estadsffjkfad', 'test', 'testing', 'estnopqrsAvwxyz']
```

정규식을 이용하면 다양하게 패턴을 만들 수 있습니다. 마지막 두 개의 패턴으로 +와 *의 차이를 알 수 있습니다. +는 앞에 나온 패턴이 하나라도 일치하는 것을 찾고 *은 앞에 나온 패턴이 하나라도 없어도 됩니다.

\w는 문자, \d는 숫자를 의미합니다. 옆에 {}은 반복 횟수입니다. \w{3}는 문자를 3자리씩 묶어서 찾습니다. \d{3}는 숫자를 3자리씩 묶어서 찾습니다.

[^a-z], [^A-Z]는 a부터 z까지 포함되지 않는 것, A부터 Z까지 포함되지 않는 것을 찾습니다. ^는 시작이라는 의미인데, 대괄호([ ]) 안에 있으면 포함하지 않는다는 것을 의미합니다.

마침표(.)를 이용하면 해당 자리를 표현할 수 있습니다. t.이라고 하면 t로 시작하는 두 글자를 찾습니다. t..t는 t로 시작하고 t로 끝나는 4자리 문자열을 찾습니다.

t?est는 test나 est를 찾는 패턴식입니다. ?는 앞에 나온 것이 있어도 되고 없어도 된다는 의미입니다. \w은 문자를 의미하는데 +가 붙으면 test 또는 est 이후에 문자가 반드시 나와야 하는 패턴을 찾고 *은 test 또는 est 이후에 문자가 반드시 있지 않아도 됩니다. 그렇기 때문에 t?est\w+는 test를 찾지 못하고 t?est\w*는 test를 찾는 것입니다.

정규 표현식에서 사용되는 특수문자는 다음과 같습니다.

^.[]{}()$^*\|

정규 표현식은 이것보다 더 많은 형태로 만들어 사용할 수 있습니다. 정규 표현식을 전부 다루기에는 양이 너무 많기 때문에 간단한 표현식만 다뤘습니다.

4 크롤러 만들기

이번에는 간단한 사이트 크롤러를 만들어 보겠습니다.

4-1 사이트 타겟 정하기

간단하게 만들어볼 크롤러는 깃으로 관리하고 있는 필자가 운영하는 블로그입니다.

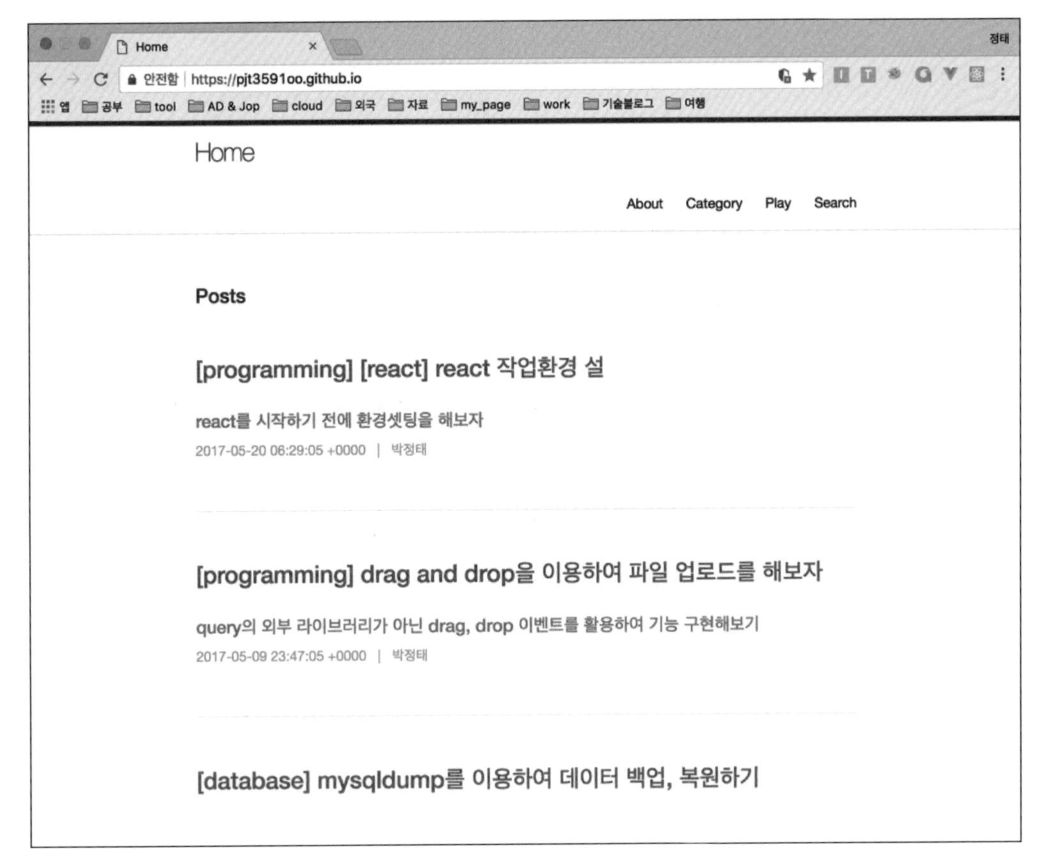

[그림 7-1] 크롤러 사이트 타겟(크롤러 타겟: https://pjt3591oo.github.io)

4-2 사이트 분석

해당 블로그에서 게시글 리스트를 수집하는 크롤러를 만들어 보겠습니다. 해당 사이트는 메인 페이지에 블로그 게시글을 리스트로 띄워줍니다. 그리고 하단에 페이지 네이션 역할을 하는 숫자 리스트를 띄워줍니다.

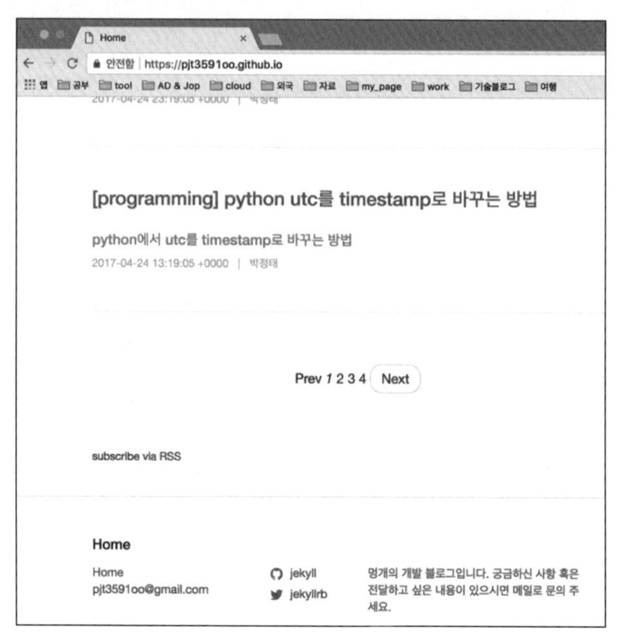

[그림 7–2] 페이지 네이션 확인

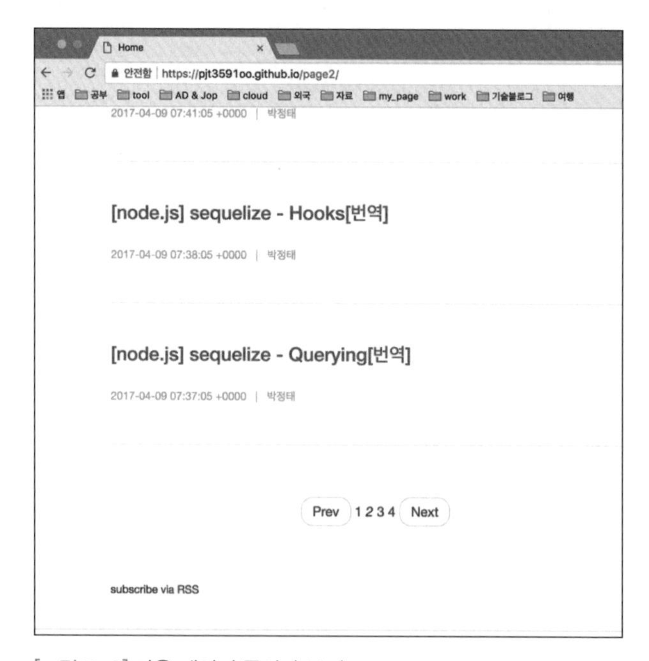

[그림 7–3] 다음 페이지 들어가 보기

두 번째 페이지에 들어가니 URL에 /page2 추가되었습니다. 이번에는 URL로 다른 페이지에 접근해 보겠습니다.

URL로 페이지에 접근했습니다. page 숫자 형태로 페이지 접근이 가능합니다.

마지막 페이지로 넘어가면 어떻게 띄우는지 살펴보겠습니다.

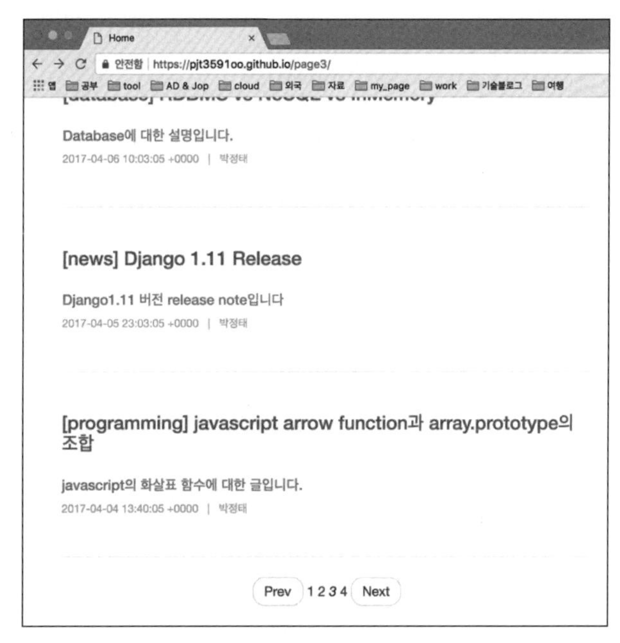

[그림 7-4] URL로 페이지 접근하기

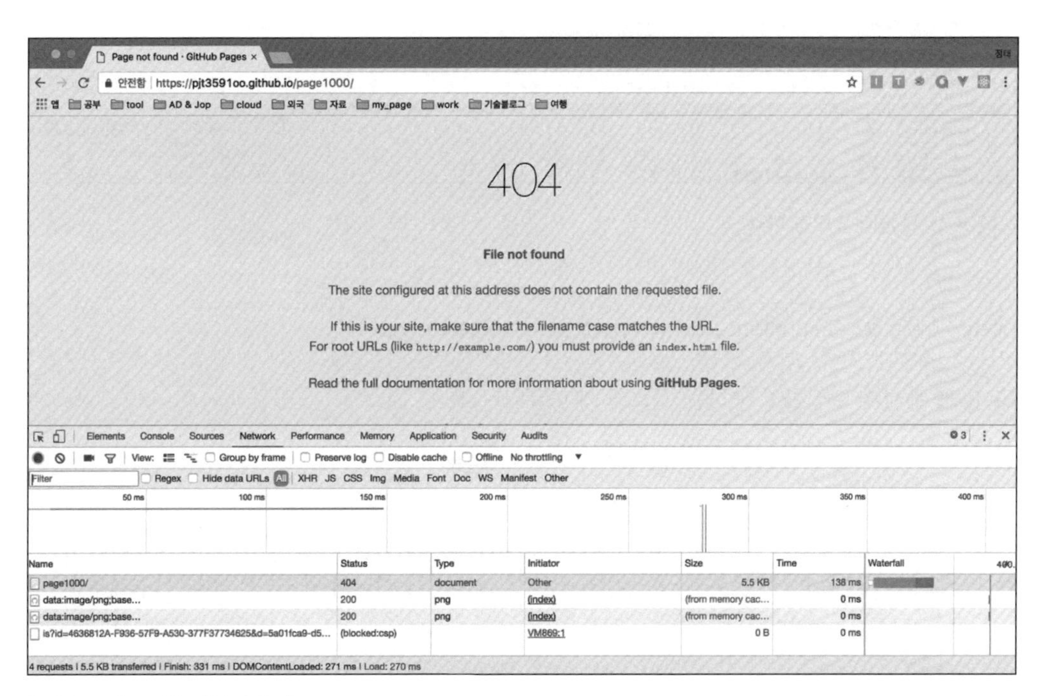

[그림 7-5] 마지막 페이지 초과

마지막 페이지로 넘어가니 404 코드를 반환합니다.

마지막으로 돔(DOM) 구조가 어떻게 되어 있는지 확인합니다(돔이란 Document Object Model의 약자로 문서를 구조화시킨 것을 의미합니다. 여기서 문서란 html, xml입니다. 다음 이미지에서 화살표를 누른다면 선택된 태그 하위에 포함된 HTML 코드를 보여줍니다).

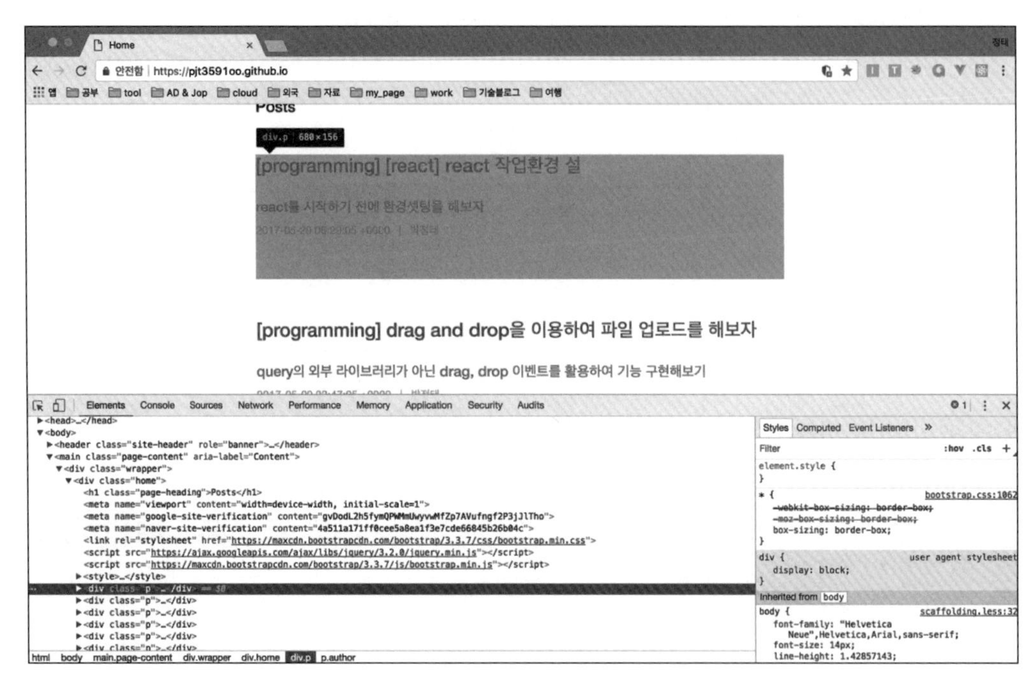

[그림 7-6] 수집 대상 구조 파악

body 〉 main.page-content 〉 div.wrapper 〉 div.home 〉 div.p

div.p가 우리가 수집하고자 하는 블로그 게시글입니다.

```
<div class="p">
  <h3 style="margin-top:50px">
    <a style="color:#4d5256; opacity: 0.8" href="/blog/programming/2017/05/20/javascript_react_setting.html">[programming][react] react 작업환경 설</a>
  </h3>
  <h4 style="color:#4d5256; opacity: 0.6; margin-top:30px">
```

```
    react를 시작하기 전에 환경셋팅을 해보자
  </h4>
  <p class="author">
    <span style="color:#4d5256; opacity: 0.4" class="date">2017-05-20
06:29:05 +0000   |    박정태</span>
  </p>
  <hr style="margin-top:50px">
  </div>
```

각각의 게시글은 앞의 코드와 같은 구조로 되어 있습니다.

h3 태그에는 블로그 제목, h4 태그에는 블로그 설명, p.author > span 태그에는 작성 날짜와 작성자가 포함되어 있습니다.

5 정리

1. https://pjt3591oo.github.io/ 접속
2. body 〉 main.page-content 〉 div.wrapper 〉 div.home div.p 요소 수집
3. page 숫자 형태로 다음 페이지 접속
4. 응답 코드 404가 나올 때까지 2~3회 반복

이제 이 과정을 코드로 작성해보겠습니다.

[코드 7-58] 간단한 크롤러 만들기-① (파일명 : ./codes/ch7/7.58.py)

```
1  import requests as rq
2  from bs4 import BeautifulSoup
3
4  base_url = 'https://pjt3591oo.github.io/'
5
6  res = rq.get(base_url)
```

```
 7  soup = BeautifulSoup(res.content, 'lxml')
 8
 9  posts = soup.select('body main.page-content div.wrapper div.home
10  div.p')
11
12  for post in posts:
13      title = post.find('h3').text.strip()
14      descript = post.find('h4').text.strip()
15      author = post.find('span').text.strip()
16      print(title, descript, author)
```

[코드 7-58] 실행결과

```
[programming] [react] react 작업환경 설 react를 시작하기 전에 환경셋팅을 해보자
2017-05-20 06:29:05 +0000    |   박정태
[programming] drag and drop을 이용하여 파일 업로드를 해보자 query의 외부 라이
브러리가 아닌 drag, drop 이벤트를 활용하여 기능 구현해보기 2017-05-09 23:47:05
+0000    |   박정태
[database] mysqldump를 이용하여 데이터 백업, 복원하기 mysqldump를 이용하여 디비
백업과 source를 이용하여 데이터 복원을 해보자 2017-05-04 05:33:05 +0000    |
박정태
[database] mysql 원격접속하는 방법 mysql 디비설정, 유저설정을 통해 원격접속
2017-05-03 11:43:05 +0000    |   박정태
[node.js] 파일 리더기 만들기 - 사용 모듈 정리, pdf와 hwp 구조 docx, hwp, pdf
파일 2017-05-01 06:02:05 +0000    |   박정태
[node.js] 파일 리더기 만들기 - pdf를 html로 변환, docx를 pdf로 변환 pdf파일
html로 변경하기 2017-04-30 15:19:05 +0000    |   박정태
[programming] git 원격 저장소 바꾸기 remote set-url을 이용하여 원격 저장소를 바
꾸자 2017-04-25 13:09:05 +0000    |   박정태
[programming] python working directory를 바꿔보자 working directory설정을
하여 경로 문제를 해결하자 2017-04-25 09:19:05 +0000    |   박정태
[server] docker commends 도커의 명령어들을 간단하게 알아보기 2017-04-24
23:19:05 +0000    |   박정태
[programming] python utc를 timestamp로 바꾸는 방법 python에서 utc를
timestamp로 바꾸는 방법 2017-04-24 13:19:05 +0000    |   박정태
```

수집이 잘 됐습니다. 하지만 이렇게 코드가 작성되면 가장 처음 페이지만 수집합니다. 전체 수집을 할 수 있도록 수정하겠습니다. 404 코드가 발생할 때까지 /page 숫자를 붙여서 URL을 수정하여 계속 요청을 보냅니다.

[코드 7-59] 간단한 클로러 만들기 - ② (파일명 : ./codes/ch7/7.59.py)

```
 1 import requests as rq
 2 from bs4 import BeautifulSoup
 3
 4 base_url = 'https://pjt3591oo.github.io'
 5 page_path = '/page%d'
 6 page = 2
 7
 8 res = rq.get(base_url)
 9 soup = BeautifulSoup(res.content, 'lxml')
10
11 posts = soup.select('body main.page-content div.wrapper div.home
12 div.p')
13
14 for post in posts:
15     title = post.find('h3').text.strip()
16     descript = post.find('h4').text.strip()
17     author = post.find('span').text.strip()
18     print(title, descript, author)
19
20 while True:
21     sub_path = page_path%(page)
22     page += 1
23     res = rq.get(base_url + sub_path)
24
25     if (res.status_code != 200):
26         break
27
28     soup = BeautifulSoup(res.content, 'lxml')
29
30     posts = soup.select('body main.page-content div.wrapper div.
31 home div.p')
32
33     for post in posts:
34         title = post.find('h3').text.strip()
35         descript = post.find('h4').text.strip()
36         author = post.find('span').text.strip()
37         print(title, descript, author)
```

[코드 7-59] 실행결과

```
[programming] [react] react 작업환경 설 react를 시작하기 전에 환경셋팅을 해보자
2017-05-20 06:29:05 +0000    |    박정태
[programming] drag and drop을 이용하여 파일 업로드를 해보자 query의 외부 라이
브러리가 아닌 drag, drop 이벤트를 활용하여 기능 구현해보기 2017-05-09 23:47:05
+0000    |    박정태

. . . 중략 . . .

[programming] javascript arrow function과 array.prototype의 조합
javascript의 화살표 함수에 대한 글입니다. 2017-04-04 13:40:05 +0000       |
박정태
[intro] Welcome to mung   2017-04-04 13:10:05 +0000     |    박정태
```

모든 게시글을 가져왔습니다. 초기 페이지에서 한 번 수집하고 그 다음부터는 /page 숫자에서 숫자를 1씩 증가시켜 요청을 보냅니다. 이때 200 코드가 발생하지 않으면 반복문을 탈출합니다.

하지만 앞의 코드는 문제가 있습니다. 바로 반복되는 코드의 등장입니다. 특히 같은 돔 제어를 반복적으로 작성하면 추후 웹 사이트 구조가 변경됐을 때 유지보수가 매우 힘들어집니다. 함수를 활용하여 해결해 보겠습니다.

[코드 7-60] 간단한 크롤러 만들기-③ (파일명 : ./codes/ch7/7.60.py)

```
 1  import requests as rq
 2  from bs4 import BeautifulSoup
 3
 4  def get_posts(soup):
 5    return soup.select('body main.page-content div.wrapper div.home
 6  div.p')
 7
 8  def data_parse(posts):
 9    for post in posts:
10      title = post.find('h3').text.strip( )
11      descript = post.find('h4').text.strip( )
12      author = post.find('span').text.strip( )
13      print(title, descript, author)
14
15  base_url = 'https://pjt3591oo.github.io'
```

```
16 page_path = '/page%d'
17 page = 2
18
19 res = rq.get(base_url)
20 soup = BeautifulSoup(res.content, 'lxml')
21
22 posts = get_posts(soup)
23 data_parse(posts)
24
25 while True:
26   sub_path = page_path%(page)
27   page += 1
28   res = rq.get(base_url + sub_path)
29
30   if (res.status_code != 200):
31     break
32
33   soup = BeautifulSoup(res.content, 'lxml')
34   posts = get_posts(soup)
35
36   data_parse(posts)
```

[코드 7-59]와의 코드 양은 크게 차이나지 않습니다. 돔을 조작하는 부분을 함수로 만들었습니다. 이렇게 하면 추후 사이트 구조가 바뀌더라도 함수 부분만 수정하면 되기 때문에 유지보수가 훨씬 수월합니다. 또한, 돔 제어가 어떤 목적인지도 함수 이름을 통해 알 수 있습니다.

PART 8

가상 돔을 활용한 크롤러

앞에서 설치한 셀레니움을 이용하여 크롤러를 만듭니다. requests와 bs4를 활용하여 크롤러를 만들 수 있지만, 자바스크립트의 동작이 많은 웹 사이트일 경우 한계가 있기 때문에 셀레니움을 이용합니다.

- **돔 접근**
- **웹 제어**
- **selenium과 bs4의 조합**
- **selenium 활용**

셀레니움을 이용하면 실제 웹사이트에서 발생하는 각종 이벤트를 제어할 수 있습니다.

1 돔 접근

크롤러를 만드는 데 가장 중요한 돔 접근 방법에 대해 알아보겠습니다. 데이터 수집뿐 아니라 마우스, 키보드 관련 이벤트도 발생시킬 수 있기 때문에 돔 접근하는 방법을 잘 알아야 합니다. selenium으로 돔 접근을 할 경우 bs4와 약간의 차이가 있습니다.

셀레니움에서 제공하는 돔* 접근 함수는 bs4보다 더 많습니다.

- **반환 타입 : 단일 객체(bs4에서 find( )같은 형태로 반환)**

find_element_by_id

find_element_by_tag_name

find_element_by_xpath

find_element_by_link_text

find_element_by_partial_link_text

find_element_by_name

find_element_by_class_name

find_element_by_css_selector

- **반환 타입 : 리스트(bs4에서 find_all( )같은 형태로 반환)**

find_elements_by_tag_name

find_elements_by_xpath

find_elements_by_link_text

find_elements_by_partial_link_text

find_elements_by_name

find_elements_by_class_name

find_elements_by_css_selector

---

* 돔 : Document Object Model의 약자로 문서를 구조화 시킨 것을 의미합니다. 여기서 문서란 HTML, XML입니다.

bs4에서는 find() 함수나 find_all() 함수에 클래스, 아이디, 속성, 태그 이름 인자를 전달해 줌으로써 돔 접근을 하지만, 셀레니움에서는 인자가 아니라 각각 함수로 제공됩니다.

id를 이용한 방법을 제외한 다른 방법은 find_all()같은 **리스트 형태**와 find()같은 **단일 객체**로 반환하는 두 가지 형태로 제공됩니다.

이중에서 id, tag_name, class_name, css_selector를 이용한 방법만 알아도 크롤러를 만드는데 큰 지장이 없습니다.

xpath는 XML 문서에서 접근하기 위한 문법입니다.

find_element_by_link_text()와 find_element_by_partial_link_text()는 a 태그의 href 속성 값을 이용하여 돔을 찾는 방법입니다.

[코드 8-1] selenium 웹 브라우저 띄우기 (파일명 : ./codes/ch8/8.1.py)

```
1  from selenium import webdriver
2
3  driver = webdriver.Chrome('chromedriver')
```

selenium.webdriver()를 이용하여 웹 브라우저를 띄울 수 있습니다. [코드 8-1]을 실행하면 객체를 반환하는데 여기서 반환된 객체는 웹 브라우저를 의미합니다. 이 브라우저 객체를 driver 변수에 저장했습니다. 웹 조작을 하기 위해서는 driver 변수를 사용합니다.

[코드 8-2] 웹 접속하기 (파일명 : ./codes/ch8/8.2.py)

```
1  from selenium import webdriver
2
3  url = 'https://pjt3591oo.github.io'
4
5  driver = webdriver.Chrome('chromedriver') # 빈 브라우저 띄움
6  driver.get(url) # url 접속
```

웹 브라우저를 띄운 후 크롤러를 만들기 위한 사이트에 접속해 줍니다. get() 함수를 이용하면 사이트 접속이 가능합니다. [코드 8-2]를 실행시키면 빈 웹 브라우저가 뜬 다음 URL 변수에 저장된 주소로 접속합니다.

1-1 find_element_by_id

id 값을 이용하여 돔 접근하는 함수입니다.

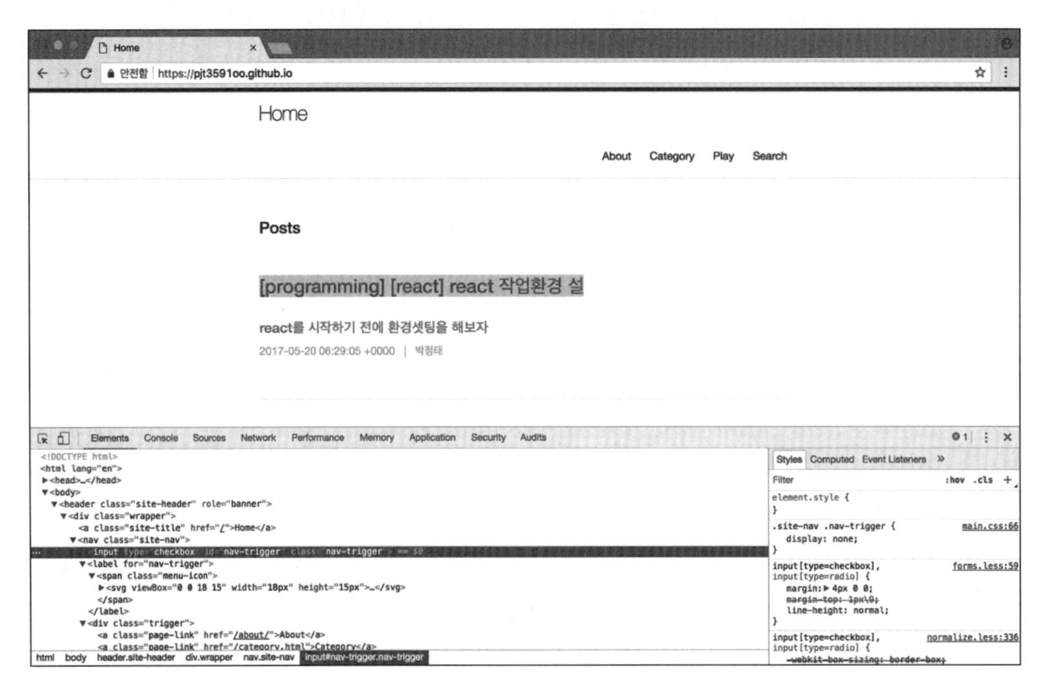

[그림 8-1] id 값 찾기

[그림 8-1]에서 찾은 id 값에 접근해 보겠습니다.

[코드 8-3] id 이용하여 접근 (파일명 : ./codes/ch8/8.3.py)

```
1  from selenium import webdriver
2  
3  url = 'https://pjt3591oo.github.io'
4  
5  driver = webdriver.Chrome('chromedriver')
6  driver.get(url)
7  
8  selected_id = driver.find_element_by_id('nav-trigger')
9  print(selected_id)
10 print(selected_id.tag_name)
11 print(selected_id.text)
```

[코드 8-3] 실행결과

```
<selenium.webdriver.remote.webelement.WebElement (session="4aaed7b6c25
3047ec5c9b06a498ebe98", element="0.7466545841515657-1")>
Input
```

셀레니움은 돔 접근 후 출력하면 [코드 8-3]같이 세션 정보를 알려줍니다.

tag_name과 text 속성을 이용하면 해당 세션의 태그 이름과 값을 가져올 수 있습니다.

1-2 find_element_by_tag_name과 find_elements_by_tag_name

태그 이름을 이용해 돔 접근이 가능합니다. 태그 이름을 이용해 돔을 가져올 때는 하나의 돔 또는 여러 개의 돔을 리스트 형태로 가져올 수 있습니다.

[코드 8-4] 태그 이용하여 접근 (파일명 : ./codes/ch8/8.4.py)

```
 1  from selenium import webdriver
 2
 3  url = 'https://pjt3591oo.github.io'
 4
 5  driver = webdriver.Chrome('chromedriver')
 6  driver.get(url)
 7
 8  selected_tag_p = driver.find_element_by_tag_name('p')
 9  print(selected_tag_p)
10  print(selected_tag_p.tag_name)
11  print(selected_tag_p.text)
12
13  selected_tags_p = driver.find_elements_by_tag_name('p')
14  print(selected_tags_p)
```

[코드 8-4] 실행결과

```
<selenium.webdriver.remote.webelement.WebElement (session="e34317eec1a
d647e813f5ef1fc817c35", element="0.6565084986723448-1")>
p
2017-05-20 06:29:05 +0000  |  박정태
```

```
[<selenium.webdriver.remote.webelement.WebElement (session="e34317eec1
ad647e813f5ef1fc817c35", element="0.6565084986723448-1")>, <selenium.
webdriver.remote.webelement.WebElement (session="e34317eec1ad647e813f
5ef1fc817c35", element="0.6565084986723448-2")>, <selenium.webdriver.
remote.webelement.WebElement (session="e34317eec1ad647e813f5ef1f
c817c35", element="0.6565084986723448-3")>, <selenium.webdriver.
remote.webelement.WebElement (session="e34317eec1ad647e813f5ef1f
c817c35", element="0.6565084986723448-4")>, <selenium.webdriver.
remote.webelement.WebElement (session="e34317eec1ad647e813f5ef1f
c817c35", element="0.6565084986723448-5")>, <selenium.webdriver.
remote.webelement.WebElement (session="e34317eec1ad647e813f5ef1f
c817c35", element="0.6565084986723448-6")>, <selenium.webdriver.
remote.webelement.WebElement (session="e34317eec1ad647e813f5ef1f
c817c35", element="0.6565084986723448-7")>, <selenium.webdriver.
remote.webelement.WebElement (session="e34317eec1ad647e813f5ef1f
c817c35", element="0.6565084986723448-8")>, <selenium.webdriver.
remote.webelement.WebElement (session="e34317eec1ad647e813f5ef1f
c817c35", element="0.6565084986723448-9")>, <selenium.webdriver.
remote.webelement.WebElement (session="e34317eec1ad647e813f5ef1fc
817c35", element="0.6565084986723448-10")>, <selenium.webdriver.
remote.webelement.WebElement (session="e34317eec1ad647e813f5ef1fc81
7c35", element="0.6565084986723448-11")>, <selenium.webdriver.remote.
webelement.WebElement (session="e34317eec1ad647e813f5ef1fc817c35", ele
ment="0.6565084986723448-12")>]
```

elements로 리스트를 반환할 때는 돔의 세션을 리스트로 만들어 반환해줍니다. bs4에서 find()와 find_all()과 같은 형식으로 반환합니다.

find_elements_by_tag_name() 함수로 반환된 결과에 text와 tag_name 속성을 사용할 수 없습니다. find_all()처럼 반환되는 타입이 리스트이기 때문입니다. 리스트는 text와 tag_name 속성을 가지고 있지 않습니다. 각각 요소의 tag_name 또는 text 속성에 접근하고 싶다면 반복문을 이용하면 됩니다.

1-3 find_element_by_name과 find_elements_by_name

name 속성값을 찾아주는 함수입니다. name 속성은 input 태그에 많이 사용됩니다.

[코드 8-5] name 속성 이용하여 접근 (파일명 : ./codes/ch8/8.5.py)

```
1  from selenium import webdriver
2
3  url = 'https://pjt3591oo.github.io/search'
4
5  driver = webdriver.Chrome('chromedriver')
6  driver.get(url)
7
8  selected_name = driver.find_element_by_name('query')
9  print(selected_name)
10 print(selected_name.tag_name)
11 print(selected_name.text)
12
13 selected_names = driver.find_elements_by_name('query')
14 print(selected_names)
```

[코드 8-5] 실행결과

```
<selenium.webdriver.remote.webelement.WebElement (session="0485ffd7208
bb3c365be4160567599de", element="0.5571414467039306-1")>
input

[<selenium.webdriver.remote.webelement.WebElement (session="0485ffd720
8bb3c365be4160567599de", element="0.5571414467039306-1")>]
```

해당 페이지에는 name 속성이 query인 태그가 하나밖에 없기 때문에 find_elements_by_name에서 길이가 1인 리스트가 반환되었습니다.

1-4 find_element_by_link_text와 find_elements_by_link_text

find_element_by_link_text( ), find_elements_by_link_text( )를 이용하여 a 태그의 href를 이용하여 수집할 수 있습니다.

href를 이용하여 찾을 때 URL의 모든 요소를 다 검사하는 게 아니라 쿼리스트링 부분만 찾습니다.

[코드 8-6] href 속성 이용하여 접근 – 쿼리스트링 (파일명 : ./codes/ch8/8.6.py)

```
 1 from selenium import webdriver
 2 
 3 url = 'https://pjt3591oo.github.io'
 4 
 5 driver = webdriver.Chrome('chromedriver')
 6 driver.get(url)
 7 
 8 selected_link = driver.find_element_by_link_text('')
 9 print(selected_link)
10 print(selected_link.tag_name)
11 print(selected_link.text)
12 
13 selected_links = driver.find_elements_by_link_text('')
14 print(selected_links)
```

[코드 8-6] 실행결과

```
<selenium.webdriver.remote.webelement.WebElement (session="c7732a138ee
3cc40a58ac9e4e7c5e7fc", element="0.34825574572301865-1")>
a

[<selenium.webdriver.remote.webelement.WebElement (session="c7732a138e
e3cc40a58ac9e4e7c5e7fc", element="0.34825574572301865-1")>,

. . . 중략 . . .

<selenium.webdriver.remote.webelement.WebElement (session="c7732a138ee
3cc40a58ac9e4e7c5e7fc", element="0.34825574572301865-31")>]
```

[코드 8-6]은 href에 쿼리스트링이 없는 모든 태그를 가져오는 코드입니다.

1-5 find_element_by_partial_link_text와 find_elements_by_partial_link_text

partial_link_text( )는 URL의 쿼리스트링이 아니라 path를 이용하여 찾는 방식입니다.

[코드 8-7] href 속성 이용하여 접근 - path - ① (파일명 : ./codes/ch8/8.7.py)

```
1  from selenium import webdriver
2
3  url = 'https://pjt3591oo.github.io'
4
5  driver = webdriver.Chrome('chromedriver')
6  driver.get(url)
7
8  selected_link = driver.find_element_by_partial_link_text('react')
9  print(selected_link)
10 print(selected_link.tag_name)
11 print(selected_link.text)
12
13 selected_links = driver.find_element_by_partial_link_text('react')
14 print(selected_links)
```

[코드 8-7] 실행결과

```
<selenium.webdriver.remote.webelement.WebElement (session="b336848281a
1876261ec1ef56252a4a5", element="0.8810730411005101-1")>
a
[programming] [react] react 작업환경 설
[<selenium.webdriver.remote.webelement.WebElement (session="b336848281
a1876261ec1ef56252a4a5", element="0.8810730411005101-1")>]
```

href 속성에서 path를 의미하는 부분에 react가 포함된 태그를 찾아줍니다.

[코드 8-8] href 속성 이용하여 접근 - path - ② (파일명 : ./codes/ch8/8.8.py)

```
1  from selenium import webdriver
2
3  url = 'https://pjt3591oo.github.io'
4
5  driver = webdriver.Chrome('chromedriver')
```

```
 6  driver.get(url)
 7
 8  selected_link = driver.find_element_by_partial_link_text('')
 9  print(selected_link)
10  print(selected_link.tag_name)
11  print(selected_link.text)
12
13  selected_links = driver.find_elements_by_partial_link_text('')
14  print(selected_links)
```

[코드 8–8] 실행결과

```
<selenium.webdriver.remote.webelement.WebElement (session="78b1c812059
230cb83f0a48d7cd54532", element="0.28089975811096224-1")>
a
Home
[<selenium.webdriver.remote.webelement.WebElement (session="78b1c81205
9230cb83f0a48d7cd54532", element="0.28089975811096224-1")>,

. . . 중략 . . .

<selenium.webdriver.remote.webelement.WebElement (session="78b1c812059
230cb83f0a48d7cd54532", element="0.28089975811096224-54")>]
```

만약 빈 값을 넣는다면 href 속성이 있는 태그를 찾습니다.

1-6 find_element_by_class_name과 find_elements_by_class_name

find_element_by_class_name()과 find_elements_by_class_name()을 이용하면 클래스를 이용해 찾을 수 있습니다.

[코드 8–9] 클래스 이용하여 접근 (파일명 : ./codes/ch8/8.9.py)

```
1  from selenium import webdriver
2
3  url = 'https://pjt3591oo.github.io'
4
5  driver = webdriver.Chrome('chromedriver')
```

```
 6  driver.get(url)
 7
 8  selected_class = driver.find_element_by_class_name('p')
 9  print(selected_class)
10  print(selected_class.tag_name)
11  print(selected_class.text)
12
13  selected_classes = driver.find_elements_by_class_name('p')
14  print(selected_classes)
```

[코드 8-9] 실행결과

```
<selenium.webdriver.remote.webelement.WebElement (session="da51a6dd537
bb76cad0745b0b2cab9a4", element="0.3447878782055638-1")>
div
[programming] [react] react 작업환경 설
react를 시작하기 전에 환경셋팅을 해보자
2017-05-20 06:29:05 +0000  |  박정태
[<selenium.webdriver.remote.webelement.WebElement (session="da51a6dd53
7bb76cad0745b0b2cab9a4", element="0.3447878782055638-1")>,

. . . 중략 . . .

(session="da51a6dd537bb76cad0745b0b2cab9a4", eleme
nt="0.3447878782055638-10")>]
```

클래스가 p인 모든 태그를 찾습니다.

1-7 find_element_by_css_selector와 find_elements_by_css_selector

bs4에서 select()를 이용하면 CSS 셀렉터를 이용해 돔 접근이 가능합니다. 하지만 bs4에서는 무조건 리스트 형태로 반환할 수 있는데 selenium에서는 두 가지 타입 모두 반환 가능합니다.

[코드 8-10] 셀렉터 이용하여 접근 (파일명 : ./codes/ch8/8.10.py)

```
1  from selenium import webdriver
2
3  url = 'https://pjt3591oo.github.io'
```

```
4  driver = webdriver.Chrome('chromedriver')
5  driver.get(url)
6
7  selected_selector = driver.find_element_by_css_selector('div.home
8  div.p')
9  print(selected_selector)
10 print(selected_selector.tag_name)
11 print(selected_selector.text)
12
13 selected_selectors = driver.find_element_by_css_selector('div.home
14 div.p')
15 print(selected_selectors)
16
```

[코드 8-10] 실행결과

```
<selenium.webdriver.remote.webelement.WebElement (session="2f484613a47
d7e3c4282279c88c53549", element="0.1356634155589802-1")>
div
[programming] [react] react 작업환경 설
react를 시작하기 전에 환경셋팅을 해보자
2017-05-20 06:29:05 +0000 | 박정태
[<selenium.webdriver.remote.webelement.WebElement (session="2f484613a4
7d7e3c4282279c88c53549", element="0.1356634155589802-1")>,

. . . 중략 . . .

<selenium.webdriver.remote.webelement.WebElement (session="2f484613a47
d7e3c4282279c88c53549", element="0.1356634155589802-10")>]
```

selenium에서도 셀렉터를 이용하여 접근할 수 있습니다. bs4에서 select()를 쓰는 방법과 같습니다.

1-8 없는 요소 접근

돔에 접근하는 다양한 방법을 소개했습니다. 하지만 selenium은 bs4와 다르게 없는 요소에 접근하면 에러를 띄우게 됩니다.

[코드 8-11] 없는 요소 접근 (파일명 : ./codes/ch8/8.11.py)

```
 1  from selenium import webdriver
 2
 3  url = 'https://pjt3591oo.github.io'
 4
 5  driver = webdriver.Chrome('chromedriver')
 6  driver.get(url)
 7
 8  selected_selector = driver.find_element_by_css_selector('.a')
 9  print(selected_selector)
10  print(selected_selector.tag_name)
11  print(selected_selector.text)
```

[코드 8-11] 실행결과

```
raise exception_class(message, screen, stacktrace)
selenium.common.exceptions.NoSuchElementException: Message:
no such element: Unable to locate element: {"method":"css
selector","selector":".a"}
    (Session info: chrome=60.0.3112.113)
        (Driver info: chromedriver=2.27.440174 (e97a722caafc2d3a8b807
ee115bfb307f7d2cfd9),platform=Mac OS X 10.12.5 x86_64)
```

selenium은 요소에 접근할 때 해당 요소가 없으면 에러를 띄웁니다. [코드 8-11]은 a라는 클래스 이름을 가지는 돔에 접근하지만, 해당 돔에 존재하지 않기 때문에 에러가 발생합니다.

2 웹 제어하기

selenium에서 돔에 접근하는 이유는 데이터 수집의 목적보다는 웹을 제어하는 목적이 더 큽니다. 웹 제어 종류는 마우스 제어, 키보드 제어, JavaScript 삽입이 있습니다.

2-1 마우스 제어

마우스를 제어하기 위해서는 돔에 접근한 이후 click( ) 함수를 호출하면 됩니다.

[코드 8-12] 마우스 클릭하기 (파일명 : ./codes/ch8/8.12.py)

```
1  from selenium import webdriver
2
3  url = 'https://pjt3591oo.github.io'
4
5  driver = webdriver.Chrome('chromedriver')
6  driver.get(url)
7
8  selected_selector = driver.find_element_by_css_selector('div.home
9  div.p a')
10 print(selected_selector.tag_name)
11 print(selected_selector.text)
12 selected_selector.click( )
```

[코드 8-12] 실행결과

```
a
[programming] [react] react 작업환경 설
```

click( ) 함수를 이용하면 해당 돔을 클릭합니다.

하지만 click( )을 이용하여 페이지를 이동하는 것은 피하는 것이 좋습니다.

[코드 8-13] click 이용하여 페이지 이동 (파일명 : ./codes/ch8/8.13.py)

```
1  from selenium import webdriver
2
3  url = 'https://pjt3591oo.github.io'
4
5  driver = webdriver.Chrome('chromedriver')
6  driver.get(url)
7
8  selected_tags_a = driver.find_elements_by_css_selector('a')
9
10 for i in selected_tags_a:
11     print(i.text, i.tag_name)
12     i.click( )
```

[코드 8-13] 실행결과

```
Home a
raise exception_class(message, screen, stacktrace)
selenium.common.exceptions.StaleElementReferenceException: Message:
stale element reference: element is not attached to the page document
  (Session info: chrome=60.0.3112.113)
  (Driver info: chromedriver=2.27.440174 (e97a722caafc2d3a8b807ee115bf
b307f7d2cfd9),platform=Mac OS X 10.12.5 x86_64)
```

CSS 셀렉터를 이용해 a 태그를 전부 가져왔습니다. 그리고 루프를 돌려 클릭하면 이동할 것 같지만 0번째 요소만 클릭해서 이동하고 그 다음 인덱스에 접근할 때 에러가 발생합니다.

에러가 발생하는 이유는 메인 페이지에서 돔을 가져오고 다른 페이지로 넘어가면 메인 페이지에서 가져온 돔에 접근할 수 없기 때문입니다. 그래서 click을 페이지 이동하는 용도로 사용하면 안 됩니다.

클릭을 사용하는 경우 클릭했을 때 페이지 변화가 없고 해당 페이지 내에서 데이터가 추가되는 경우에 사용하는 것이 좋습니다.

[코드 8-14] 클릭을 사용하기 좋은 예 (파일명 : ./codes/ch8/8.14.py)

```
1  from selenium import webdriver
2
3  url = 'https://pjt3591oo.github.io/search'
4
5  driver = webdriver.Chrome('chromedriver')
6  driver.get(url)
7
8  selected_tag_a = driver.find_element_by_css_selector('input#search-
9  box')
10
11 selected_tag_a.click()
```

[코드 8-14]를 실행하면 해당 페이지의 아이디가 search-box인 input 태그를 찾아 클릭하여, 커서가 깜박거리게 됩니다.

2-2 키보드 제어

selenium을 이용하면 마우스 제어뿐 아니라 키보드 제어도 가능합니다. 키보드를 이용하기 위해서는 send_keys() 함수를 이용합니다.

[코드 8-15] 키보드 제어 (파일명 : ./codes/ch8/8.15.py)

```
1  from selenium import webdriver
2
3  url = 'https://pjt3591oo.github.io/search'
4
5  driver = webdriver.Chrome('chromedriver')
6  driver.get(url)
7
8  selected_tag_a = driver.find_element_by_css_selector('input#search-
9  box')
10
11 selected_tag_a.send_keys('test')
```

[코드 8-15]는 아이디가 search-box인 input 태그를 찾아서 text를 입력하는 코드입니다.

키보드를 제어할 때, 특수키를 입력하기 위해 추가적인 import가 필요합니다.

```
from selenium.webdriver.common.keys import Keys
```

앞의 코드를 추가하면 특수키를 사용할 수 있습니다.

특수키 종류

```
NULL = '\ue000'
CANCEL = '\ue001'    # ^break
HELP = '\ue002'
BACKSPACE = '\ue003'
BACK_SPACE = BACKSPACE
TAB = '\ue004'
CLEAR = '\ue005'
RETURN = '\ue006'
ENTER = '\ue007'
SHIFT = '\ue008'
LEFT_SHIFT = SHIFT
CONTROL = '\ue009'
LEFT_CONTROL = CONTROL
ALT = '\ue00a'
LEFT_ALT = ALT
PAUSE = '\ue00b'
ESCAPE = '\ue00c'
SPACE = '\ue00d'
PAGE_UP = '\ue00e'
PAGE_DOWN = '\ue00f'
END = '\ue010'
HOME = '\ue011'
LEFT = '\ue012'
ARROW_LEFT = LEFT
UP = '\ue013'
ARROW_UP = UP
RIGHT = '\ue014'
ARROW_RIGHT = RIGHT
DOWN = '\ue015'
ARROW_DOWN = DOWN
```

```
INSERT = '\ue016'
DELETE = '\ue017'
SEMICOLON = '\ue018'
EQUALS = '\ue019'
NUMPAD0 = '\ue01a'     # number pad keys
NUMPAD1 = '\ue01b'
NUMPAD2 = '\ue01c'
NUMPAD3 = '\ue01d'
NUMPAD4 = '\ue01e'
NUMPAD5 = '\ue01f'
NUMPAD6 = '\ue020'
NUMPAD7 = '\ue021'
NUMPAD8 = '\ue022'
NUMPAD9 = '\ue023'
MULTIPLY = '\ue024'
ADD = '\ue025'
SEPARATOR = '\ue026'
SUBTRACT = '\ue027'
DECIMAL = '\ue028'
DIVIDE = '\ue029'
F1 = '\ue031'     # function keys
F2 = '\ue032'
F3 = '\ue033'
F4 = '\ue034'
F5 = '\ue035'
F6 = '\ue036'
F7 = '\ue037'
F8 = '\ue038'
F9 = '\ue039'
F10 = '\ue03a'
F11 = '\ue03b'
F12 = '\ue03c'

META = '\ue03d'
COMMAND = '\ue03d'
```

Keys를 이용하면 키보드에 있는 특수키들을 쉽게 사용할 수 있습니다. 앞의 코드는 특수키를 사용하기 위한 특수기호를 사용하기 쉽게 우리가 import한 Keys 내부에 정의되어 있는 것들입니다.

[코드 8-16] Keys 이용하여 특수키 사용 (파일명 : ./codes/ch8/8.16.py)

```
 1 from selenium import webdriver
 2 from selenium.webdriver.common.keys import Keys
 3
 4 url = 'https://pjt3591oo.github.io/search'
 5
 6 driver = webdriver.Chrome('chromedriver')
 7 driver.get(url)
 8
 9 selected_tag_a = driver.find_element_by_css_selector('input#search-
10 box')
11
12 selected_tag_a.send_keys('test')
13 selected_tag_a.send_keys(Keys.ENTER) # '\ue007'로 해도 엔터가 됨
```

[코드 8-16]은 아이디가 search-box인 input 태그를 찾아 text를 입력하고 엔터를 입력하는 코드입니다.

2-3 JavaScript 실행

selenium을 이용하면 기존 페이지 내부에 JavaScript를 넣을 수 있습니다. JavaScript 코드를 실행시키고 싶을 때 execute_script( ) 함수를 이용합니다.

[코드 8-17] JavaScript 실행-① (파일명 : ./codes/ch8/8.17.py)

```
1 from selenium import webdriver
2
3 url = 'https://pjt3591oo.github.io'
4
5 driver = webdriver.Chrome('chromedriver')
6 driver.get(url)
7
8 driver.execute_script('alert("test")')
```

[코드 8-17]을 실행하면 웹 URL 주소에 접속 후 JavaScript인 alert("test")를 실행하는 코드입니다. alert( )는 경고창을 띄워주는 JavaScript 함수입니다.

[코드 8-18] JavaScript 실행-② (파일명 : ./codes/ch8/8.18.py)

```
 1 from selenium import webdriver
 2 
 3 url = 'https://pjt3591oo.github.io'
 4 
 5 driver = webdriver.Chrome('chromedriver')
 6 driver.get(url)
 7 
 8 driver.execute_script('alert("test")')
 9 
10 for i in range(0, 100):
11     print(i)
```

[코드 8-18]을 실행하면 신기하게 동작하는 것을 확인할 수 있습니다. 스크립트 부분이 완전히 실행되기 전에 **10라인**이 실행됩니다. 실제 파이썬 코드와 웹 브라우저는 독립적인 프로그램이기 때문입니다. execute_script( ) 함수로 실행시키는 스크립트가 끝나는 것을 파이썬은 알 수 없습니다.

[코드 8-18]로 작동되는 브라우저는 독립적인 프로세스를 가지기 때문에 서로 알 수 없습니다. 파이썬이 웹 브라우저에 스크립트를 실행하라고만 던져주고 이 스크립트를 받은 웹 브라우저는 스크립트를 동작합니다. 이때 파이썬은 스크립트를 주는 즉시 다음 코드를 실행합니다.

3 selenium과 bs4의 조합

selenium은 단독적으로 사용하는 것보다 bs4와 같이 사용해야 최고의 효율을 낼 수 있습니다.

bs4를 사용했을 때보다 selenium을 사용할 때 속도가 아주 느려집니다. 이유는 웹 브라우저를 띄워주기 위해 더 많은 자원을 사용하기 때문입니다. 텍스트만 처리할 때보다 웹 브라우저를 띄워주고 웹 브라우저에 여러 가지 기능을 하려고 시도하므로 bs4만 사용할 때보다 속도가 느립니다.

[코드 8-19] selenium VS bs4 (파일명 : ./codes/ch8/8.19.py)

```
1 # selenium 사용시간 측정
2 from selenium import webdriver
3 import time
4
5 url = 'https://pjt3591oo.github.io'
6
7 selenium_start = time.time( )
8
9 driver = webdriver.Chrome('chromedriver')
10 driver.get(url)
11
12 div_selectors11 = driver.find_elements_by_css_selector('div')
13 div_selectors12 = driver.find_elements_by_css_selector('div')
14 div_selectors13 = driver.find_elements_by_css_selector('div')
15 div_selectors14 = driver.find_elements_by_css_selector('div')
16 div_selectors15 = driver.find_elements_by_css_selector('div')
17
18 selenium_end = time.time( ) - selenium_start
19
20 print('usage selenium  : %f' %(selenium_end))
21
22 # bs4 사용시간 측정
23 import requests as rq
24 from bs4 import BeautifulSoup
25
26 bs4_start = time.time( )
27
28 res = rq.get(url)
29 soup = BeautifulSoup(res.content, 'lxml')
30 div_selectors21 = soup.select('div')
31 div_selectors22 = soup.select('div')
32 div_selectors23 = soup.select('div')
33 div_selectors24 = soup.select('div')
34 div_selectors25 = soup.select('div')
35
36 bs4_end = time.time( ) - bs4_start
37
38 print('usage bs4  : %f' %(bs4_end))
```

[코드 8-19.py] 실행결과

```
usage selenium : 3.214623
usage bs4 : 0.236378
```

selenium과 bs4를 이용하여 돔 접근을 할 때 10배 이상의 차이를 확인할 수 있습니다. 시간은 코드를 실행하는 컴퓨터의 사양 또는 인터넷의 상황에 따라 다르게 나타날 수 있습니다.

selenium으로는 requests로 처리하기 힘든 JavaScript를 처리를 하고, 만들어진 HTML은 bs4를 이용하여 처리합니다.

[코드 8-20] selenium으로 HTML 가져오기 (파일명 : ./codes/ch8/8.20.py)

```
1  from selenium import webdriver
2
3  url = 'https://pjt3591oo.github.io'
4
5  driver = webdriver.Chrome('chromedriver')
6  driver.get(url)
7
8  print(driver.page_source)
```

[코드 8-20] 실행결과

```
/Library/Frameworks/Python.framework/Versions/3.5/bin/python3.5 /
Users/bagjeongtae/Desktop/test/ch8.py
<!DOCTYPE html><html xmlns="http://www.w3.org/1999/xhtml"
lang="en"><head>
  <meta charset="utf-8" />
  <meta http-equiv="X-UA-Compatible" content="IE=edge" />
  <meta name="viewport" content="width=device-width, initial-scale=1"
/>


  <title>Home</title>
  <meta name="description" content="멍개의 개발 블로그입니다. 궁금하신 사항 혹
은 전달하고 싶은 내용이 있으시면 메일로 문의 주세요." />

. . . 중략 . . .
```

```
    <div class="footer-col footer-col-3">
      <p>멍개의 개발 블로그입니다. 궁금하신 사항 혹은 전달하고 싶은 내용이 있으시면 메일로 문의 주세요.
</p>
    </div>
  </div>

  </div>

</footer>
</body></html>
```

웹 브라우저 객체인 driver에서 page_source 속성을 이용하여 현재 웹 브라우저의 HTML 코드를 가져옵니다. 이 경우는 requests 모듈과 다르게 JavaScript가 처리가 된 HTML 코드를 가져옵니다.

[코드 8-21] selenium과 bs4 조합 (파일명 : ./codes/ch8/8.21.py)

```
 1  from selenium import webdriver
 2  from bs4 import BeautifulSoup
 3
 4  url = 'https://pjt3591oo.github.io'
 5
 6  driver = webdriver.Chrome('chromedriver')
 7  driver.get(url)
 8
 9  soup = BeautifulSoup(driver.page_source)
10
11  print(soup.select('div'))
```

[코드 8-21] 실행결과

```
/Library/Frameworks/Python.framework/Versions/3.5/bin/python3.5 /
Users/bagjeongtae/Desktop/test/ch8.py
<!DOCTYPE html><html xmlns="http://www.w3.org/1999/xhtml"
lang="en"><head>
  <meta charset="utf-8" />
  <meta http-equiv="X-UA-Compatible" content="IE=edge" />
  <meta name="viewport" content="width=device-width, initial-scale=1" />
```

```
  <title>Home</title>
  <meta name="description" content="멍개의 개발 블로그입니다. 궁금하신 사항 혹은 전달하고 싶은 내용이 있으시면 메일로 문의 주세요." />

. . . 중략 . . .

    <div class="footer-col footer-col-3">
      <p>멍개의 개발 블로그입니다. 궁금하신 사항 혹은 전달하고 싶은 내용이 있으시면 메일로 문의 주세요.
</p>
    </div>
  </div>

  </div>

</footer>
</body></html>
```

해당 사이트에서는 [코드 8-20]과 [코드 8-21]의 차이는 없습니다.

[코드 8-22] selenium과 bs4 조합 (파일명 : ./codes/ch8/8.22.py)

```
 1 from selenium import webdriver
 2 from bs4 import BeautifulSoup
 3 import time
 4
 5 url = 'https://pjt3591oo.github.io'
 6
 7 start = time.time()
 8
 9 driver = webdriver.Chrome('chromedriver')
10 driver.get(url)
11
12 soup = BeautifulSoup(driver.page_source, 'lxml')
13
14 soup1 = soup.select('div')
15 soup2 = soup.select('div')
```

```
16 soup3 = soup.select('div')
17 soup4 = soup.select('div')
18 soup5 = soup.select('div')
19
20 end = time.time( ) - start
21
22 print(end)
```

[코드 8-22] 실행결과

```
2.975412130355835
```

웹 드라이버를 이용하여 웹을 띄우기 때문에 어느 정도 속도는 걸리지만, selenium만 사용했을 때보다 아주 조금 속도가 올랐습니다.

4 selenium 활용

이번에는 selenium을 활용하여 만들어 보겠습니다.

JavaScript를 이용하여 HTML을 추가하는 대표적인 예가 검색입니다. 이럴 때는 개발자 도구 [Network] 탭에서 서버에 검색하는 부분을 찾아 직접 요청할 수 있지만, selenium을 이용하면 굳이 개발자 도구를 이용하지 않아도 됩니다.

[코드 8-23] 검색 결과 데이터 수집 (파일명 : ./codes/ch8/8.23.py)

```
1 from selenium import webdriver
2 from selenium.webdriver.common.keys import Keys
3
4 from bs4 import BeautifulSoup
5
6 url = 'https://pjt3591oo.github.io/search'
7
```

```
 8 search_keysword = 'db'
 9
10 driver = webdriver.Chrome('chromedriver')
11 driver.get(url)
12
13 selected_tag_a = driver.find_element_by_css_selector('input#search-
14 box')
15
16 selected_tag_a.send_keys(search_keysword)
17 selected_tag_a.send_keys(Keys.ENTER)    # '\ue007'로 해도 엔터가 됨
18
19 soup = BeautifulSoup(driver.page_source, 'lxml')
20 items = soup.select('ul#search-results li')
21
22 for item in items:
23     title = item.find('h3').text
24     description = item.find('p').text
25     print(title)
26     print(description)
```

[코드 8-23] 실행결과

```
Javascript Asynchronous, synchronous and Promise
동기, 비동기 그리고 promiseAsynchronous(비동기) Code란 무엇일까? node를 접하지
않았다면 대부분의 개발자들은 동기방식의 코드에 익숙할 것이다. 다음 코드를 보면 이해하
기 쉬울 것이다.void FTest( ){      for(int i = 0 ; i...

. . . 중략 . . .

sequelize - Usage[번역]
  시작 하기 앞서 해당 글은 sequelize document를 직접 번역함을 알립니다. 영어를 많
이 잘하지 못하여 오역이 있을 수 있습니다.데이터 검색/ 발견발견하는 함수들은 데이터 베
이스로부터 데이터를 조회하기 위한 함수이다. 그들은 객체를 반한하지 않는 대신에 ...
```

selenium과 bs4를 같이 이용하여 검색 결과를 수집하는 크롤러를 만들었습니다.

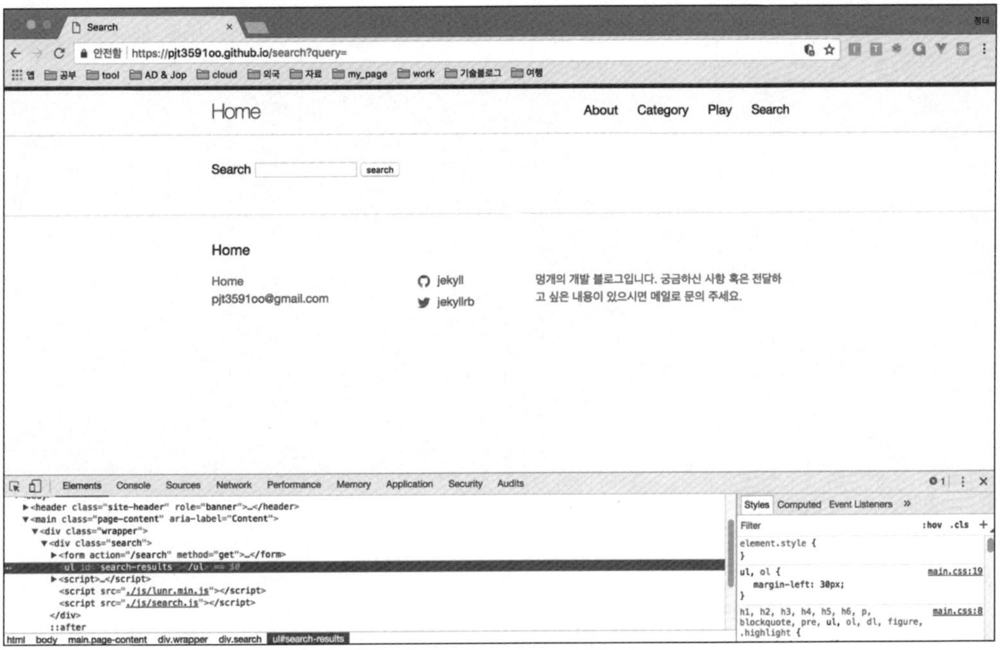

[그림 8-2] 검색 전

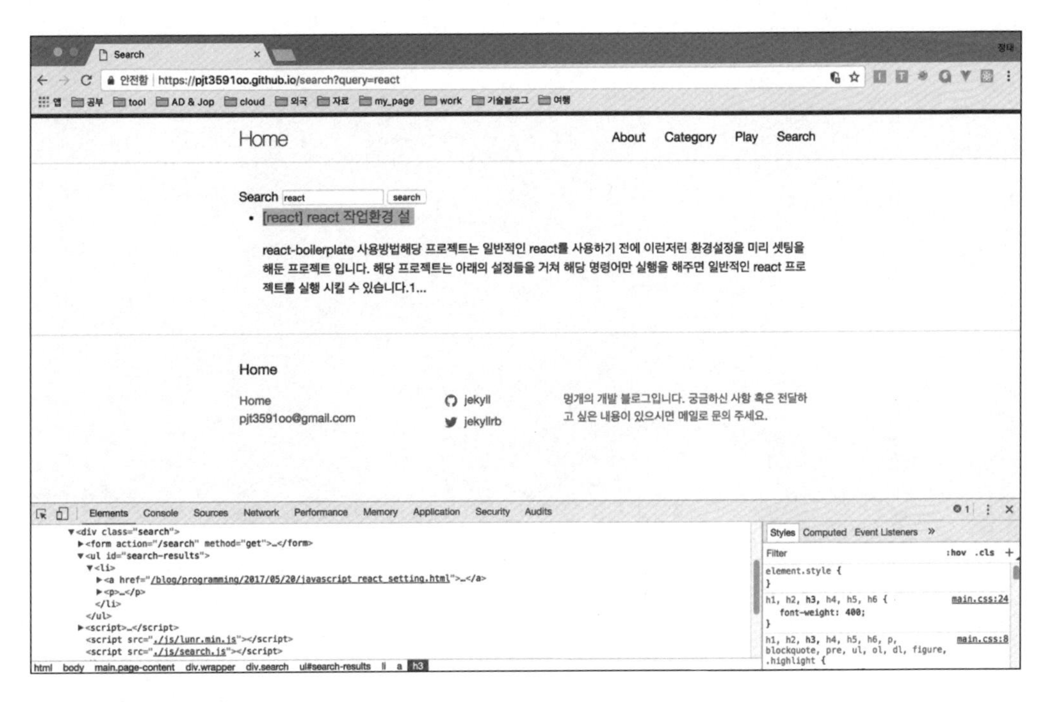

[그림 8-3] 검색 후

3단계

데이터 활용

2단계에서 수집한 데이터를 활용하는 방법에 대해 다룹니다. 수집한 데이터를 제공하거나 머신러닝을 통해 다양한 예측 분야로 활용 가능합니다. 또한, 그래프를 통해 효율적인 정보 전달도 가능합니다.

PART 9

데이터 가지고 놀기

데이터를 수집하였는데, 이제 수집된 데이터를 사용하기 위해 저장해야 합니다. 단순하게 저장하는 것이 아니라 CSV라고 하는 파일로 저장하게 됩니다. 데이터를 저장할 때 자주 쓰는 프레임워크를 소개하고, 크롤러가 동작하는 상태를 직접 확인하기 힘들기 때문에 슬랙이라는 메신저를 활용하여 크롤러의 상태를 알려주는 시스템을 만들어 보겠습니다.

- 로그 찍어보기
- 슬랙(Slack) 활용
- 파일 다루기

1 로그

프로그램을 만들 때 가장 중요한 부분은 로그를 남기는 것입니다. 지금까지 프로그램이 동작하는 과정을 print()를 이용하여 콘솔 창으로 띄워 보았습니다.

첫 번째, print()를 이용하여 로그를 남길 경우 가장 큰 문제는 해당 로그가 언제 발생했는지 모른다는 것입니다. 또한 해당 로그가 에러인지, 단순한 출력인지, 경고인지 알기 힘듭니다.

두 번째, 로그의 특성상 양이 많아질 수밖에 없습니다. 지속해서 쌓이는 로그를 관리할 필요가 있습니다.

이런 것들을 쉽게 관리해주는 모듈이 있습니다.

1-1 로깅logging 모듈 사용

파이썬에서 로그를 관리해주는 모듈 중 logging이 있습니다. 이것은 파이썬 내장 모듈이기 때문에 설치할 필요가 없습니다.

[코드 9-1] 로깅 모듈 사용하기 (파일명 : ./codes/ch9/9.1.py)

```
1  import logging
2
3  logging.info("I'm ParkJeongTae")
4  logging.warning("warning")
```

[코드 9-1] 실행결과

```
WARNING:root:warning
```

info()는 찍히지 않고 warning()만 찍혔습니다. logging 모듈은 5단계의 레벨을 지원합니다.

5단계 : debug**(가장 심각하지 않음)**

4단계 : info

3단계 : warning

2단계 : error

1단계 : critical**(가장 심각)**

다섯 가지를 모두 출력해보겠습니다. 5단계로 올라갈수록 굳이 찍힐 필요가 없는 로그입니다. 1단계로 갈수록 점점 치명적인 로그입니다. logging 모듈은 기본적으로 1~3단계까지만 출력됩니다. 즉, warning, error, critical만 출력됩니다. info와 debug가 아무리 많아도 출력되지 않습니다.

[코드 9-2] 로그 5단계 모두 출력하기 (파일명 : ./codes/ch9/9.2.py)

```
1  import logging
2
3  logging.debug("debug")           # 5 단계
4  logging.info("info")             # 4 단계
5  logging.warning("warning")       # 3 단계
6  logging.error("error")           # 2 단계
7  logging.critical("critical")     # 1 단계
```

[코드 9-2] 실행결과

```
WARNING:root:warning
ERROR:root:error
CRITICAL:root:critical
```

logging은 3단계가 기본 설정값이기 때문에 1~3단계만 출력됩니다. logging 모듈 내부에 있는 basicConfig( ) 함수를 이용하여 로그 기본 설정을 바꿀 수 있습니다.

[코드 9-3] 로그 단계(Level) 설정 (파일명 : ./codes/ch9/9.3.py)

```
1  import logging
2
3  logging.basicConfig(level=logging.DEBUG)
4
5  logging.debug("debug")           # 5 단계
6  logging.info("info")             # 4 단계
7  logging.warning("warning")       # 3 단계
8  logging.error("error")           # 2 단계
9  logging.critical("critical")     # 1 단계
```

[코드 9-3] 실행결과

```
DEBUG:root:debug
INFO:root:info
WARNING:root:warning
ERROR:root:error
CRITICAL:root:critical
```

5단계인 debug로 설정했기 때문에 5개의 로그가 전부 찍힙니다.

제대로 된 로그를 찍기 위해서는 콘솔 창이 아니라 파일로 남겨야 합니다. 파일로 남기기 위해서는 파일명을 설정해 주어야 합니다. 이때도 basicConfig( ) 함수를 이용합니다.

[코드 9-4] 로그 파일 남기기 (파일명 : ./codes/ch9/9.4.py)

```
1  import logging
2
3  logging.basicConfig(filename='ch.9.4.log', level=logging.DEBUG)
4
5  logging.debug("debug")           # 5 단계
6  logging.info("info")             # 4 단계
7  logging.warning("warning")       # 3 단계
8  logging.error("error")           # 2 단계
9  logging.critical("critical")     # 1 단계
```

[코드 9-4]를 실행하면 ch.9.4.log 파일이 생성되면서 logging으로 로그를 찍을 때마다 콘솔 창이 아닌 해당 파일로 로그가 남게 됩니다. [코드 9-4]를 반복적으로 실행시켜 줍니다.

[코드 9-4] 실행결과 후 ch9.test.log 파일

```
DEBUG:root:debug
INFO:root:info
WARNING:root:warning
ERROR:root:error
CRITICAL:root:critical
DEBUG:root:debug
INFO:root:info
WARNING:root:warning
ERROR:root:error
```

```
CRITICAL:root:critical
DEBUG:root:debug
INFO:root:info
WARNING:root:warning
ERROR:root:error
CRITICAL:root:critical
```

[코드 9-4]를 3번 실행한 후의 모습입니다. ch9_test.log 파일을 만들면서 해당 파일로 지속해서 로그를 찍어주고 있습니다. logging을 이용하면 특정 파일에 지속해서 로그를 남길 수 있습니다.

만약 2개의 파일에 로그를 각각 남기고 싶다면 어떻게 해야 할까요? 그리고 파일과 콘솔 양쪽 모두 로그를 남기고 싶다면 어떻게 해야 할까요?

[코드 9-5] 2개의 파일에 로그 남겨보기 (파일명 : ./codes/ch9/9.5.py)

```
 1  import logging
 2
 3  logging.basicConfig(filename='ch.9.5_debug.log', level=logging.
 4  DEBUG)
 5
 6  logging.debug("debug")            # 5 단계
 7  logging.info("info")              # 4 단계
 8  logging.warning("warning")        # 3 단계
 9  logging.error("error")            # 2 단계
10  logging.critical("critical")      # 1 단계
11
12  logging.basicConfig(filename='ch.9.5_warning.log', level=logging.
13  warning)
14
15  logging.debug("debug1")           # 5 단계
16  logging.info("info1")             # 4 단계
17  logging.warning("warning1")       # 3 단계
18  logging.error("error1")           # 2 단계
19  logging.critical("critical1")     # 1 단계
```

[코드 9-5] 실행결과

```
DEBUG:root:debug
INFO:root:info
WARNING:root:warning
ERROR:root:error
CRITICAL:root:critical
DEBUG:root:debug1
INFO:root:info1
WARNING:root:warning1
ERROR:root:error1
CRITICAL:root:critical1
```

[코드 9-5]를 실행하면 2개의 파일이 생성되지 않고 첫 번째 설정한 ch.9.5_debug.log에만 로그가 남게 됩니다. 로그 단계에 따라 다른 파일에 저장되도록 설정하는 방법을 알아보겠습니다.

1-2 핸들러 사용

다른 파일 또는 다른 곳으로 로그를 출력하고 싶다면 핸들러를 이용하면 됩니다. 2개 이상의 파일에 로그를 출력, 파일과 콘솔 모두 로그를 출력할 땐 각각의 핸들러를 생성하여 등록해야 합니다.

로깅에서 핸들러란 로깅한 정보를 어느 위치에 출력시킬지 등록해주는 것입니다. 예를 들어, debug 단계는 debug.log 파일에 출력하고, error 단계는 error.log 단계에 출력할 수 있도록 등록합니다. 또한, 파일뿐 아니라 콘솔 창도 등록 가능합니다.

[코드 9-6] 다른 파일로 분리하여 로그 기록 (파일명 : ./codes/ch9/9.6.py)

```
1  import logging
2
3  # 로거 생성
4  logger = logging.getLogger('test_log1')
5  logger.setLevel(logging.DEBUG)
6
7  # 파일 핸들러 생성
8  fileHandler = logging.FileHandler('ch.9.6_debug.log')
9  fileHandler.setLevel(logging.DEBUG)
10
```

```
11 fileHandler1 = logging.FileHandler('ch.9.6_warning.log')
12 fileHandler1.setLevel(logging.WARNING)
13
14 # 핸들러 등록
15 logger.addHandler(fileHandler)
16 logger.addHandler(fileHandler1)
17
18 logger.debug("debug")           # 5 단계
19 logger.info("info")             # 4 단계
20 logger.warning("warning")       # 3 단계
21 logger.error("error")           # 2 단계
22 logger.critical("critical")     # 1 단계
```

[코드 9-6] 실행결과(파일명 : ./codes/ch9/ch.9.6_debug.log)

```
debug
info
warning
error
critical
```

[코드 9-6] 실행결과(파일명 : ./codes/ch9/ch.9.6_warning.log)

```
warning
error
critical
```

파일 핸들러를 만들어 준 후 로거에 등록을 해줍니다. 파일 핸들러를 만들어 줄 때 각각의 파일에 로그 단계를 설정합니다.

info와 debug는 ch.9.6_debug.log 파일에만 저장됩니다. 파일 핸들러를 생성할 때 파일마다 로그 단계를 설정해 주었기 때문에 해당 설정을 해준 단계까지만 저장됩니다. warnign, error, critical 두 파일 모두 저장됩니다.

마지막으로 저장된 시간, 로그 단계를 같이 저장하는 것이 좋습니다.

[코드 9-7] 멋진 로그 남기기 (파일명 : ./codes/ch9/9.7.py)

```
 1 import logging
 2 
 3 # 로거 생성
 4 logger = logging.getLogger('test_log1')
 5 logger.setLevel(logging.DEBUG)
 6 
 7 # 로그 포멧팅 설정
 8 formatter = logging.Formatter("%(asctime)s - %(name)s -
 9 %(levelname)s - %(message)s")
10 
11 # 파일 핸들러 생성
12 fileHandler = logging.FileHandler('ch.9.7_debug.log')
13 fileHandler.setLevel(logging.DEBUG)
14 fileHandler.setFormatter(formatter)
15 
16 fileHandler1 = logging.FileHandler('ch.9.7_warning.log')
17 fileHandler1.setLevel(logging.WARNING)
18 
19 # 핸들러 등록
20 logger.addHandler(fileHandler)
21 logger.addHandler(fileHandler1)
22 
23 logger.debug("debug")            # 5 단계
24 logger.info("info")              # 4 단계
25 logger.warning("warning")        # 3 단계
26 logger.error("error")            # 2 단계
27 logger.critical("critical")      # 1 단계
```

[코드 9-7] 실행결과 (파일명 : ./codes/ch9/ch.9.7_debug.log)

```
2017-09-06 22:42:36,029 - test_log1 - DEBUG - debug
2017-09-06 22:42:36,030 - test_log1 - INFO - info
2017-09-06 22:42:36,030 - test_log1 - WARNING - warning
2017-09-06 22:42:36,030 - test_log1 - ERROR - error
2017-09-06 22:42:36,030 - test_log1 - CRITICAL - critical
```

[코드 9-7] 실행결과 (파일명 : ./codes/ch9/ch.9.7_warning.log)

```
warning
error
critical
```

파일 핸들러를 만들 때 각각의 파일에 저장되는 데이터 포맷을 정할 수 있습니다.

파일 핸들러뿐 아니라 콘솔에도 찍을 수 있습니다. 콘솔에 찍을 수 있도록 핸들러를 만들어준 뒤 등록하면 됩니다.

[코드 9-8] 파일, 스트림 동시 출력 (파일명 : ./codes/ch9/9.8.py)

```
 1  import logging
 2
 3  # 로거 생성
 4  logger = logging.getLogger('test_log1')
 5  logger.setLevel(logging.DEBUG)
 6
 7  # 로그 포멧팅 설정
 8  formatter = logging.Formatter("%(asctime)s - %(name)s -
 9  %(levelname)s - %(message)s")
10
11  # 파일 핸들러 생성
12  fileHandler = logging.FileHandler('ch.9.8_debug.log')
13  fileHandler.setLevel(logging.DEBUG)
14  fileHandler.setFormatter(formatter)
15
16  fileHandler1 = logging.FileHandler('ch.9.8_warning.log')
17  fileHandler1.setLevel(logging.WARNING)
18
19  # 스트림(터미널 출력) 핸들러 생성
20  streamHandler = logging.StreamHandler( )
21  streamHandler.setLevel(logging.ERROR)
22  streamHandler.setFormatter(formatter)
23
24  # 핸들러 등록
25  logger.addHandler(fileHandler)
26  logger.addHandler(fileHandler1)
```

```
27  logger.addHandler(streamHandler)
28
29  logger.debug("debug")              # 5 단계
30  logger.info("info")                # 4 단계
31  logger.warning("warning")          # 3 단계
32  logger.error("error")              # 2 단계
33  logger.critical("critical")        # 1 단계
```

[코드 9-8] 실행결과(터미널 창)

```
2017-09-06 22:51:27,488 - test_log1 - ERROR - error
2017-09-06 22:51:27,488 - test_log1 - CRITICAL - critical
```

[코드 9-8] 실행결과(파일명 : ./codes/ch9/ch.9.8_debug.log)

```
2017-09-06 22:42:36,029 - test_log1 - DEBUG - debug
2017-09-06 22:42:36,030 - test_log1 - INFO - info
2017-09-06 22:42:36,030 - test_log1 - WARNING - warning
2017-09-06 22:42:36,030 - test_log1 - ERROR - error
2017-09-06 22:42:36,030 - test_log1 - CRITICAL - critical
```

[코드 9-8] 실행결과(파일명 : ./codes/ch9/ch.9.8_warning.log)

```
warning
error
critical
```

터미널과 파일에 각각 정상적으로 로그가 찍혔습니다.

로거를 활용하면 로그 파일의 크기가 일정량되면 새로운 파일을 생성할 수 있습니다.

[코드 9-9] 파일 분할 (파일명 : ./codes/ch9/9.9.py)

```
1  import logging
2  import logging.handlers
3
4  # 로거 생성
5  logger = logging.getLogger('test_log1')
6  logger.setLevel(logging.DEBUG)
```

```
 7
 8  # 로그 포맷팅 설정
 9  formatter = logging.Formatter("%(asctime)s - %(name)s -
10  %(levelname)s - %(message)s")
11
12  # 파일 용량 설정
13  file_max_bytes = 10 * 1024 # 수치를 바꿔가면서 실행해보세요.(10 * 1024 =1
14  0Mb)
15
16  # 파일 핸들러 생성
17  fileHandler = logging.handlers.RotatingFileHandler(filename='ch.9.
18  9.log', maxBytes=file_max_bytes, backupCount=10)
19  fileHandler.setLevel(logging.ERROR)
20  fileHandler.setFormatter(formatter)
21
22  # 핸들러 등록
23  logger.addHandler(fileHandler)
24
25  logger.debug("debug")          # 5 단계
26  logger.info("info")            # 4 단계
27  logger.warning("warning")      # 3 단계
28  logger.error("error")          # 2 단계
29  logger.critical("critical")    # 1 단계
```

[코드 9-9] 실행결과(파일명 : ./codes/ch9/파일명 : ./codes/ch9/ch.9.9.log)

```
2017-09-06 23:10:01,520 - test_log1 - ERROR - error
2017-09-06 23:10:01,520 - test_log1 - CRITICAL - critical
```

파일마다 용량을 제한하기 위해 logging.handlers를 import 해야 합니다. logging만 import한다면 에러가 발생합니다.

```
AttributeError: module 'logging' has no attribute 'handlers'
```

logging.handlers를 import를 해야 [코드 9-9]처럼 정상적으로 동작합니다. maxBytes를 이용하여 파일당 용량을 제한할 수 있습니다. 수치는 바이트(Bytes) 단위입니다. 영어, 숫자는 한 문자당 1바이트이며, 한글과 한자는 2바이트입니다. 용량 단위는 상식적으로 알아두면 도움이 됩니다.

- 1024Byte = 1KB(킬로바이트)
- 1024KB = 1MB(메가바이트)
- 1024MB = 1GB(기가바이트)
- 1024GB = 1TB(테라바이트)

logging을 이용하면 로그 레벨에 따라 파일 분할이 가능하며, 각 파일당 저장되는 로그의 용량을 제한할 수 있습니다. 또한, 로그를 만들 때 다양한 포매팅에 맞춰 만들 수 있습니다.

2 슬랙Slack

슬랙은 메신저 프로그램입니다. 왜 대중적으로 사용하는 카카오톡을 사용하지 않고 slack을 사용할까요? 첫 번째, 슬랙은 웹 기반 메신저 프로그램입니다. 웹 기반이기 때문에 모든 운영체제에서 사용 가능합니다. 또한, 인터넷만 있다면 굳이 프로그램을 설치하지 않더라도 실행 가능합니다.

두 번째, 다양한 API를 제공합니다. 특히 파이썬에서는 API를 이용하여 슬랙과 쉽게 연동할 수 있습니다. 슬랙에서 제공하는 API를 활용하면 다양한 서비스와 연동하여 사용할 수 있습니다.

슬랙을 이용하면 크롤러의 상태를 알려주는 시스템을 만들 수 있고, 추가로 슬랙을 이용해서 크롤러를 동작시킬 수 있습니다.

슬랙을 연동하기 전에 슬랙을 이용해 팀을 만들어야 합니다.

2-1 슬랙 사용

슬랙을 사용하기 위해서는 팀을 만들어야 하는데, 팀이란 채팅방을 의미합니다. 하나의 팀에서 다양한 채널을 나누어 채팅도 가능합니다.

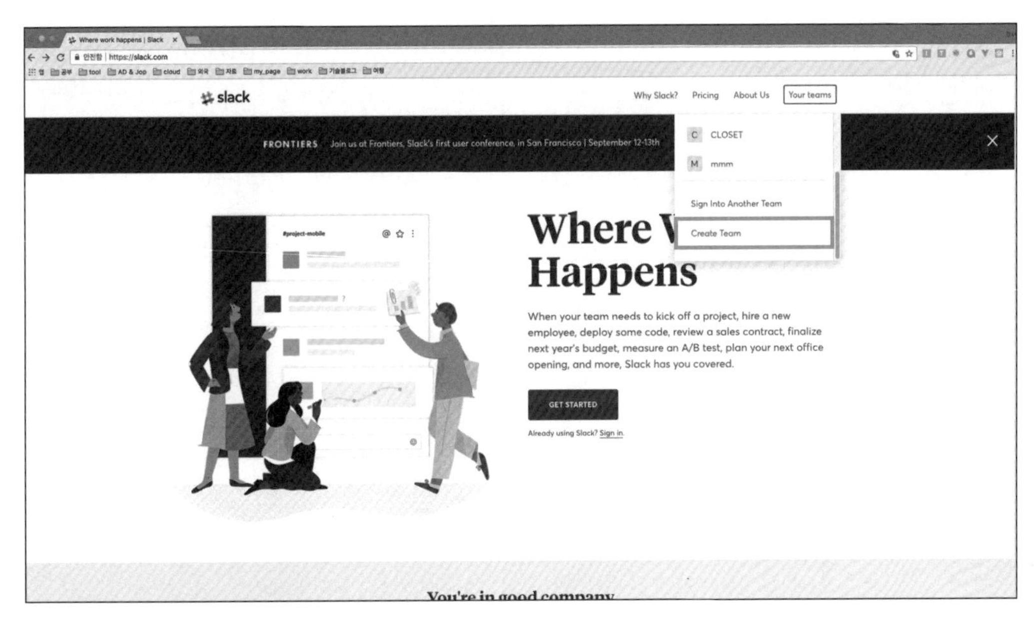

[그림 9–1] 슬랙 페이지 접속

https://slack.com에 접속하면 [그림 9–1]과 같이 페이지에 접속할 수 있습니다.

슬랙 메인 페이지에 접속한 후 오른쪽 상단에 Your teams를 클릭하고 후 Create Team을 클릭합니다.

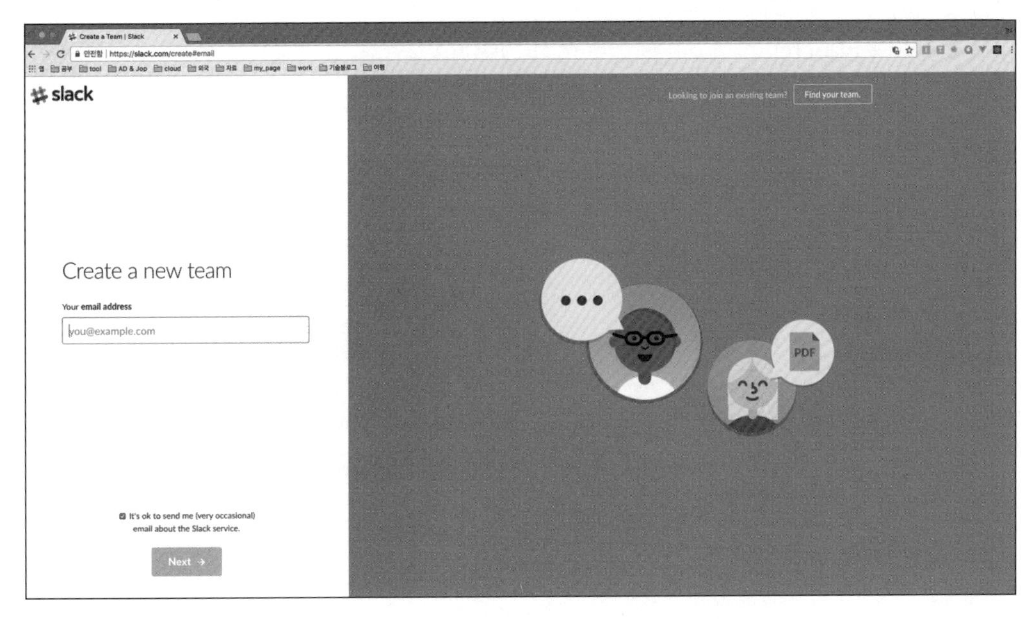

[그림 9–2] Create Team 접속

이메일을 작성한 후 인증번호를 적으라는 페이지가 나옵니다.

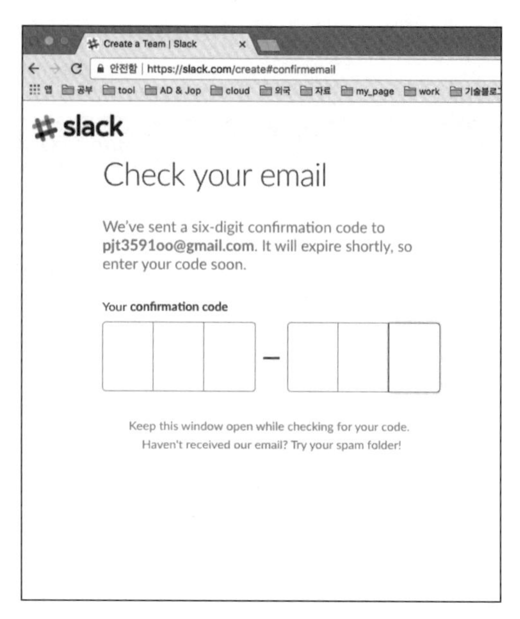

[그림 9-3] 인증번호 입력 페이지

이 부분은 실제 슬랙 내에서 사용되는 사용자 이름입니다. 전부 입력하고 [Continue to Password] 버튼을 클릭하면 패스워드를 입력하라고 나옵니다. 패스워드까지 입력을 마쳤으면 다음을 눌러줍니다.

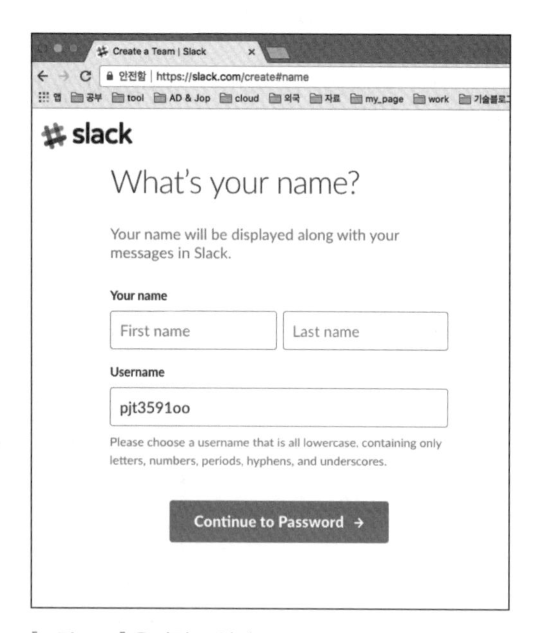

[그림 9-4] 유저정보 입력

마지막으로 슬랙의 목적을 입력하라고 나옵니다. 적당히 other를 선택하고, [Continu to Group Name] 버튼을 클릭합니다. 개인 목적에 맞도록 선택 가능한데, 이 책에서는 other를 선택하여 진행합니다.

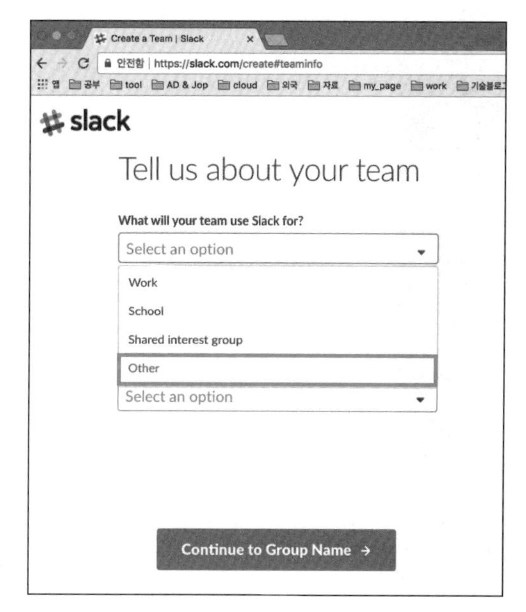

[그림 9-5] 슬랙 목적 선택

그룹 이름을 생성해야 하는데 이미 존재하면 생성되지 않습니다. 그룹 이름을 적었으면 [Continue to Team URL] 버튼을 클릭합니다. 그리고 한 번 더 버튼이 나오는데, 계속 다음 버튼을 눌러줍니다. 만약 이름이 이미 존재한다고 하면 다른 이름으로 적습니다.

필자는 python-crawler-mung로 그룹 이름을 만들었습니다.

그리고 버튼을 누르면 초대할 수 있는 페이지가 뜨는데, 아무 것도 입력하지 않고 [Send Invitations] 버튼을 클릭합니다.

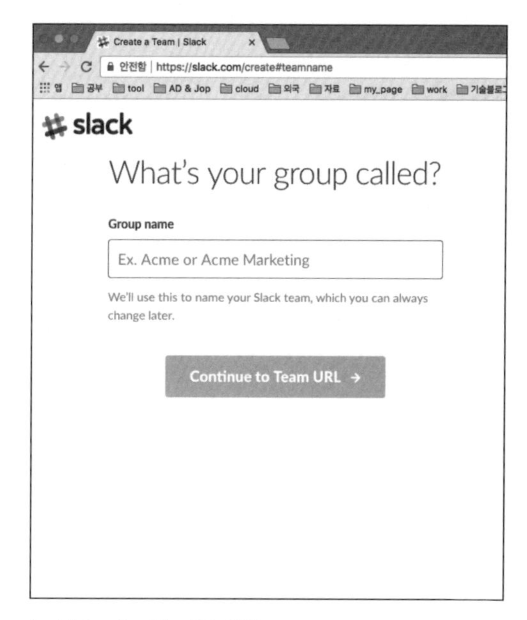

[그림 9-6] 그룹 이름 생성

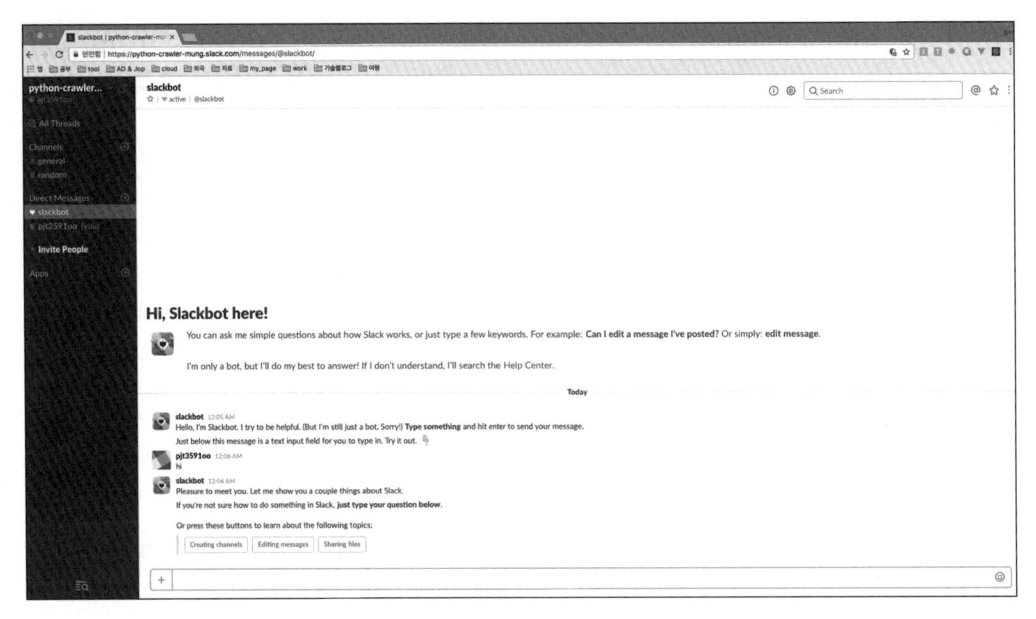

[그림 9-7] 팀 생성 완료

이제 웹에서 해당 슬랙 팀에 접속할 때 **그룹명**.slack.com으로 접속하면 됩니다.

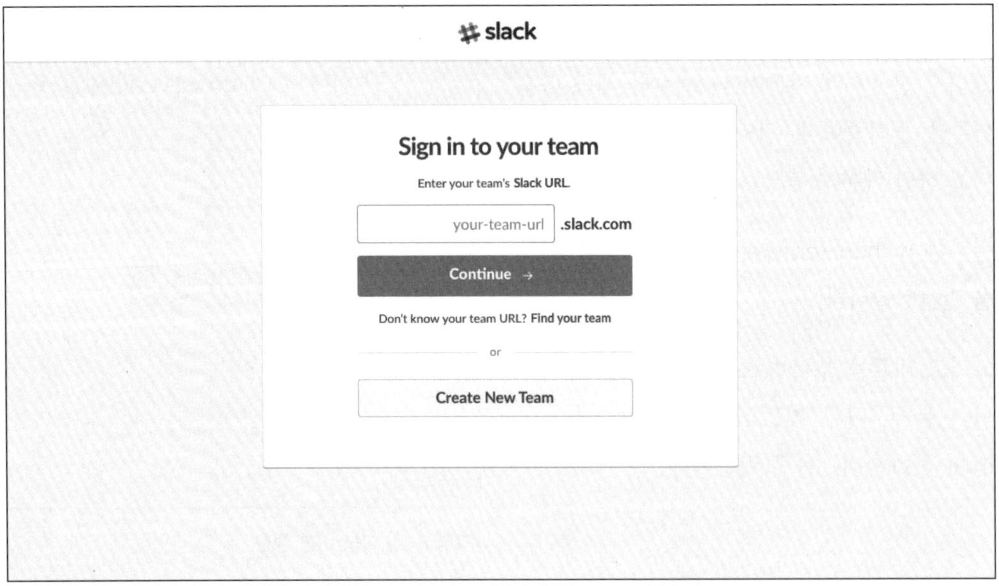

slack

Sign in to your team

Enter your team's **Slack URL**.

your-team-url .slack.com

Continue →

Don't know your team URL? **Find your team**

or

Create New Team

[그림 9-8] 응용 프로그램 실행

[그림 9-8]은 웹이 아닌 다른 프로그램에서 실행한 것입니다. 슬랙은 데스크톱 파일과 스마트폰 앱 모두 사용 가능합니다. 여기서 [그림 9-6]에서 생성한 이름을 적어주면 됩니다. 그룹 이름을 적어주면 이메일과 비밀번호를 입력하라고 나오는데 팀을 만들 때 사용했던 메일을 적어주면 됩니다.

[그림 9-9] 데스크톱 프로그램에서 접속

데스크톱 프로그램에서 접속에 성공했습니다. 좌측 Channels에서 더하기(+) 버튼을 누르면 채널을 생성할 수 있습니다.

이렇게 만든 팀을 파이썬에서 연동하기 위해서는 API TOKEN이 필요합니다.

https://api.slack.com/custom-integrations/legacy-tokens 페이지로 접속하면 토큰을 확인할 수 있습니다.

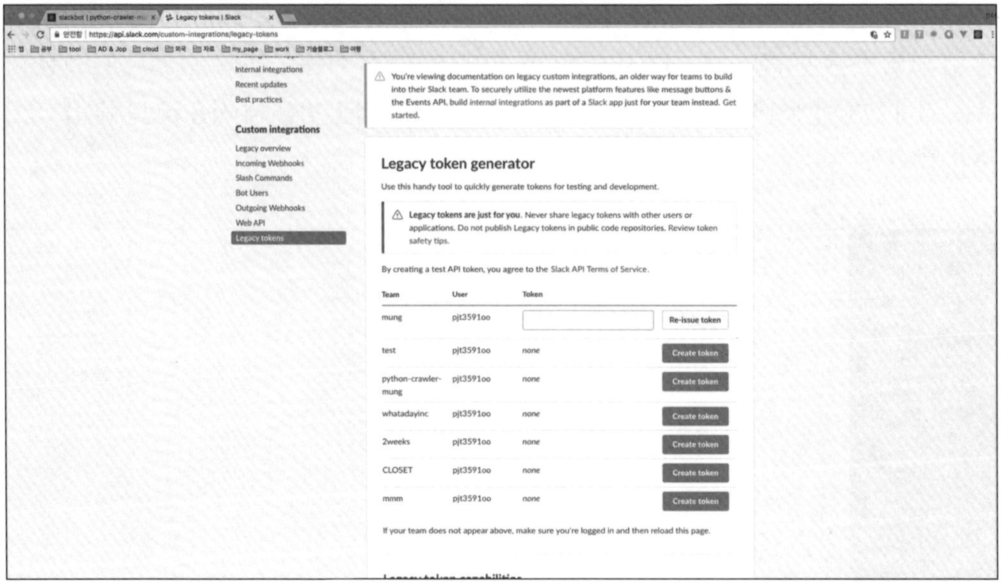

[그림 9-10] 토큰 확인

현재까지 생성되거나 팀원으로 들어가 있는 팀이 나열됩니다. [그림 9-10]에서 우측의 Create token을 누르면 토큰을 발급받을 수 있습니다. 만약 해당 토큰이 노출된 것 같다면 Re-issue token을 누르면 토큰 재발급받을 수 있습니다.

여기까지 슬랙을 연동하기 위해 팀(채팅방)을 생성하고 해당 채팅방을 사용할 수 있는 토큰 생성이 끝났습니다. 가장 중요한 것은 토큰을 만드는 과정입니다. 토큰이 있어야 슬랙을 연동해서 사용할 수 있습니다.

2-2 파이썬에서 슬랙 메시지 보내기

앞에서 발급받은 토큰을 활용하여 슬랙에 메시지를 보내보겠습니다.

코드를 작성하기 전에 pip을 이용하여 slackclient 모듈을 설치해 줍니다. slackclient는 파이썬에서 슬랙을 연동하기 위한 모듈입니다.

터미널 실행 : slackclient 설치

```
$ pip install slackclient
```

[코드 9-10] slackclent 사용 (파일명 : ./codes/ch9/9.10.py)

```
1  # 메시지 전달
2  from slackclient import SlackClient
3
4  def notification(message):
5      slack_token = '발급받은 토큰'
6      sc = SlackClient(slack_token)
7      sc.api_call(
8            "chat.postMessage",
9            channel="#general", # {#채널}의 형태로 채널 지정
10           text=message
11     )
12
13 notification('test')
```

[코드 9-10] 실행결과

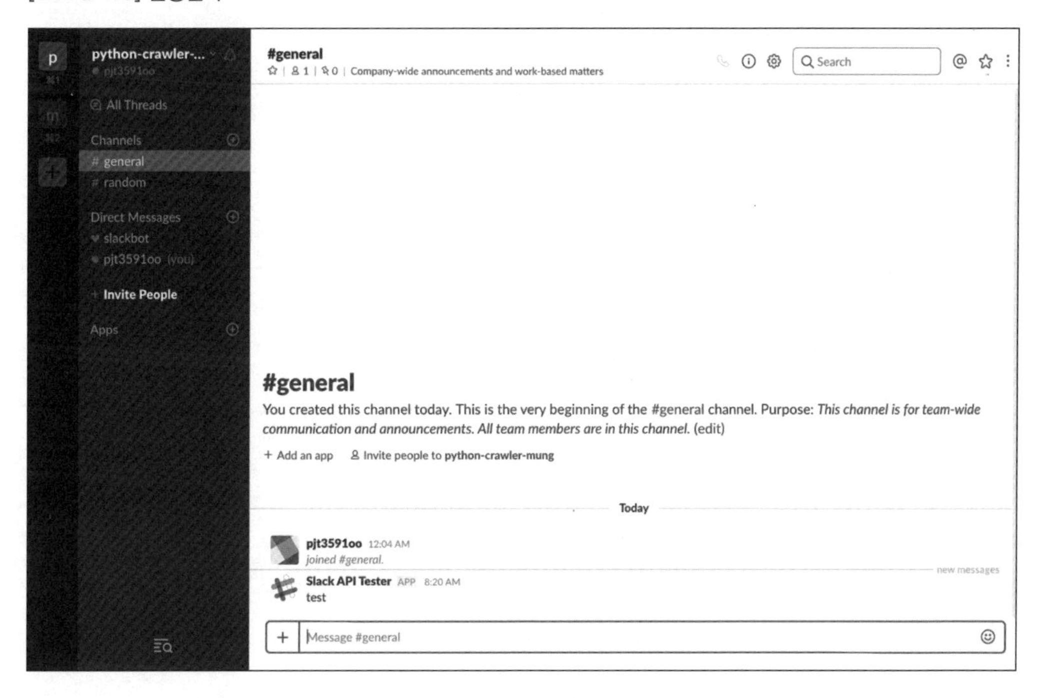

[코드 9-10]에서 **6라인**에 사이트에서 발급받은 토큰을 넣어줍니다. 해당 코드를 실행하면 general 채널에 test라는 메시지가 전송됩니다.

api_call( ) 함수를 이용하여 원하는 채널에 메시지를 전송할 수 있습니다. general 채널은 팀에 기본적으로 생성되는 채널입니다. 만약 다른 채널에 메시지를 전송하고 싶다면, 채널을 추가한 후 해당 채널 이름으로 바꿔주면 됩니다.

크롤러에서 특정 이벤트가 발생할 때 [코드 9-10]처럼 슬랙을 이용하여 알림을 받을 수 있습니다.

[코드 9-11] 크롤러와 슬랙 조합 (파일명 : ./codes/ch9/9.11.py)

```
1  import requests as rq
2  from bs4 import BeautifulSoup
3  from slackclient import SlackClient
4
5  # 메시지 전달
6  def notification(message):
7      slack_token = '발급받은 토큰'
8      sc = SlackClient(slack_token)
9      sc.api_call(
10             "chat.postMessage",
11             channel="#general",
12             text=message
13     )
14
15 base_url = 'https://pjt3591oo.github.io/'
16
17 res = rq.get(base_url)
18 soup = BeautifulSoup(res.content, 'lxml')
19
20 posts = soup.select('body main.page-content div.wrapper div.home
21 div.p')
22
23 result = []
24
25 for post in posts:
26     title = post.find('h3').text.strip( )
27     descript = post.find('h4').text.strip( )
28     author = post.find('span').text.strip( )
29     result.append(title)
30     print(title, descript, author)
31
```

```
32  notification('%d개 데이터 수집완료'%len(result))
```

[코드 9-11] 실행결과(콘솔 창)

```
[programming] [react] react 작업환경 설 react를 시작하기 전에 환경셋팅을 해보자
2017-05-20 06:29:05 +0000    |    박정태

. . . 중략 . . .

[programming] python utc를 timestamp로 바꾸는 방법 python에서 utc를
timestamp로 바꾸는 방법 2017-04-24 13:19:05 +0000    |    박정태
```

[코드 9-11] 실행결과(슬랙)

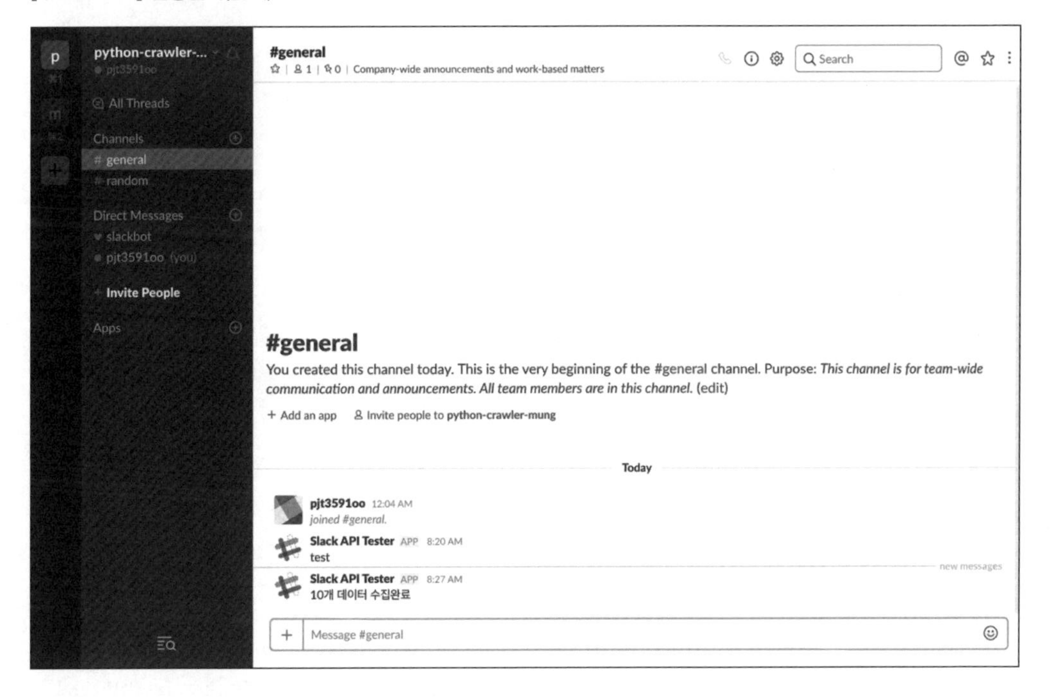

크롤러의 결과를 슬랙으로 알림을 보냈습니다. 만약 중간에 문제가 발생할 때 슬랙에 알림을 보내면 빠른 대처를 할 수 있습니다.

2-3 RTM

이번에는 슬랙에서 메시지가 발생할 때 응답하는 시스템을 만들어 보겠습니다. 이것을 RTM 서비스라고 합니다. RTM은 Real Time Messaging의 약자로 슬랙에서 발생하는 이벤트를 받는 것을 의미합니다. 슬랙은 다양한 이벤트를 발생할 수 있는데 우리는 메시지가 발생하는 이벤트에 대해 처리하겠습니다.

RTM을 이용하면 챗봇처럼 봇과 대화를 주고받을 수 있습니다.

[코드 9-12] rtm 이용하여 메시지 수신 (파일명 : ./codes/ch9/9.12.py)

```
1  # RTM
2  from slackclient import SlackClient
3  import time
4
5  slack_token = ''
6  sc = SlackClient(slack_token)
7
8  if sc.rtm_connect( ):
9      while True:
10             receive_data = sc.rtm_read( )
11             print(receive_data)
12             time.sleep(1)
13 else:
14     print ("Connection Failed")
```

[코드 9-12] 실행결과

```
[ ]
[{'type': 'hello'}]
[{'type': 'reconnect_url', 'url': 'wss://lbmulti-gcj4.lb.slack-msgs.
com/websocket/MgOOmpYnTxmPgpj3yrWKVXXp6S9qM-oGpU2LQ69LhFnSZgvLoHbFDPBI
p8UWEKDqXcLEGXGPASQPmi5CiTIX80nuRUA4Gvcw0aVcId-JaCVgqV1jVi1Ke4Fe017LB-
JbkDdRR6GQTEOKARa35R3jyfWXT70bA-KmHI_IK9Hnypk='}]
[ ]
[ ]

. . . 중략 . . .
```

```
[]
[]
```

[코드 9-12]를 실행하면 프로그램이 종료되지 않습니다. 해당 코드는 슬랙에서 특정 이벤트가 발생하기를 기다리고 있는 중입니다. 초기에 슬랙과 연결할 때 type : 'hello'와 type: 'reconnect_url'을 가져오게 됩니다. 이 부분은 파이썬과 슬랙이 연동되는 과정입니다.

해당 코드가 실행된 상태에서 슬랙에 메시지를 보내면 다음과 같이 출력됩니다.

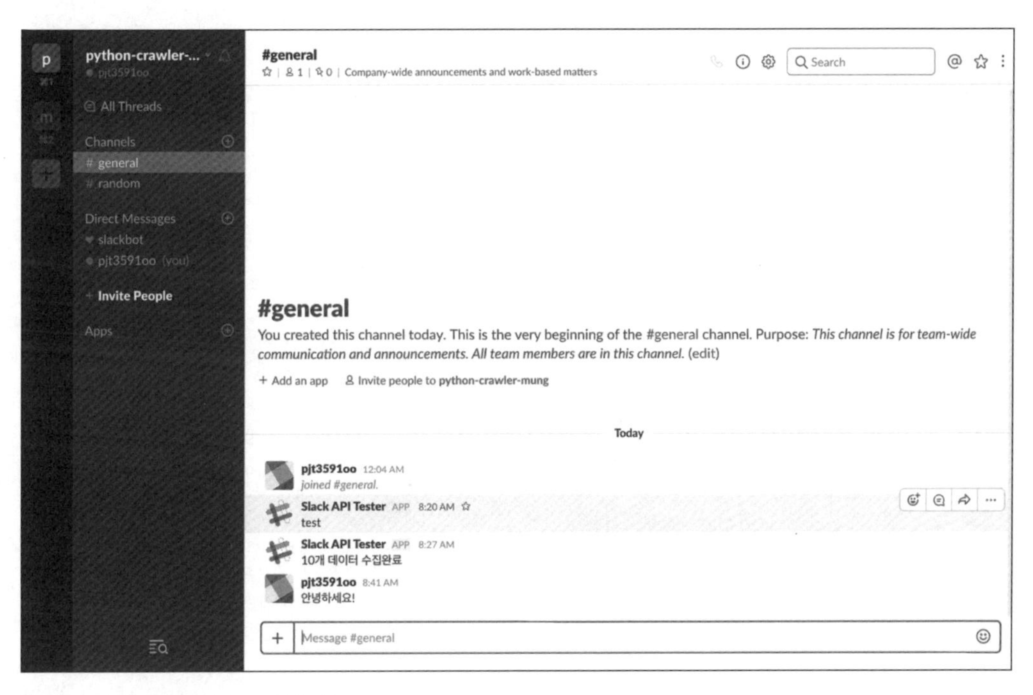

[그림 9-11] 슬랙에서 메시지 보내기

```
[{'channel': 'C6YB04QQY', 'ts': '1504741288.000095', 'user':
'U6Z0Q4VPC', 'source_team': 'T6YTWUK1R', 'team': 'T6YTWUK1R', 'type':
'message', 'text': '안녕하세요!'}]
```

[그림 9-11]처럼 메시지를 보내면 파이썬 프로그램에서 앞의 결과처럼 메시지가 출력됩니다. 평소에는 아무것도 발생하지 않았기 때문에 빈 리스트가 출력됐지만 메시지를 보내면 어느 채널에서 이벤트가 발생했고, 어떤 메시지가 포함되었는지 등 여러 정보를 알려줍니다.

슬랙에서 발생한 메시지 내용이 들어 있는 text 값을 뽑아서 그대로 응답하는 코드를 작성해 보겠습니다.

[코드 9-13] 메시지 응답하기 (파일명 : ./codes/ch9/9.13.py)

```
1  from slackclient import SlackClient
2  import time
3  
4  slack_token = '발급받은 토큰'
5  sc = SlackClient(slack_token)
6  
7  # 메시지 전달
8  def notification(message, sc):
9      sc.api_call(
10             "chat.postMessage",
11             channel="#general",
12             text=message
13     )
14 
15 # RTM
16 if sc.rtm_connect():
17     while True:
18             receive_data = sc.rtm_read()
19             if len(receive_data):
20                     keys = list(receive_data[0].keys())
21                     if 'type' in keys and 'text' in keys and 'user' in
22 keys:
23                             message = receive_data[0]['text']
24                             print(receive_data)
25                             notification(message + ' response', sc)
26 
27             time.sleep(1)
28 else:
29     print("Connection Failed")
```

[코드 9-13] 실행결과(콘솔)

```
[{'channel': 'C6YB04QQY', 'type': 'message', 'text': '안녕하세요!! 좋은 아침입니다.', 'user': 'U6Z0Q4VPC', 'reply_to': 16905, 'ts': '1504741749.000106'}]
```

[코드 9-13] 실행결과(슬랙)

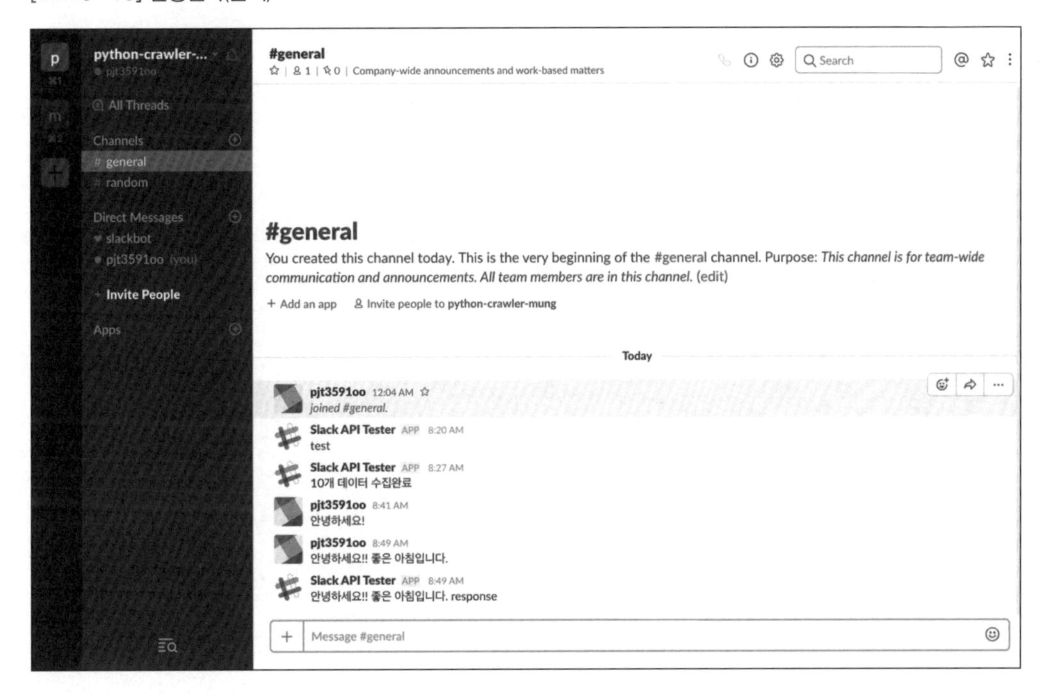

[코드 9-13]을 실행한 후 슬랙에서 메시지를 보내면 파이썬 프로그램에서 해당 메시지를 수신한 후 + response를 하여 응답하는 코드입니다.

21라인에 조건 검사를 하는 부분이 있습니다. 해당 조건을 넣지 않으면 파이썬 코드에서 응답한 메시지도 다시 수신되기 때문에 사용자가 발생한 메시지에 대해 처리하기 위해 들어 있는 조건문입니다. 해당 조건문을 좀 더 효율적으로 작성해 보겠습니다.

[코드 9-14] 개선된 코드 (파일명 : ./codes/ch9/9.14.py)

```
1  from slackclient import SlackClient
2  import time
3
4  slack_token = '발급받은 토큰'
```

```
 5  sc = SlackClient(slack_token)
 6
 7  # 메시지 전달
 8  def notification(message, sc):
 9      sc.api_call(
10          "chat.postMessage",
11          channel="#general",
12          text=message
13      )
14
15  # 유저가 보낸 메시지 인지 파이썬이 응답한 메시지인지 검사
16  def is_user(k):
17      return 'type' in k and 'text' in k and 'user' in k
18
19  def is_receive(data):
20      return len(data)
21
22  # RTM
23  if sc.rtm_connect( ):
24      while True:
25          receive_data = sc.rtm_read( )
26          if is_receive(receive_data):
27              keys = list(receive_data[0].keys( ))
28              if is_user(keys):
29                  message = receive_data[0]['text']
30                  print(receive_data)
31                  notification(message + ' response', sc)
32
33          time.sleep(1)
34  else:
35      print("Connection Failed")
```

[코드 9-14]를 실행하면 [코드 9-13]과 같게 작동합니다. 하지만 **26, 28라인** 중에서 데이터가 있는지 검사하는 부분과 사용자를 검사하는 부분을 함수로 분리하여 어떤 조건을 검사하는지 한눈에 보기 쉬워졌습니다.

RTM을 이용하면 다양한 챗봇을 만들 수 있습니다.

2-4 슬랙과 크롤러 연동

[코드 9-14]는 파이썬으로 슬랙에 연동하는 코드입니다. 해당 코드에서 크롤러가 동작하는 함수를 호출하면 슬랙과 크롤러를 연동할 수 있습니다.

[코드 9-15] 슬랙과 크롤러 연동 (파일명 : ./codes/ch9/9.15.py)

```
 1  from slackclient import SlackClient
 2  import requests as rq
 3  from bs4 import BeautifulSoup
 4  import time
 5
 6  slack_token = '발급받은 토큰'
 7  sc = SlackClient(slack_token)
 8
 9  # 메시지 전달
10  def notification(message, sc):
11      sc.api_call(
12              "chat.postMessage",
13              channel="#general",
14              text=message
15      )
16
17  # 유저가 보낸 메시지 인지 파이썬이 응답한 메시지인지 검사
18  def is_user(k):
19      return 'type' in k and 'text' in k and 'user' in k
20
21  def is_receive(data):
22      return len(data)
23
24  def crawler( ):
25      base_url = 'https://pjt3591oo.github.io/'
26
27      res = rq.get(base_url)
28      soup = BeautifulSoup(res.content, 'lxml')
29
30      posts = soup.select('body main.page-content div.wrapper div.
31  home div.p')
```

```
32
33     result = []
34
35     for post in posts:
36         title = post.find('h3').text.strip()
37         descript = post.find('h4').text.strip()
38         author = post.find('span').text.strip()
39         result.append(title)
40         print(title, descript, author)
41
42     return '\n'.join(result)
43 # RTM
44 if sc.rtm_connect():
45     while True:
46         receive_data = sc.rtm_read()
47         if is_receive(receive_data):
48             keys = list(receive_data[0].keys())
49             if is_user(keys):
50                 message = receive_data[0]['text']
51                 print(message)
52                 if message == 'crawler':
53                     d = crawler()
54                     notification(d, sc)
55
56         time.sleep(1)
57 else:
58     print("Connection Failed")
```

[코드 9-15] 실행결과(콘솔 창)

```
[programming] [react] react 작업환경 설 react를 시작하기 전에 환경셋팅을 해보자
2017-05-20 06:29:05 +0000   |   박정태

. . . 중략 . . .

[programming] python utc를 timestamp로 바꾸는 방법 python에서 utc를
timestamp로 바꾸는 방법 2017-04-24 13:19:05 +0000   |   박정태
```

[코드 9-15] 실행결과(슬랙)

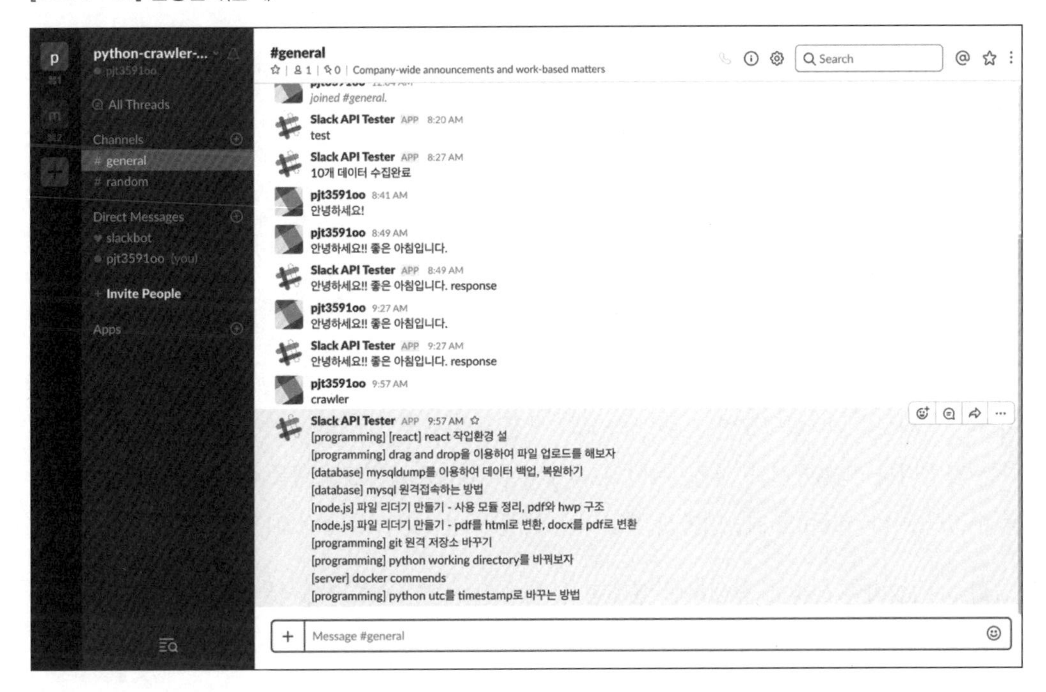

crawler라는 메시지를 받으면 크롤러가 동작하게 됩니다. 동작 후 결과를 다시 슬랙에 띄워줍니다. 슬랙을 활용하면 좀 더 멋진 크롤러를 만들 수 있습니다.

3 파일 다루기

지금까지는 데이터를 확인하고 메신저를 이용하여 모니터링하는 시스템을 만들어 보았습니다. 하지만 우리가 데이터를 수집하는 이유는 빅데이터를 활용하여 머신러닝과 같은 알고리즘을 돌리기 위해 수집하므로 수집한 데이터를 저장해야 합니다.

파이썬에서는 open( )이라고 하는 내장 모듈을 이용해 파일을 다룰 수 있고, pandas라고 하는 프레임워크를 이용하여 데이터를 다룰 수 있습니다.

3-1 CSV

우리가 가장 많이 사용하는 파일 형식 중 하나로 CSV가 있습니다. CSV는 Comma Separated Values의 약자로 콤마(,)로 값들을 분류한 데이터 형태입니다.

```
이름, 나이, 생년월일, 주소
철구, 20, 930101, 서울
짱구, 21, 930201, 경기도
맹구, 22, 930301, 강원도
훈이, 19, 930401, 경상도
```

이러한 형태로 데이터를 표현합니다. CSV의 장점은 윈도우, 맥, 리눅스에서 모두 사용 가능하다는 것입니다. **엑셀**에서도 읽을 수 있고 맥에서는 numbers 프로그램을 이용하면 표 형식으로 볼 수 있습니다. numbers는 맥에서 제공되는 엑셀과 비슷한 프로그램입니다.

[그림 9-12]처럼 CSV를 실행하면 표처럼 볼 수 있습니다. 윈도우에서는 엑셀을 이용하면 [그림 9-12]처럼 볼 수 있습니다.

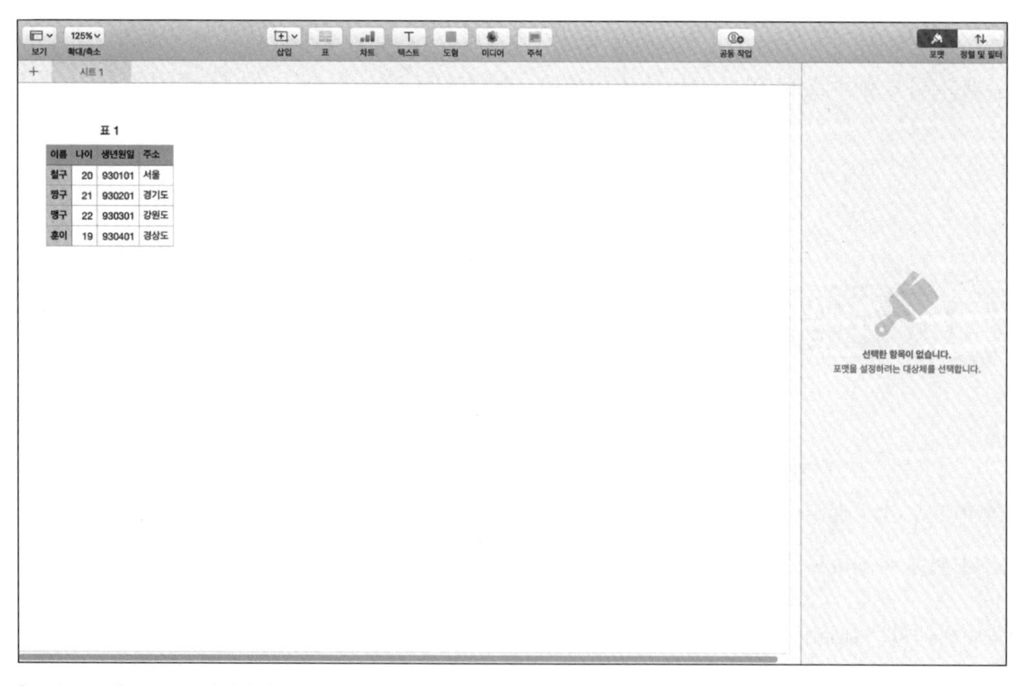

[그림 9-12] CSV를 파일에서 보기

CSV 파일의 장점은 콤마(,)로만 구분되어 있기 때문에 다른 파일보다 매우 빠르게 읽고 쓸 수 있습니다. 이제 파이썬에서 CSV 파일을 다루는 방법을 알아보겠습니다.

3-2 open( )

open은 파이썬에서 파일을 다루는 가장 간단한 내장 모듈입니다. open은 파이썬과 함께 설치되므로 추가적인 설치가 필요하지 않습니다. open을 이용하면 간단하게 파일을 읽고 쓸 수 있습니다.

[코드 9-16] 파일 생성 (파일명 : ./codes/ch9/9.16.py)

```
1  file = open('ch.9.txt', 'w')
2  file.close()
```

[코드 9-16] 실행결과

open() 함수를 이용하면 파일 생성이 가능합니다. open() 함수는 2개의 인자를 전달합니다. 첫 번째 인자는 **파일명**입니다. 두 번째 인자는 **파일 사용 모드**입니다. 여기서 사용 모드란 파일을 읽기, 쓰기, 이어쓰기 모드를 선택하는 겁니다. open() 함수로 파일을 사용할 때 세 가지 모드가 존재합니다.

- w : 파일을 쓸 때
- a : 파일을 이어 쓸 때
- r : 파일을 읽을 때

첫 번째 인자로 전달된 파일명이 존재하지 않을 때 파일 열기 모드를 w와 a를 한다면 파일을 새로 만들어 줍니다. 하지만 r 모드로 파일을 열 때 파일이 존재하지 않는다면 에러가 발생합니다.

open()으로 파일을 열고, 해당 파일을 다 사용했다면 close() 함수를 이용하여 파일을 닫아 주어야 합니다.

3-2-1 파일 모드

[코드 9-17] r 모드로 없는 파일 열기 (파일명 : ./codes/ch9/9.17.py)

```
1  file = open('ch.9.no.txt', 'r')
2  file.close( )
```

[코드 9-17] 실행결과

```
FileNotFoundError: [Errno 2] No such file or directory: 'ch.9.no.txt'
```

파일을 읽어야 하는데 파일이 없기 때문에 에러가 발생합니다. 반대로 a와 w 모드로 파일을 연다면 파일이 없기 때문에 ch.9.no.txt라는 파일을 생성합니다.

[코드 9-18] w 모드로 파일 데이터 쓰기 (파일명 : ./codes/ch9/9.18.py)

```
1  file = open('ch.9.18.txt', 'w')
2
3  for i in range(0, 5):
4      file.write(str(i) + '\n')
5
6  file.close( )
```

[코드 9-18] 실행결과(파일명 : ./codes/ch9/ch.9.18.txt)

```
0
1
2
3
4
```

write( ) 함수를 이용하여 데이터를 쓸 수 있습니다.

[코드 9-18]을 실행해도 해당 파일에는 계속 같은 데이터만 저장됩니다. w 모드로 파일을 연다면 해당 파일을 다 비웁니다. 만약 데이터를 지속해서 쌓고 싶다면 w 모드가 아니라 a 모드로 열어야 합니다.

[코드 9-19] a 모드로 파일 데이터 쓰기 (파일명 : ./codes/ch9/9.19.py)

```
1  file = open('ch.9.n.txt', 'a')
2
3  for i in range(0, 5):
4      file.write(str(i) + '\n')
5
6  file.close( )
```

[코드 9-19] 실행결과(파일명 : ./codes/ch9/ch.9.19.txt)

```
0
1
2
3
4
0
1
2
3
4
```

[코드 9-19]를 실행한 후 ch.9.19.txt 파일을 확인해보면, w 모드와 다르게 실행 횟수만큼 0부터 4까지 저장되어 있습니다.

파일에 있는 데이터를 읽어 오기 위해서는 r 모드로 파일을 열어주면 됩니다.

[코드 9-20] r 모드로 파일 열어 데이터 읽기 (파일명 : ./codes/ch9/9.20.py)

```
1  file = open('ch.9.n.txt', 'r')
2
3  lines = file.readlines( )
4
5  print(lines, type(lines))
6
7  for line in lines:
8      print(line)
9
10 file.close( )
```

파일명 : ./codes/ch9/9.20.txt

```
0
1
2
3
4
```

[코드 9-20] 실행결과

```
['0\n', '1\n', '2\n', '3\n', '4'] <class 'list'>
0

1

2

3

4
```

r 모드로 파일을 열면 redlines( ) 함수를 이용하여 파일에서 줄 단위로 리스트를 만들어 줍니다.

3-2-2 with 키워드

지금까지 open()을 세 가지 모드에 따라 사용하는 방법을 알아보았습니다. [코드 9-20]과 같은 형태로 open()을 사용하면서 close( ) 함수를 매번 작성하기 번거로웠습니다. 이것을 해결하기 위해 with 키워드를 사용합니다.

[코드 9-21] with 키워드 사용 (파일명 : ./codes/ch9/9.21.py)

```
1 with open("ch.9.21.txt", "w") as f:  #f = open("ch.9.21.txt", "w")
2     f.write("1\n")
3     f.write("2\n")
4     f.write("3\n")
```

[코드 9-21] 실행결과

with 구문 내부에서만 f를 이용해 해당 파일에 접근할 수 있습니다. with 구문이 끝나면 close()가 자동으로 호출됩니다.

open()을 이용해 CSV로 저장해 보겠습니다.

3-2-3 CSV 저장

파일을 저장할 때 콤마(,)를 사용해서 CSV 파일로 저장할 수 있습니다.

[코드 9-22] csv 파일 만들기 (파일명 : ./codes/ch9/9.22.py)

```
1  columns = ["이름", "나이", "주소"]
2
3  names = ["철구", "맹구", "짱구", "유리"]
4  ages = ["20", "21", "20", "22"]
5  address = ["경기도", "강원도", "경상도", "전라도"]
6
7  with open("ch.9.22.csv", "a") as f:
8      column = ','.join(columns) + '\n'
9      f.write(column)
10
11     for i in range(0, len(names)):
12         row = ('%s, %s, %s\n')%(names[i], ages[i], address[i])
13         f.write(row)
```

[코드 9-22] 실행결과(파일명 : ./codes/ch9/ch.9.22.py)

```
이름, 나이, 주소
철구, 20, 경기도
맹구, 21, 강원도
짱구, 20, 경상도
유리, 22, 전라도
```

join() 함수를 이용하여 리스트로 만든 컬럼을 콤마(,)를 넣어 문자열 형태로 만들어 준 뒤 저장합니다. 그리고 데이터 부분을 반복문을 돌려 저장합니다.

[코드 9-22]를 실행하고 생성된 ch.9.22.csv를 열면 [그림 9-13]처럼 저장됩니다.

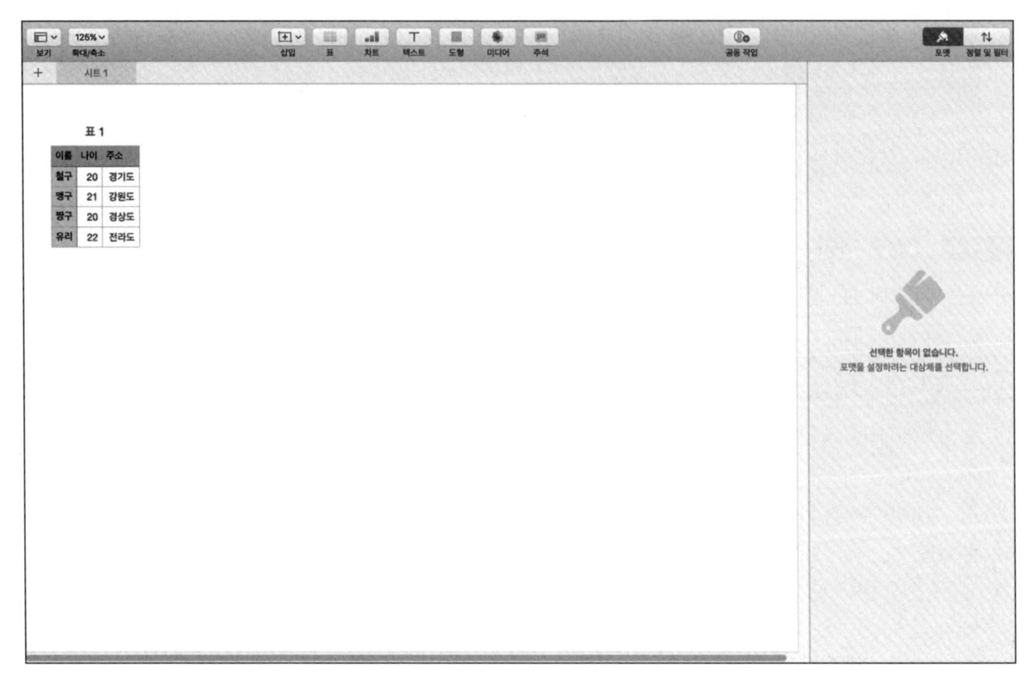

[그림 9-13] open 파일로 csv 파일 만들기

3-2-4 이미지 저장

open( )과 requests를 사용하면 이미지를 다운로드할 수 있습니다.

[코드 9-23] open 이용하여 이미지 파일 저장-① (파일명 : ./codes/ch9/9.23.py)

```
1  import requests as rq
2
3  url = 'https://avatars2.githubusercontent.com/u/12229295?v=4&s=60'
4
5  res = rq.get(url)
6
7  with open('t.png', 'wb') as f:
8      f.write(res.content)
```

[코드 9-23]을 실행하면 해당 이미지를 t.png라는 이름으로 저장하게 됩니다. wb는 바이너리 형태로 파일을 쓴다는 의미입니다. res.content는 해당 결과를 바이너리로 읽어옵니다. 결국 이미지를 바이너리 형태로 읽어 바이너리 형태로 저장하는 구조입니다.

[코드 9-24] open 이용하여 이미지 파일 저장-② (파일명 : ./codes/ch9/9.24.py)

```
1  import requests as rq
2
3  def image_download(url, file_name):
4      image_request_result = rq.get(url)
5      image = image_request_result.content
6
7      with open(file_name, 'wb') as destination:
8          destination.write(image)
9
10 url = 'https://avatars2.githubusercontent.com/u/12229295?v=4&s=60'
11
12 image_download(url, 't.png')
```

[코드 9-23]을 함수로 만들어 모듈화 시켰습니다.

open()을 이용하면 수치 데이터뿐만 아니라 이미지 데이터도 수집할 수 있습니다.

3-3 pandas

pandas는 파이썬에서 수치 데이터를 다루는 프레임워크입니다. 데이터 분석, 처리 등을 더욱 편하게 할 수 있도록 만들어진 프레임워크입니다.

pandas는 pip을 이용하여 설치해야 합니다. 만약 파이썬을 anaconda로 설치했다면 해당 모듈이 이미 설치되었기 때문에 굳이 설치하지 않아도 됩니다.

터미널 실행 : pandas 설치

```
$ pip install pandas
```

pandas를 시작하기 전에 다음과 같은 파일(./codes/ch9/test.csv)로 코드 작성을 진행하겠습니다.

3-3-1 CSV 파일 읽기

먼저 CSV 파일을 읽는 방법에 대해 알아보겠습니다.

파일명 : ./codes/ch9/test.csv

```
이름, 나이, 주소
철구1, 20, 경기도
맹구2, 21, 강원도
짱구3, 20, 경상도
유리4, 12, 전라도
철구5, 30, 경기도
맹구6, 31, 강원도
짱구7, 40, 경상도
유리8, 30, 전라도
홍길동, , 충청도
박정태, 25, 경기도
```

[코드 9-25] pandas로 csv 파일 읽기 (파일명 : ./codes/ch9/9.25.py)

```
1 import pandas as pd
2
3 df = pd.read_csv('test.csv')
4
5 print(df)
```

[코드 9-25] 실행결과

```
   이름    나이   주소
0  철구1   20    경기도
1  맹구2   21    강원도
2  짱구3   20    경상도
3  유리4   12    전라도
4  철구5   30    경기도
5  맹구6   31    강원도
6  짱구7   40    경상도
7  유리8   30    전라도
8  홍길동        충청도
9  박정태  25    경기도
```

pandas를 이용하여 CSV 파일을 읽으면 [코드 9-25]처럼 출력됩니다. pandas로 데이터를 읽으면 각 줄마다 번호(인덱스)를 부여합니다.

[코드 9-26] 앞, 뒤 데이터 잘라 사용하기 (파일명 : ./codes/ch9/9.26.py)

```
1  import pandas as pd
2
3  df = pd.read_csv('test.csv')
4
5  print('상위 데이터만 출력')
6  print(df.head( ))
7
8  print('하위 데이터만 출력')
9  print(df.tail( ))
```

[코드 9-25] 실행결과

```
상위 데이터만 출력
    이름    나이   주소
0   철구1   20    경기도
1   맹구2   21    강원도
2   짱구3   20    경상도
3   유리4   12    전라도
4   철구5   30    경기도
하위 데이터만 출력
    이름    나이   주소
5   맹구6   31    강원도
6   짱구7   40    경상도
7   유리8   30    전라도
8   홍길동        충청도
9   박정태  25    경기도
```

head( ) 함수는 상위 데이터 5개, tail( ) 함수는 하위 데이터 5개를 출력합니다. test.csv 파일은 줄 수가 얼마 없기 때문에 불편함이 없겠지만 실제 분석하는 파일의 데이터 양은 몇천 줄, 몇만 줄을 넘을 수 있기 때문에 유용하게 사용할 수 있습니다.

head( )와 tail( )을 사용할 때 숫자 인자를 넘기면 5개가 아니라 넘긴 숫자만큼 띄워줍니다. 첫 번째 인자를 넘기지 않으면 5를 기본값으로 사용합니다.

3-3-2 슬라이싱과 인덱싱

pandas로 읽어온 데이터는 슬라이싱이 가능합니다. pandas로 읽은 데이터는 컬럼 단위로 슬라이싱이 가능합니다.

[코드 9-27] 슬라이싱하기 (파일명 :9.27.py)

```
1  import pandas as pd
2
3  df = pd.read_csv('test.csv')
4
5  print(df[1:3])
```

[코드 9-27] 실행결과

```
     이름    나이   주소
1    맹구2   21    강원도
2    짱구3   20    경상도
```

pandas로 읽은 데이터도 슬라이싱이 됩니다. pandas는 컬럼 단위로도 슬라이싱이 가능한데, 이때는 ix를 이용해야 합니다.

즉, 특정 컬럼만 뽑아내는 것이 가능합니다.

[코드 9-28] ix 슬라이싱 (파일명 : ./codes/ch9/9.28.py)

```
1  import pandas as pd
2
3  df = pd.read_csv('test.csv')
4
5  print(df.ix[1:4, :2]) # .ix[로우 슬라이싱, 컬럼 슬라이싱]
```

[코드 9-28] 실행결과

```
     이름    나이
1    맹구2   21
2    짱구3   20
3    유리4   12
4    철구5   30
```

ix를 이용하면 행과 컬럼에 대해 슬라이싱을 할 수 있습니다. ix를 이용하면 슬라이싱뿐 아니라 인덱싱도 가능합니다.

[코드 9-29] 인덱싱 (파일명 : ./codes/ch9/9.29.py)

```
1  import pandas as pd
2
3  df = pd.read_csv('test.csv')
4
5  print(df.ix[:, 1])
6  print(df.ix[1, 1])
7  print(df.ix[1, 2])
```

[코드 9-29] 실행결과

```
0    20
1    21
2    20
3    12
4    30
5    31
6    40
7    30
8
9    25
Name: 나이, dtype: object
 21
 강원도
```

행은 슬라이싱을 이용하여 전체를 다 출력하고, 컬럼은 1을 인덱싱하여 두 번째 있는 나이 컬럼을 출력했습니다. df.ix[1, 1]과 df.ix[1, 2]는 각각 로우, 컬럼을 인덱싱하여 데이터를 출력합니다.

pandas가 슬라이싱만 가능한 이유는 [ ] 안에 인덱싱을 하게 되면 pandas 프레임워크는 해당 값에 대해 컬럼 단위로 접근을 하게 되기 때문입니다.

[코드 9-30] 인덱싱 시도-① (파일명 : ./codes/ch9/9.30.py)

```
1  import pandas as pd
2
3  df = pd.read_csv('test.csv')
4
5  print(df[5])
```

[코드 9-30] 실행결과

```
KeyError: 5
```

[코드 9-30]를 실행하게 되면 KeyError가 발생하는데, 그 이유는 5라는 컬럼이 없기 때문입니다. pandas에서 인덱싱을 시도하면 해당 값의 컬럼을 찾습니다.

[코드 9-31] 인덱싱 시도-② (파일명 : ./codes/ch9/9.31.py)

```
1  import pandas as pd
2
3  df = pd.read_csv('test.csv')
4
5  print(df['나이'])
6  print(df['이름'])
```

[코드 9-31] 실행결과

```
0   20.0
1   21.0
2   20.0
3   12.0
4   30.0
5   31.0
6   40.0
7   30.0
8    NaN
9   25.0
Name: 나이, dtype: float64
0   철구1
1   맹구2
```

```
2    짱구3
3    유리4
4    철구5
5    맹구6
6    짱구7
7    유리8
8    홍길동
9    박정태
Name: 이름, dtype: object
```

나이와 이름을 인덱싱했더니 나이에 대한 컬럼과 이름에 대한 컬럼만 출력되었습니다. pandas에서 인덱싱은 컬럼을 분리하여 뽑는 역할을 합니다.

마지막으로 pandas의 concat() 함수를 이용하면 데이터를 재조합하는 것이 가능합니다.

[코드 9-32] 데이터 재조합 (파일명 : ./codes/ch9/9.32.py)

```
 1 import pandas as pd
 2
 3 df = pd.read_csv('test.csv')
 4
 5 name = df['나이']
 6 age = df['이름']
 7
 8 print('axis가 1일 때')
 9 p1 = pd.concat([name, age], axis=1)
10 print(p1)
11
12 print('\naxis가 0일 때')
13 p2 = pd.concat([name, age], axis=0)
14 print(p2)
```

[코드 9-32] 실행결과

```
axis가 1일 때
      나이   이름
0     20.0  철구1
1     21.0  맹구2
```

```
2  20.0    짱구3
3  12.0    유리4
4  30.0    철구5
5  31.0    맹구6
6  40.0    짱구7
7  30.0    유리8
8  NaN     홍길동
9  25.0    박정태

axis가 0일 때
0     20
1     21
2     20
3     12
4     30
5     31
6     40
7     30
8     NaN
9     25
0     철구1
1     맹구2
2     짱구3
3     유리4
4     철구5
5     맹구6
6     짱구7
7     유리8
8     홍길동
9     박정태
dtype: object
```

인덱싱하여 특정 컬럼만 뽑은 뒤 pandas의 concat() 함수를 이용하여 다시 데이터를 만들 수 있습니다. concat() 함수는 두 번째 인자인 axis로 0과 1이 들어갈 수 있는데 1일 경우 컬럼 단위로 합치고, 0일 경우 로우로 합칩니다.

만약 뽑은 데이터가 같은 컬럼이라면 axis를 0으로 하여 로우를 늘리면 되고, 다른 컬럼이라면 axis를 1로 하여 컬럼을 늘리면 될 것입니다.

3-3-3 필터링

pandas를 이용하면 값을 필터하여 뽑아내는 것이 가능합니다.

[코드 9-33] 필터링 - ① (파일명 : ./codes/ch9/9.33.py)

```
1  import pandas as pd
2
3  df = pd.read_csv('test.csv')
4
5  print(df['나이']> 30)
```

[코드 9-33] 실행결과

```
0    False
1    False
2    False
3    False
4    False
5     True
6     True
7    False
8    False
9    False
Name: 나이, dtype: bool
```

[코드 9-33]은 나이 컬럼이 30이 넘는지 넘지 않는지 참, 거짓으로 반환됩니다. 만약 30 이상인 컬럼만 뽑고 싶다면 다음과 같이 코드를 작성합니다.

[코드 9-34] 필터링 - ② (파일명 : ./codes/ch9/9.34.py)

```
1  import pandas as pd
2
3  df = pd.read_csv('test.csv')
4
5  print(df[df['나이']> 30])
```

[코드 9-34] 실행결과

```
    이름     나이     주소
5   맹구6    31.0    강원도
6   짱구7    40.0    경상도
```

[코드 9-33]에서 참, 거짓으로 출력되는 필터로 인덱싱하면 됩니다.

만약 값이 비어 있는지 검사하기 위해서는 특수한 함수를 이용해야 합니다.

[코드 9-35] 비어있는 값 필터링 - ① (파일명 : ./codes/ch9/9.35.py)

```
1  import pandas as pd
2
3  df = pd.read_csv('test.csv')
4
5  print(df['나이'].notnull())
6  print(df[df['나이'].notnull()])
```

[코드 9-35] 실행결과

```
0     True
1     True
2     True
3     True
4     True
5     True
6     True
7     True
8    False
9     True
Name: 나이, dtype: bool
    이름     나이    주소
0   철구1    20.0   경기도
1   맹구2    21.0   강원도
2   짱구3    20.0   경상도
3   유리4    12.0   전라도
4   철구5    30.0   경기도
5   맹구6    31.0   강원도
6   짱구7    40.0   경상도
7   유리8    30.0   전라도
9   박정태   25.0   경기도
```

notnull() 함수는 값이 비어 있는지 검사합니다. notnull() 함수를 사용하지 않고 단순히 == '' 형태로 검사하면 에러가 발생합니다.

[코드 9-36] 비어있는 값 필터링 – ②(파일명 : ./codes/ch9/9.36.py)

```
1  import pandas as pd
2
3  df = pd.read_csv('test.csv')
4
5  print(df['나이']=='')
```

[코드 9-36] 실행결과

```
TypeError: invalid type comparison
```

비어있는 값을 검사할 때 =='' 로 하면 에러가 발생하기 때문에 notnull() 함수를 이용합니다.

[코드 9-37] 필터링 시 주의할 점 (파일명 : ./codes/ch9/9.37.py)

```
1  import pandas as pd
2
3  df = pd.read_csv('test.csv')
4
5  print(df['나이']==1)   # 나이는 숫자가 들어 있기 때문에 '1'로 하면 에러 발생
6  print(df['이름']==1)   # 문자형으로 저장된 컬럼은 숫자, 문자로 필터해도 에러 없음
```

[코드 9-37] 실행결과

```
0    False
1    False
2    False
3    False
4    False
5    False
6    False
7    False
8    False
9    False
Name: 나이, dtype: bool
0    False
1    False
2    False
3    False
```

```
4    False
5    False
6    False
7    False
8    False
9    False
Name: 이름, dtype: bool
```

필터링할 때 가장 주의할 점은 숫자로 이루어진 컬럼입니다. 만약 df['나이'] == '1'을 하게 되면 에러가 발생합니다. 하지만 문자열로 이루어진 이름 컬럼에서 숫자로 검사를 할 경우 에러가 발생하지 않습니다.

숫자로 이루어진 컬럼은 조금 더 신경써서 처리해줍니다.

3-3-4 DataFrame

DataFrame은 pandas에서 데이터를 관리하는 자료구조입니다. pandas가 데이터를 취급하는 하나의 방법이라고 이해하면 쉽습니다.

DataFrame은 딕셔너리와 리스트의 형태로 이루어져 있습니다. 컬럼은 딕셔너리 키, 로우는 각 키에 저장되는 리스트들입니다.

[코드 9-38] DataFrame 만들기 (파일명 : ./codes/ch9/9.38.py)

```
 1  from pandas import DataFrame
 2
 3  raw_data = {'이름': ['철구1', '맹구2', '짱구3', '유리4', '철구5', '맹구
 4  6', '짱구7', '유리8',],
 5       '나이': [20, 21, 20, 12, 30, 31, 40, 30],
 6       '주소': ['경기도', '강원도', '경상도', '전라도', '경기도', '강원도', '경
 7  상도', '전라도', ]}
 8
 9  data = DataFrame(raw_data)
10  print(data)
```

[코드 9-38] 실행결과

```
   나이  이름    주소
0  20   철구1   경기도
1  21   맹구2   강원도
2  20   짱구3   경상도
3  12   유리4   전라도
4  30   철구5   경기도
5  31   맹구6   강원도
6  40   짱구7   경상도
7  30   유리8   전라도
```

[코드 9-38]은 CSV를 읽어 출력한 것과 같은 형태로 출력됩니다. pandas는 CSV 파일을 읽고 데이터를 DataFrame으로 관리합니다.

CSV 파일을 읽고 DataFrame으로 관리되기 때문에 앞에서 CSV 파일을 조작한 방식과 [코드 9-38]처럼 DataFrame을 조작하는 방식은 같습니다.

[코드 9-39] index, column 지정 (파일명 : ./codes/ch9/9.39.py)

```
1  from pandas import DataFrame
2
3  data = {'이름': ['철구1', '맹구2', '짱구3', '유리4', '철구5', '맹구6', '짱
4  구7', '유리8',],
5       '나이': [20, 21, 20, 12, 30, 31, 40, 30],
6       '주소': ['경기도', '강원도', '경상도', '전라도', '경기도', '강원도', '경
7  상도', '전라도', ]}
8
9  data = DataFrame(data, columns=['나이','주소'], index=data['주소'])
10 print(data)
```

[코드 9-39] 실행결과

```
       나이  주소
경기도  20   경기도
강원도  21   강원도
경상도  20   경상도
전라도  12   전라도
경기도  30   경기도
```

```
강원도  31  강원도
경상도  40  경상도
전라도  30  전라도
```

DataFrame을 만들 때 column과 index를 지정할 수 있습니다. 만약 columns = ['나이']를 했다면 컬럼에 나이만 생성됩니다.

index를 넣으면 기존에 0,1,2와 같은 형태로 사용하지 않습니다. 왜 굳이 index를 넣을까요? 이유는 좀 더 편하게 사용하기 위함입니다. 만약 index를 이용하지 않고 특정 컬럼 값을 추출할 땐 다음과 같이 코드를 작성합니다.

```
print(data[data['주소'] == '경기도'])
```

하지만 특정 컬럼의 값을 인덱스로 넣어버린다면 다음과 같이 코드를 작성합니다.

```
print(data.ix['경기도'])
```

코드가 훨씬 직관적이 됐습니다. data['경기도']는 컬럼명 경기도를 뽑는 것이기 때문에 적절하지 못한 사용 방법입니다. 인덱싱할 땐 ix를 사용해야 합니다.

다음으로는 속도 차이입니다.

[코드 9-40] 인덱스 접근, 컬럼 접근 (파일명 : ./codes/ch9/9.40.py)

```
 1 from pandas import DataFrame
 2 import time
 3
 4 def test(i):
 5   print(("%d 번째 테스트")%(i))
 6
 7   names = ['철구1', '맹구2', '짱구3', '유리4', '철구5', '맹구6', '짱구7',
 8 '유리8',]
 9   ages = [20, 21, 20, 12, 30, 31, 40, 30,]
10   addresses = ['경기도', '강원도', '경상도', '전라도', '경기도', '강원도',
11 '경상도', '전라도', ]
12
```

```
13   data = {
14     '이름': [ ],
15     '나이': [ ],
16     '주소': [ ],
17   }
18
19   data_length = 1000
20
21   for i in range(0, data_length):
22     data['이름'].extend(names)
23     data['나이'].extend(ages)
24     data['주소'].extend(addresses)
25
26   data  =  DataFrame(data,  columns=['나이',  '주소',  '이름'],
27  index=data['주소'])
28
29   print(data.head(3))
30
31   start1 = time.time( )
32   new_add1 = data.ix['경기도']
33   end1 = time.time( ) - start1
34
35   start2 = time.time( )
36   new_add2 = data[data['주소'] == '경기도']
37   end2 = time.time( ) - start2
38
39   print('인덱스 검사 : %f'%(end1))
40   print('컬럼 검사 : %f'%(end2))
41
42     return {
43           'index': end1,
44           'column': end2
45     }
46
47  index_sum = 0
48  column_sum = 0
49  count = 3
50
```

```
51  for i in range(count):
52      d = test(i)
53      column_sum += d['column']
54      index_sum += d['index']
55
56
57  print('\n----- 검사결과 -----')
58  print('인덱스 검사 평균 : %s'%(index_sum/count))
59  print('컬럼 검사 평균 : %s'%(column_sum/count))
```

[코드 9-40] 실행결과

```
0 번째 테스트
      나이  주소  이름
경기도  20 경기도  철구1
강원도  21 강원도  맹구2
경상도  20 경상도  짱구3
인덱스 검사 : 0.001906
컬럼 검사 : 0.002918
1 번째 테스트
      나이  주소  이름
경기도  20 경기도  철구1
강원도  21 강원도  맹구2
경상도  20 경상도  짱구3
인덱스 검사 : 0.001006
컬럼 검사 : 0.001465
2 번째 테스트
      나이  주소  이름
경기도  20 경기도  철구1
강원도  21 강원도  맹구2
경상도  20 경상도  짱구3
인덱스 검사 : 0.000947
컬럼 검사 : 0.001544

----- 검사결과 -----
인덱스 검사 평균 : 0.0012863477071126301
컬럼 검사 평균 : 0.0019756952921549478
```

인덱스를 이용하여 접근할 때 속도가 더 빠릅니다. [코드 9-40]에서 count와 data_length를 조절하여 테스트 환경을 바꿀 수 있습니다.

3-3-5 저장

pandas를 이용하면 CSV뿐 아니라 다른 파일로도 저장할 수 있습니다. 하지만 CSV로 저장하는 방법을 알아보겠습니다.

[코드 9-41] 데이터 저장 (파일명 : ./codes/ch9/9.41.py)

```
 1 from pandas import DataFrame
 2
 3 data = {
 4     '이름': ['철구1', '맹구2', '짱구3', '유리4', '철구5', '맹구6', '짱구
 5 7', '유리8'],
 6     '나이': [20, 21, 20, 12, 30, 31, 40, 30],
 7     '주소': ['경기도', '강원도', '경상도', '전라도', '경기도', '강원도', '경
 8 상도', '전라도']
 9 }
10
11 df = DataFrame(data, columns=['나이', '주소', '이름'])
12
13 df.to_csv('9.41.csv')
```

[코드 9-41] 실행결과(파일명 : ./codes/ch9/9.41.py)

```
,나이,주소,이름
0,20,경기도,철구1
1,21,강원도,맹구2
2,20,경상도,짱구3
3,12,전라도,유리4
4,30,경기도,철구5
5,31,강원도,맹구6
6,40,경상도,짱구7
7,30,전라도,유리8
```

to_csv() 함수를 호출하면 DataFrame을 CSV로 저장합니다.

PART 10

다양한 분야에서 활용하는 파이썬

지금까지 크롤러라는 클라이언트 프로그램을 만들었습니다. 이번에는 크롤러가 요청한 서버는 어떻게 구성되고 만드는지, 크롤러를 통해 수집한 데이터는 어떻게 활용할 수 있는지 알아보겠습니다. 마지막으로 수치 데이터를 효과적으로 전달하기 위해 그래프를 만들어 보겠습니다.

- 서버
- 머신러닝
- 그래프

1 서버

파이썬에서 flask를 이용하면 서버를 만들 수 있습니다. flask는 파이썬에서 서버를 만들 수 있는 프레임워크 중 하나입니다.

터미널 실행 : Flask 설치하기

```
$ pip install Flask
```

flask를 사용하기 위해서는 pip을 이용하여 설치합니다.
flask로 간단한 서버를 만들어 보겠습니다.

[코드 10-1] 간단한 서버 (파일명 : ./codes/ch10/1/server.py)

```
 1  from flask import Flask
 2
 3  app = Flask(__name__)
 4
 5  @app.route('/')
 6  def hi():
 7      return 'Hello World!'
 8
 9  if __name__ == '__main__':
10      app.run()
```

[코드 10-1] 실행결과

```
 * Running on http://127.0.0.1:5000/ (Press CTRL+C to quit)
```

[코드 10-1]을 실행하면 Ctrl+C를 눌러 탈출하라고 합니다. 즉, 프로그램이 종료되지 않고 대기 상태이며 서버가 실행 중인 상태입니다.

추가로 해당 서버로 접속할 수 있는 주소도 띄워줍니다. 127.0.0.1은 로컬 호스트, 루프백 주소라고 하며, 해당 서버가 켜진 컴퓨터로 접속할 수 있는 IP 주소입니다. 즉, 서버가 실행되고 있는 장비의 IP로 요청하는 것을 의미합니다.

[코드 10-2] 클라이언트 (파일명 : .codes/ch10/2/client.py)

```
1 import requests as rq
2
3 url = 'http://127.0.0.1:5000'
4
5 res = rq.get(url)
6
7 print(res)
8 print(res.content)
```

[코드 10-2] 실행결과

```
<Response [200]>
b'Hello World!'
```

[코드 10-1]을 실행시켜 서버를 켜주고, [코드 10-2]를 실행합니다. 그리고 [코드 10-1]을 실행시킨 터미널을 확인해보면 다음과 같이 출력됩니다.

```
 * Running on http://127.0.0.1:5000/ (Press CTRL+C to quit)
127.0.0.1 - - [08/Sep/2017 14:49:57] "GET / HTTP/1.1" 200 -
127.0.0.1 - - [08/Sep/2017 14:50:04] "GET / HTTP/1.1" 200 -
```

[코드 10-2]처럼 해당 서버로 요청 들어온 시간과 메소드 응답 코드가 출력됩니다.

[코드 10-1]에서 @app.route('/')은 파이썬에서 데코레이터라고 하는 문법입니다. 해당 코드는 /로 요청이 들어오면 아래에 있는 hi() 함수가 호출된다고 이해하면 됩니다. 만약 @app.route('/hi')였다면 /hi로 요청이 들어오면 hi() 함수가 호출됩니다.

return은 서버에서 클라이언트에게 데이터를 응답해주는 부분입니다.

1-1 라우터 추가

라우터를 추가할 때 @app.route( )하면 됩니다.

[코드 10-3] API 추가하기 (파일명 : ./codes/ch10/3/server.py)

```
 1  from flask import Flask
 2
 3  app = Flask(__name__)
 4
 5  @app.route('/')
 6  def hi( ):
 7      return 'Hello World!'
 8
 9  @app.route('/api1')
10  def test1( ):
11      return 'test1'
12
13  @app.route('/api2')
14  def test2( ):
15      return 'test2'
16
17  if __name__ == '__main__':
18      app.run( )
```

[코드 10-4] 클라이언트 (파일명 : ./codes/ch10/3/client.py)

```
 1  import requests as rq
 2
 3  url = 'http://127.0.0.1:5000'
 4
 5  res1 = rq.get(url)
 6  res2 = rq.get(url + '/api1')
 7  res3 = rq.get(url + '/api2')
 8
 9  print(res1)
10  print(res2)
11  print(res3)
12
```

```
13  print(res1.content)
14  print(res2.content)
15  print(res3.content)
```

[코드 10-4] 실행결과(client.py)

```
<Response [200]>
<Response [200]>
<Response [200]>
b'Hello World!'
b'test1'
b'test2'
```

[코드 10-4]를 실행하기 전에 이미 켜져 있는 서버를 Ctrl+C로 꺼주고 [코드 10-3]을 실행시켜 줍니다. [코드 10-4]를 실행시키면 요청을 성공적으로 마치고 데이터를 가지고 왔습니다. [코드 10-4]는 서버에 3번의 요청을 보냅니다.

[코드 10-3]을 실행하고 터미널 창을 보면 다음과 같이 요청이 찍힙니다.

```
 * Running on http://127.0.0.1:5000/ (Press CTRL+C to quit)
127.0.0.1 - - [08/Sep/2017 15:08:30] "GET / HTTP/1.1" 200 -
127.0.0.1 - - [08/Sep/2017 15:08:30] "GET /api1 HTTP/1.1" 200 -
127.0.0.1 - - [08/Sep/2017 15:08:30] "GET /api2 HTTP/1.1" 200 -
```

3개의 요청이 200 코드로 응답한 것을 확인할 수 있습니다.

여기서 API를 /, /api1, /api2 부분을 라우팅된다고 표현합니다. 외부의 요청에 따라 특정 부분으로 연결하는 것을 라우팅이라고 합니다. 즉, 서버는 URL 상태에 따라 특정 함수를 실행합니다.

/, /api1, /api2 부분이 서버에 자원을 요청하는 의미입니다. URL에 따라 서버는 다른 함수를 사용합니다. 여기에 정의되지 않은 URL로 접근한다면 404 응답 코드가 발생합니다. 404 응답 코드는 서버에 자원이 없을 때 응답하는 코드입니다.

1-2 다양한 라우터 만들기

이번에는 GET 요청뿐 아니라 POST 요청과 같이 다양한 요청을 만들어 보겠습니다.

[코드 10-5] 다양한 메소드 생성 (파일명 : ./codes/ch10/4/server.py)

```
1  from flask import Flask, request
2
3  app = Flask(__name__)
4
5  @app.route('/', methods=['GET', 'POST'])
6  def hi():
7      print(request.method)
8      return 'Hello World!'
9
10 @app.route('/api1', methods=['GET'])
11 def test1():
12     print(request.method)
13     return 'test1'
14
15 @app.route('/api2', methods=['POST'])
16 def test2():
17     print(request.method)
18     return 'test2'
19
20 if __name__ == '__main__':
21     app.run()
```

[코드 10-6] 다양한 요청 (파일명 : ./codes/ch10/4/client.py)

```
1  import requests as rq
2
3  url = 'http://127.0.0.1:5000'
4
5  get_res1 = rq.get(url)
6  get_res2 = rq.get(url + '/api1')
7  get_res3 = rq.get(url + '/api2')
8
9  post_res1 = rq.post(url)
```

```
10  post_res2 = rq.post(url + '/api1')
11  post_res3 = rq.post(url + '/api2')
12
13  print(get_res1)
14  print(get_res2)
15  print(get_res3)
16
17  print(get_res1.content)
18  print(get_res2.content)
19  print(get_res3.content)
20
21  print(post_res1)
22  print(post_res2)
23  print(post_res3)
24
25  print(post_res1.content)
26  print(post_res2.content)
27  print(post_res3.content)
```

[코드 10-6] 실행결과(client.py)

```
<Response [200]>
<Response [200]>
<Response [405]>
b'Hello World!'
b'test1'
b'<!DOCTYPE HTML PUBLIC "-//W3C//DTD HTML 3.2 Final//EN">\n<title>405
Method Not Allowed</title>\n<h1>Method Not Allowed</h1>\n<p>The method
is not allowed for the requested URL.</p>\n'
<Response [200]>
<Response [405]>
<Response [200]>
b'Hello World!'
b'<!DOCTYPE HTML PUBLIC "-//W3C//DTD HTML 3.2 Final//EN">\n<title>405
Method Not Allowed</title>\n<h1>Method Not Allowed</h1>\n<p>The method
is not allowed for the requested URL.</p>\n'
b'test2'
```

[코드 10-5] 실행결과(server.py)

```
* Running on http://127.0.0.1:5000/ (Press CTRL+C to quit)
GET
127.0.0.1 - - [08/Sep/2017 15:29:17] "GET / HTTP/1.1" 200 -
GET
127.0.0.1 - - [08/Sep/2017 15:29:17] "GET /api1 HTTP/1.1" 200 -
127.0.0.1 - - [08/Sep/2017 15:29:17] "GET /api2 HTTP/1.1" 405 -
127.0.0.1 - - [08/Sep/2017 15:29:17] "POST / HTTP/1.1" 200 -
POST
127.0.0.1 - - [08/Sep/2017 15:29:17] "POST /api1 HTTP/1.1" 405 -
127.0.0.1 - - [08/Sep/2017 15:29:17] "POST /api2 HTTP/1.1" 200 -
POST
```

flask는 해당 API에 다른 메소드로 요청하면 405 응답 코드를 줍니다. 405 응답 코드는 해당 요청이 들어온 방법을 사용할 수 없다는 의미입니다. 이것은 잘못된 메소드로 요청했다고 이해하면 됩니다.

[코드 10-5] 서버 코드를 보면 우선 request를 import했습니다. request는 클라이언트가 요청한 정보를 가지고 오는 데 필요한 함수입니다. `request.method`를 print()로 출력하면 요청 들어온 메소드를 출력할 수 있습니다.

@app.route()를 이용해 해당 API로 어떤 메소드를 사용할지 설정할 수 있습니다. 이럴 때 methods라는 키워드를 이용하여 사용 메소드를 리스트 형태로 넣어 줍니다.

`@app.route('/', methods=['GET', 'POST'])`는 GET 요청과 POST 요청 둘 다 사용 가능하다는 의미입니다. 그렇기 때문에 [코드 10-6] 클라이언트 코드에서 해당 API로 GET 요청과 POST 요청을 보낸 후 응답 코드 200을 받은 것입니다.

1-3 데이터 사용하기

클라이언트는 URL을 통해 서버에 데이터를 요청할 수 있다고 했습니다. path에 실어 보내기, 쿼리스트링 이용하기, POST 요청일 때 body에 포함해 보낼 수 있습니다. 서버에서는 각각의 데이터를 사용할 수 있습니다.

[코드 10-7] 데이터 받기 (파일명 : ./codes/ch10/5/server.py)

```
1  from flask import Flask, request
2
3  app = Flask(__name__)
4
5  @app.route('/test/<data>', methods=['GET'])
6  def hi(data):
7      return data
8
9  @app.route('/api1', methods=['GET'])
10 def test1():
11     return request.args.get('data')
12
13 @app.route('/api2', methods=['POST'])
14 def test2():
15     return request.form['data']
16
17 if __name__ == '__main__':
18     app.run()
```

[코드 10-8] 데이터 함께 요청 (파일명 : ./codes/ch10/5/client.py)

```
1  import requests as rq
2
3  url = 'http://127.0.0.1:5000'
4
5  res1 = rq.get(url + '/test/data')
6  res2 = rq.get(url + '/api1', params={'data': 'get_data'})
7  res3 = rq.post(url + '/api2', data={'data': 'post_data'})
8
9  print(res1)
10 print(res2)
11 print(res3)
12
13 print(res1.url)
14 print(res2.url)
15 print(res3.url)
16
```

```
17  print(res1.content)
18  print(res2.content)
19  print(res3.content)
```

[코드 10-8] 실행결과(client.py)

```
<Response [200]>
<Response [200]>
<Response [200]>
http://127.0.0.1:5000/test/data
http://127.0.0.1:5000/api1?data=get_data
http://127.0.0.1:5000/api2
b'data'
b'get_data'
b'post_data'
```

[코드 10-7] 실행결과(server.py)

```
 * Running on http://127.0.0.1:5000/ (Press CTRL+C to quit)
127.0.0.1 - - [08/Sep/2017 15:47:00] "GET /test/data HTTP/1.1" 200 -
127.0.0.1 - - [08/Sep/2017 15:47:00] "GET /api1?data=get_data
HTTP/1.1" 200 -
127.0.0.1 - - [08/Sep/2017 15:47:00] "POST /api2 HTTP/1.1" 200 -
```

[코드 10-8]은 서버 URL에서 path 자리에 데이터를 실어 보내고, 쿼리스트링에 실어 보내고, POST 요청 시 body에 데이터를 실어 보내는 코드입니다.

[코드 10-7]은 클라이언트가 응답한 데이터를 그대로 반환해주는 코드입니다. `@app.route('/test/<data>', methods=['GET'])`은 /test/data로 GET 요청을 처리하는 API입니다. 여기서 data가 꺾쇠(〈 〉)로 감싸져 있는데, 이것은 해당 자리를 data라는 이름으로 사용하겠다는 의미입니다. 즉 클라이언트는 꺾쇠로 감싸져 있는 부분에 데이터를 포함하여 보냅니다. 서버에서 이 부분을 데이터로 사용하기 위해서는 〈data〉로 했기 때문에 그 다음 줄에 함수를 만들 때 data 인자를 하나 넘겨야 합니다. 만약 〈a〉라고 했으면 a로 인자를 넘기면 됩니다.

request를 이용하면 클라이언트가 요청한 데이터를 가져올 수 있습니다. 쿼리스트링은 `request.args.get('데이터')`을 이용합니다. [코드 10-8]에서 ?data=get_data로 보냈기 때문에 `request.args.get('data')`으로 해당 데이터를 사용할 수 있습니다.

request.form['데이터']은 POST 요청 시 body에 포함된 데이터를 가져올 때 사용합니다. [코드 10-8]에서 data = {'data': 'post_data'}로 보냈기 때문에 `request.form['data']`로 데이터를 가져다 쓴 것입니다. 만약 data = {'rewq' : 'some data'}로 요청을 보냈다면 request.form['rewq']로 데이터를 사용해야 합니다.

1-4 HTML 응답

지금까지는 단순히 데이터를 주고받는 과정에 대해 알아봤습니다. 우리가 크롤러를 만들 때 가장 많이 보는 형태는 HTML을 응답받는 형태였습니다.

[코드 10-9-1] HTML 응답하기 (파일명 : ./codes/ch10/9/server.py)

```
 1  from flask import Flask, request, render_template
 2
 3  app = Flask(__name__)
 4
 5  @app.route('/', methods=['GET'])
 6  def hi():
 7      return render_template('hello.html')
 8
 9  if __name__ == '__main__':
10      app.run()
```

[코드 10-9-2] HTML 코드 (파일명 : ./codes/ch10/9/templates/hello.html)

```
 1  <!DOCTYPE html>
 2  <html lang="ko">
 3  <head>
 4      <meta charset="UTF-8">
 5      <title>Title</title>
 6  </head>
 7  <body>
 8      <p>안녕하세요!</p>
 9      <p>박정태입니다!</p>
10  </body>
11  </html>
```

[코드 10-9-3] 클라이언트 (파일명 : ./codes/ch10/9/client.py)

```
1  import requests as rq
2
3  url = "http://localhost:3000"
4
5  res = rq.get(url)
6
7  print(res)
8  print(res.text)
```

[코드 10-9-3] 실행결과(클라이언트)

```
<Response [200]>
<!DOCTYPE html>
<html lang="ko">
<head>
    <meta charset="UTF-8">
    <title>Title</title>
</head>
<body>
    <p>안녕하세요!</p>
    <p>박정태입니다!</p>
</body>
</html>
```

[코드 10-9-1] 실행결과(서버)

```
 * Running on http://127.0.0.1:5000/ (Press CTRL+C to quit)
127.0.0.1 - - [08/Sep/2017 16:04:41] "GET / HTTP/1.1" 200 -
```

웹 페이지를 제공하고 싶다면 HTML 파일을 templates 디렉터리(폴더)에 만들어 줍니다. 앞의 코드에서는 hello.html 파일로 만들었습니다.

서버가 HTML 페이지를 제공하기 위해서는 flask에서 제공하는 render_template() 함수를 사용해야 합니다. `return render_template('hello.html')`을 실행하게 되면 templates 디렉터리(폴더)에서 hello.html을 찾아 클라이언트에 응답합니다.

[코드 10-9-3]을 실행하면 서버가 hello.html에 응답하는 것을 확인할 수 있습니다.

[코드 10-9-1], [코드 10-9-2]는 단순히 정적인 페이지를 제공하는 형태입니다. 하지만 동적인 형태로도 HTML을 제공할 수 있습니다.

[코드 10-10-1] 동적 페이지 제공 (파일명 : .codes/ch10/10/server.py)

```
1  from flask import Flask, request, render_template
2
3  app = Flask(__name__)
4
5  @app.route('/<data>', methods=['GET'])
6  def hi(data):
7      d = {
8              'key1': data,
9              'key2': data + '123'
10     }
11     return render_template('hello.html', name=d)
12
13 if __name__ == '__main__':
14     app.run( )
```

[코드 10-10-2] HTML 코드 (파일명 : ./codes/ch10/./ch10/10/templates/hello.html)

```
1  <!DOCTYPE html>
2  <html lang="ko">
3  <head>
4      <meta charset="UTF-8">
5      <title>Title</title>
6  </head>
7  <body>
8      <p>{{name['key1']}}</p>
9      <p>{{name['key2']}}</p>
10 </body>
11 </html>
```

[코드 10-10-3] 클라이언트 (파일명 : ./codes/ch10/./ch10/10/client.py)

```
1  import requests as rq
2
3  url = 'http://127.0.0.1:5000'
```

```
4
5 res1 = rq.get(url + '/123')
6 print(res1)
7 print(res1.text)
```

[코드 10-10-3] 실행결과(클라이언트)

```
<Response [200]>
<!DOCTYPE html>
<html lang="ko">
<head>
    <meta charset="UTF-8">
    <title>Title</title>
</head>
<body>
    <p>123</p>
    <p>123123</p>
</body>
</html>
```

[코드 10-10-1]은 클라이언트에 동적인 페이지를 제공해주는 형태입니다. 동적인 페이지를 만들기 위해서는 render_template( ) 함수에 name이라는 인자를 넘기면 됩니다. 첫 번째 인자로 전달된 hello.html 파일에서 name으로 전달된 데이터를 가져다 쓸 수 있습니다.

[코드 10-10-2]는 기존의 HTML이랑 조금 다르게 생겼습니다. 중간에 보면 {{ }} 중괄호를 두 번씩 사용해서 name을 감싸 사용하고 있습니다. 이 부분은 서버가 넘긴 데이터를 사용하는 부분입니다. name이 {'key1': 'value', 'key2': 'value'} 형태로 데이터를 받고 있기 때문에 {{name['key1']}}, {{name['key2']}} 해당 값으로 HTML을 만들어 줍니다.

[코드 10-10-1]과 [코드 10-10-2]는 클라이언트가 요청한 데이터를 활용하여 HTML을 만드는 부분입니다.

[코드 10-10-1]이 실행되면 서버에 요청한 데이터로 HTML 코드가 응답하는 것을 확인할 수 있습니다.

1-5 정적 파일 제공

정적 파일이란 JavaScript 파일이나 CSS 파일을 의미합니다. HTML 코드는 templates 디렉터리(폴더)에서 관리하지만, 정적 파일은 static 디렉터리(폴더)에서 관리합니다.

[코드 10-11-1] 정적 파일 제공 (파일명 : ./codes/ch10/11/server.py)

```
1  from flask import Flask, request, render_template
2
3  app = Flask(__name__)
4
5  @app.route('/<data>', methods=['GET'])
6  def hi(data):
7      d = {
8             'key1': data,
9             'key2': data + '123'
10     }
11     return render_template('hello.html', name=d)
12
13 if __name__ == '__main__':
14     app.run()
```

[코드 10-11-2] JavaScript 코드 (파일명 : ./codes/ch10/11/template/javascript.js)

```
1  alert('test');
```

[코드 10-11-3] HTML 코드 (파일명 : ./codes/ch10/11/templates/hello.html)

```
1  <!DOCTYPE html>
2  <html lang="ko">
3  <head>
4      <meta charset="UTF-8">
5      <title>Title</title>
6  </head>
7  <body>
8      <p>{{name['key1']}}</p>
9      <p>{{name['key2']}}</p>
10     <script type = "text/javascript" src="{{ url_for('static',
11 filename = 'javascript.js') }}" ></script>
```

```
12 </body>
13 </html>
```

[코드 10-11-4] 클라이언트 (파일명 : ./codes/ch10/11/client.py)

```
1 import requests as rq
2
3 url = 'http://127.0.0.1:5000'
4
5 res1 = rq.get(url + '/123')
6 print(res1)
7 print(res1.text)
```

[코드 10-11-4] 실행결과

```
<Response [200]>
<!DOCTYPE html>
<html lang="ko">
<head>
    <meta charset="UTF-8">
    <title>Title</title>
</head>
<body>
    <p>123</p>
    <p>123123</p>
    <script type = "text/javascript" src="/static/javascript.js" ></
script>
</body>
</html>
```

JavaScript 파일, CSS 파일을 static 디렉터리에서 관리합니다. HTML에서 JavaScript 파일이나 CSS 파일을 로드할 때 url_for() 함수를 사용합니다. 첫 번째 인자는 어느 디렉터리를 기준으로 할지가 됩니다. 다음 인자로 filename이라는 값을 이용하여 파일 이름을 넘기면 됩니다.

[코드 10-11-4]를 실행하면 JavaScript의 src 속성 값이 /static/javascript.js로 만들어진 것을 확인할 수 있습니다. 그리고 서버 모니터를 확인해 보면 다음과 같습니다.

```
127.0.0.1 - - [08/Sep/2017 16:36:29] "GET /123 HTTP/1.1" 200 -
```

실제 웹 브라우저에서 요청해 봅니다.

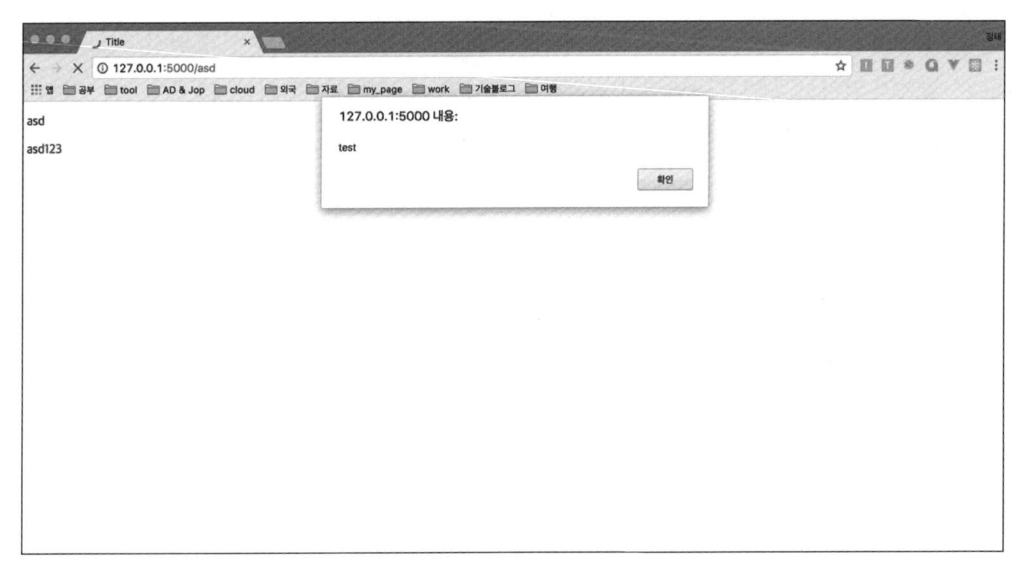

[그림 10-1] flask 서버에 요청

웹 브라우저로도 http://127.0.0.1:5000/asd로 요청하면 [그림 10-1]처럼 결과가 나타납니다. 웹 브라우저로 요청한 후 서버 화면을 보면 다음과 같이 로그가 찍힙니다.

```
127.0.0.1 - - [08/Sep/2017 16:41:38] "GET /asd HTTP/1.1" 200 -
127.0.0.1 - - [08/Sep/2017 16:41:38] "GET /static/javascript.js
HTTP/1.1" 200 -
```

/static/javascript.js를 서버에 요청합니다. requests는 HTML을 가져오고 JavaScript 처리를 하지 않기 때문에 더이상 서버에 요청을 하지 않습니다. 하지만 웹 브라우저는 JavaScript 파일을 실행하기 위해 서버에 요청하여 해당 파일을 가져옵니다.

[코드 10-11-2]는 웹 브라우저에 경고창을 띄우는 코드입니다.

지금까지 flask의 간단한 사용 방법에 대해 알아보았습니다.

2 머신러닝

scikit-learn이라고 하는 프레임워크를 이용해 파이썬을 이용하면 얼마나 쉽게 머신러닝을 사용할 수 있는지 알아보겠습니다. 머신러닝 관련 프레임워크는 몇 가지 있지만, 그 중 scikit-learn을 다룹니다. 여기서는 머신러닝을 얼마나 쉽게 사용할 수 있는지 알아보는 것이기 때문에 수학적으로 알고리즘에 접근하지 않을 것이고, 수학적인 내용은 다루지 않을 것입니다.

또한, 머신러닝을 이용하여 나타난 결과를 matplotlib 모듈을 이용하여 그래프로 출력해 보겠습니다.

2-1 머신러닝, 딥러닝 프레임워크

머신러닝과 딥러닝 프레임워크의 종류를 알아보겠습니다. 파이썬에서는 인공지능 관련 프레임워크를 많이 제공하고 있습니다.

2-1-1 머신러닝Machine Learning

머신러닝을 해석하면 **기계학습**입니다. 머신러닝이란 컴퓨터에 학습 능력을 주는 방법 중 하나입니다. 컴퓨터에 학습 능력을 주기 위해 파이썬에서 제공하는 프레임워크를 이용하면 쉽게 구현할 수 있습니다. 기계학습, 즉 머신러닝을 돌리기 위해서는 많은 데이터가 필요합니다. 이렇게 필요한 데이터는 크롤러를 활용하여 수집합니다.

머신러닝의 학습 방법은 크게 세 가지로 **교사학습, 비교사 학습, 강화학습**이 있습니다.

교사학습을 간단한 예로 들어보겠습니다. 만약 시험공부를 하는데 1시간을 공부했더니 10점, 2시간을 공부했더니 20점, 3시간을 공부했더니 30점이 나왔습니다. 만약 4시간을 공부했다면 몇점이 나왔을까요? 아마 40점일 것입니다. 이게 바로 교사학습입니다. 미리 데이터에 답을 적어 학습시킵니다. 그리고 어떤 데이터가 들어오면 학습된 데이터를 기반으로 답을 추측합니다. 다음은 교사학습의 대표적인 알고리즘입니다.

- 나이브 베이지안
- 서포트 벡터 머신

- 회귀분석
- 신경망

비교사 학습은 교사학습과 다르게 정답을 알려주지 않고 데이터만 입력합니다. 그리고 입력된 데이터의 유사도를 분석하여 그룹을 만드는 방법입니다. 다음은 비교사 학습의 대표적인 알고리즘입니다.

- K-Means
- CRARA

강화학습은 결과물의 성능을 점점 올리기 위해 사용되는 방법입니다. 대표적으로 인공지능이 게임을 하는 것을 예로 들 수 있습니다. 강화학습도 교사학습처럼 답을 알려주지 않습니다. 하지만 피드백을 주어 좋은 결과를 찾을 수 있도록 하는 방법입니다. 이것을 좀 더 고급스럽게 표현하면 특정 환경에 정의된 에이전트가 최상의 피드백을 받기 위한 선택을 하는 것입니다.

파이썬에서 제공되는 머신러닝 프레임워크는 다음과 같습니다. 파이썬에는 머신러닝을 보다 쉽고 편하게 사용할 수 있는 프레임워크가 존재합니다.

- Scikit-learn
- Apache Mahout
- SystemML
- Microsoft DMTK

2-1-2 딥러닝Deep Learning

딥러닝은 머신러닝의 분야 중 하나이며, **심층학습**이라고도 부릅니다. 주로 음성인식, 자연어 처리, 음성/신호 처리 등 다양한 분야에 적용되어 사용합니다. 고양이를 식별하는 프로그램을 예로 들어 보겠습니다. 고양이의 추상적인 개념인 선, 색상, 크기 등 다양한 요소들이 합쳐진 하나의 완성체입니다. 이러한 요소들을 그래프에 선을 긋고, 변형을 주고, 합하고 다시 변형을 주고, 다시 선을 긋고 이러한 과정을 반복하여 최적의 선을 찾는 방법입니다. 딥러닝은 데이터의 양이 많을수록 최적의 선 정확도가 올라갑니다.

파이썬에서 제공되는 딥러닝 프레임워크는 다음과 같습니다. 머신러닝처럼 다양한 프레임워크가 존재합니다.

- Theano
- TensorFlow
- Caffe
- CNTK
- Chainer
- DSSTNE
- DyNet
- Keras
- MxNet
- Paddle
- BigDL

2-2 scikit-learn 의존성 모듈 설치

다양한 머신러닝 프레임워크가 있지만 scikit-learn을 사용해 보겠습니다.

2-2-1 scikit-learn 설치

scikit-learn을 사용하기 위해서는 세 가지의 모듈이 설치되어야 합니다. 하지만 anaconda로 파이썬을 설치했다면 이미 설치되었기 때문에 설치할 필요는 없습니다.

터미널 실행 : numpy 모듈 설치

```
pip install numpy
```

터미널 실행 : pandas 모듈 설치

```
pip install pandas
```

터미널 실행 : scipy 모듈 설치

```
pip install scipy
```

터미널 실행 : scikit-learn 프레임워크 설치

```
pip install scikit-learn
```

scikit-learn은 numpy, pandas, scipy라고 하는 모듈이 설치되어야 정상적으로 작동됩니다.

2-2-2 matplotlib 설치

matplotlib 모듈은 파이썬에서 그래프를 그리고 해당 그래프를 보여주는 라이브러리로 anaconda를 설치할 때 포함되어 있고, 해당 모듈이 없을 때 pip을 이용하여 설치할 수 있습니다.

터미널 실행 : matplotlib 모듈 설치

```
pip install matplotlib
```

2-3 scikit-learn 사용해 보기

scikit-learn 프레임워크를 사용해 보겠습니다. scikit-learn을 sklearn이라 표현하겠습니다. 파이썬에서도 scikit-learn을 sklearn으로 사용하고 있습니다.

2-3-1 datasets 확인하기

sklearn에서 제공하는 데이터를 확인해 보겠습니다. 이 책에서는 sklearn에서 제공하는 데이터를 이용하여 여러 가지 머신러닝 알고리즘을 테스트합니다.

[코드 10-12] 데이터 셋 확인하기 (파일명 : ./codes/ch10/10.12.py)

```
1  from sklearn import datasets
2
3  data = datasets.load_iris( )
4
5  featureLabels = data.feature_names
6  features = data.data
7  targetLabels = data.target_names
8  target = data.target
9
10 print(featureLabels)
11 print(features)
12 print(targetLabels)
13 print(target)
```

[코드 10-12] 실행결과

```
['sepal length (cm)', 'sepal width (cm)', 'petal length (cm)', 'petal
width (cm)']

[[ 5.1  3.5  1.4  0.2]
 [ 4.9  3.   1.4  0.2]
 [ 4.7  3.2  1.3  0.2]
 . . . 중 략 . . .
 [ 6.5  3.   5.2  2. ]
 [ 6.2  3.4  5.4  2.3]
 [ 5.9  3.   5.1  1.8]]

['setosa' 'versicolor' 'virginica']

[0 0 0 0 0 0 0 0 0 0 0 0 0 0 0 0 0 0 0 0 0 0 0 0 0 0 0 0 0 0 0 0 0 0 0 0 0
 0 0 0 0 0 0 0 0 0 0 0 0 0 1 1 1 1 1 1 1 1 1 1 1 1 1 1 1 1 1 1 1 1 1 1 1 1
 1 1 1 1 1 1 1 1 1 1 1 1 1 1 1 1 1 1 1 1 1 1 1 1 1 1 2 2 2 2 2 2 2 2 2 2 2
 2 2 2 2 2 2 2 2 2 2 2 2 2 2 2 2 2 2 2 2 2 2 2 2 2 2 2 2 2 2 2 2 2 2 2 2 2
 2 2]
```

sklearn에서 제공하는 데이터 셋을 사용하기 위해 datasets을 import합니다. datasets에서 load_iris( ) 함수를 호출하면 데이터 셋을 가져올 수 있습니다.

sklearn에서 제공되는 데이터는 feature_names, data, target_names, target 속성을 이용하여 어떤 데이터인지 확인할 수 있습니다.

feature_names 속성은 데이터의 수치가 어떤 수치를 의미하는지 알려주는 것입니다. 해당 데이터는 꽃받침 길이, 꽃받침 너비, 꽃잎 길이, 꽃잎 너비로 되어 있습니다.

data 속성은 feature_names에 해당하는 실제 데이터입니다. [[첫 번째 꽃 데이터], [두 번째 꽃 데이터], [세 번째 꽃 데이터]…[마지막 꽃 데이터]]의 형식으로 데이터를 제공합니다. 첫 번째 꽃 데이터가 [5.1 3.5 1.4 0.2]처럼 되어 있는데 이것은 꽃받침 길이 5.1cm, 꽃받침 너비 3.5cm, 꽃잎 길이 1.4, 꽃잎 너비 0.2를 의미합니다.

data 속성의 경우 features[0, 2]의 형태로 데이터 접근이 가능합니다. 첫 번째 데이터의 세 번째 컬럼 값을 의미합니다.

target 속성은 data 속성이 각각 어떤 꽃인지 알려주는 답입니다. data 속성과 target 속성의 개수는 일치합니다.

target_names 속성은 target 속성이 숫자로 이루어져 있는데, 실제 숫자가 의미하는 꽃 정보입니다. ['setosa', 'versicorlor', 'virginica']는 target 속성에서 setosa – 0, versicolor – 1, virginica – 2를 의미합니다.

데이터를 의미하는 data 속성과 해당 데이터의 답인 target 속성을 사용하게 됩니다.

2-3-2 k-means

k-means는 비교사 학습 방법이며 클러스터링(군집화)하는 알고리즘입니다. 데이터를 이용하여 데이터의 군집을 만들어 줍니다.

[코드 10-13] k-means (파일명 : ./codes/ch10/10.13.py)

```
1  from sklearn.cluster import KMeans
2  from sklearn import datasets
3
4  iris = datasets.load_iris()
5  X = iris.data
6  # y = iris.target 클러스터링은 학습시킬 때 라벨을 포함시키지 않습니다.
7
8  k = KMeans(n_clusters=3)
9
10 k.fit(X)
11
12 print(X)
13 print('군집화 시킨 후 라벨')
14 print(k.labels_)
15 print('답')
16 print(iris.target)
```

[코드 10-13] 실행결과

```
[[ 5.1  3.5  1.4  0.2]
 [ 4.9  3.   1.4  0.2]
 [ 4.7  3.2  1.3  0.2]
```

```
. . . 중 략 . . .

 [ 6.5  3.   5.2  2. ]
 [ 6.2  3.4  5.4  2.3]
 [ 5.9  3.   5.1  1.8]]
군집화 시킨 후 라벨
[0 0 0 0 0 0 0 0 0 0 0 0 0 0 0 0 0 0 0 0 0 0 0 0 0 0 0 0 0 0 0 0 0 0 0 0 0
 0 0 0 0 0 0 0 0 0 0 0 0 0 1 1 2 1 1 1 1 1 1 1 1 1 1 1 1 1 1 1 1 1 1 1 1 1
 1 1 1 2 1 1 1 1 1 1 1 1 1 1 1 1 1 1 1 1 1 1 1 1 1 1 2 1 2 2 2 2 1 2 2 2 2
 2 2 1 1 2 2 2 2 1 2 1 2 1 2 2 1 1 2 2 2 2 2 1 2 2 2 2 1 2 2 2 1 2 2 2 1 2
 2 1]
원래 답
[0 0 0 0 0 0 0 0 0 0 0 0 0 0 0 0 0 0 0 0 0 0 0 0 0 0 0 0 0 0 0 0 0 0 0 0 0
 0 0 0 0 0 0 0 0 0 0 0 0 0 1 1 1 1 1 1 1 1 1 1 1 1 1 1 1 1 1 1 1 1 1 1 1 1
 1 1 1 1 1 1 1 1 1 1 1 1 1 1 1 1 1 1 1 1 1 1 1 1 1 1 2 2 2 2 2 2 2 2 2 2 2
 2 2 2 2 2 2 2 2 2 2 2 2 2 2 2 2 2 2 2 2 2 2 2 2 2 2 2 2 2 2 2 2 2 2 2 2 2
 2 2]
```

sklearn을 이용하여 k-means 알고리즘을 실행하는 코드입니다. 우선 코드의 길이가 매우 짧습니다. 이것만 봐도 파이썬으로 얼마나 쉽게 머신러닝 알고리즘을 사용할 수 있는지 알 수 있습니다.

비교사 학습은 데이터의 정답이 없는 상태에서 데이터의 유사도를 분석한 뒤 그룹을 지어주는 방법이기 때문에 target 속성을 사용하지 않고 동작합니다. 즉, 데이터만 가지고 그룹을 지어주게 됩니다.

KMeans()는 몇 개의 군집으로 나눌지 정해주어야 합니다. n_clusters=3 인자를 주어서 3개의 군집으로 나눕니다.

fit() 함수는 실제 데이터를 알고리즘에 넣어 군집화하는 것입니다.

labels_ 속성을 이용하여 알고리즘을 돌린 데이터들의 결과를 보여줍니다.

k-means 알고리즘을 돌린 후 라벨과 원래의 답을 확인해보면 거의 비슷합니다. 참고로 해당 코드는 실행할 때마다 결과가 다르게 나타날 것입니다. 해당 클러스터링을 실행할 때 단순히 데이터만 가지고 돌리기 때문에 결과의 0, 1, 2는 의미가 없습니다.

```
군집화 시킨 후 라벨
[1 1 1 1 1 1 1 1 1 1 1 1 1 1 1 1 1 1 1 1 1 1 1 1 1 1 1 1 1 1 1 1 1 1 1 1 1
 1 1 1 1 1 1 1 1 1 1 1 1 1 0 0 2 0 0 0 0 0 0 0 0 0 0 0 0 0 0 0 0 0 0 0 0 0
 0 0 0 2 0 0 0 0 0 0 0 0 0 0 0 0 0 0 0 0 0 0 0 0 0 0 2 0 2 2 2 2 0 2 2 2 2
 2 2 0 0 2 2 2 2 0 2 0 2 0 2 2 0 0 2 2 2 2 2 0 2 2 2 2 0 2 2 2 0 2 2 2 0 2
 2 0]
원래 답
[0 0 0 0 0 0 0 0 0 0 0 0 0 0 0 0 0 0 0 0 0 0 0 0 0 0 0 0 0 0 0 0 0 0 0 0 0
 0 0 0 0 0 0 0 0 0 0 0 0 0 1 1 1 1 1 1 1 1 1 1 1 1 1 1 1 1 1 1 1 1 1 1 1 1
 1 1 1 1 1 1 1 1 1 1 1 1 1 1 1 1 1 1 1 1 1 1 1 1 1 1 2 2 2 2 2 2 2 2 2 2 2
 2 2 2 2 2 2 2 2 2 2 2 2 2 2 2 2 2 2 2 2 2 2 2 2 2 2 2 2 2 2 2 2 2 2 2 2 2
 2 2]
```

실행시키다 보면 이런 식으로 결과가 나타날 때가 있습니다. 클러스터링 결과의 숫자는 해당 꽃의 종류가 아니라 그냥 첫 번째 군집, 두 번째 군집, 세 번째 군집을 의미합니다. 그렇기 때문에 비교하기 위해서는 원래의 답인 target 속성과 비슷한 패턴으로 나오는지 확인해야 합니다. 즉 target 속성을 찍었을 때 0(setosa)이 나온 위치, 1(versicolor)이 나온 위치, 2(virginica)가 나온 위치에 클러스터링 결과가 같은 숫자가 찍히고 있는지를 판단해야 합니다.

만약 n_clusters = 4, n_clusters = 5로 설정하고 클러스터링을 4개 또는 5개로 그룹을 한다고 했다면 결과 라벨이 0~3, 0~4로 나옵니다.

2-3-3 matplotlib 이용하여 결과 확인하기

matplotlib라고 하는 라이브러리를 확인하여 k-means의 결과와 기존 데이터의 결과를 비교해 보겠습니다.

[코드 10-14] k-means 결과 그래프 그리기 (파일명 : ./codes/ch10/10.14.py)

```
1  from sklearn.cluster import KMeans
2  from sklearn import datasets
3  import matplotlib.pyplot as plt
4
5  iris = datasets.load_iris( )
6  X = iris.data
7  y = iris.target
8
```

```
 9 k = KMeans(n_clusters=3)
10
11 k.fit(X)
12
13 for target_name_index in range(len(iris.target_names)):
14     if target_name_index == 0:
15         c = 'r'
16         marker = '>'
17     elif target_name_index == 1:
18         c = 'g'
19         marker = 'o'
20     elif target_name_index == 2:
21         c = 'b'
22         marker = 'x'
23
24     plt.figure('k-means 결과')
25     plt.scatter(X[k.labels_ == target_name_index, 0],
26                 X[k.labels_ == target_name_index, 1],
27                 marker=marker,
28                 c=c)
29
30     plt.figure('원래 답')
31     plt.scatter(X[y == target_name_index, 0],
32                 X[y == target_name_index, 1],
33                 marker=marker,
34                 c=c)
35
36 plt.show()
```

[코드 10-14]는 matplotlib를 이용하여 각각의 결과를 그래프로 그려주는 코드입니다. 앞에서 설명했듯이 라벨이 중요하지 않기 때문에 좌, 우측의 그래프 모양이 아니라 비슷한 패턴으로 찍혔다는 것이 중요합니다. 실행할 때마다 클러스터링 결과의 라벨이 다른 값으로 찍히기 때문에 그래프도 실행할 때마다 각 좌표의 모양이 다르게 찍히게 됩니다.

[코드 10-14] 실행결과

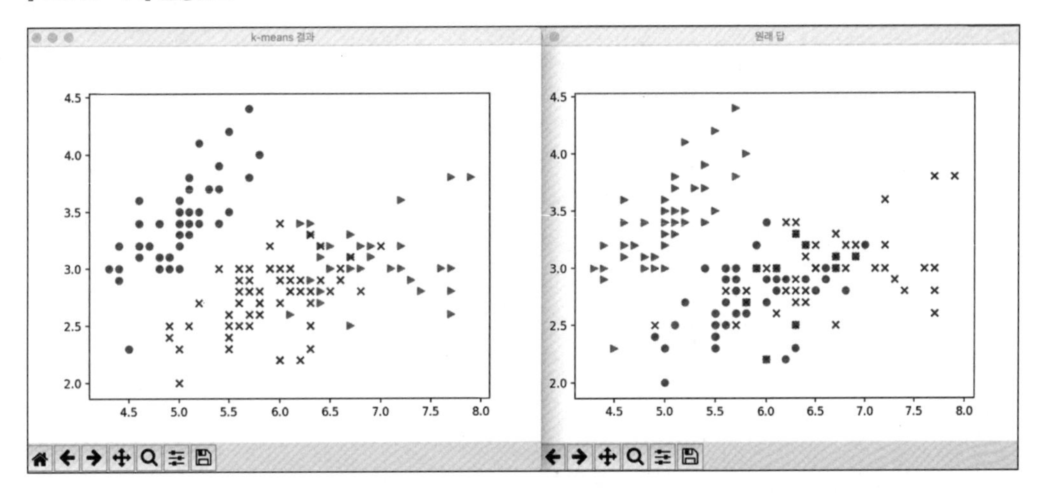

정확한 그래프를 그리기 위해서는 데이터가 네 가지 컬럼이 있기 때문에 4차원 그래프로 그려야 합니다. 하지만 4차원 그래프는 그릴 수 없기 때문에 0, 1번 컬럼만 가지고 2차원 그래프로 그렸습니다.

라벨 개수만큼 그래프에 좌표를 찍어줍니다.

- X[k.labels_ == 0, 1]
- X[k.labels_ == 1, 1]
- X[k.labels_ == 2, 1]

해당 코드가 의미하는 것은 X 데이터에서 1열을 뽑는 코드입니다. 하지만 1열 전체를 다 뽑는 것이 아니라 k.labels_와 비교하여 0, 1, 2에 해당하는 것만 뽑습니다. 한 라벨씩만 뽑아 그래프를 그려줍니다.

그래프를 그릴 때 다른 속성을 가지고 그리고 싶다면 X[k.labels_ == 0, 숫자] 숫자 부분을 다른 값으로 변경하면 됩니다. 해당 데이터에서는 속성이 4개 있기 때문에 0~ 3의 숫자를 넣으면 됩니다.

c와 marker를 이용하여 좌표의 색상과 표시를 다르게 띄울 수 있습니다.

[코드 10-15] 그래프에 그려지는 값 확인하기 (파일명 : ./codes/ch10/10.15.py)

```
1  from sklearn.cluster import KMeans
2  from sklearn import datasets
3
4  iris = datasets.load_iris( )
5  X = iris.data
6  y = iris.target
7
8  k = KMeans(n_clusters=3)
9
10 k.fit(X)
11
12 print(X)
13
14 print(X[k.labels_ == 0, 1])
15 print(X[k.labels_ == 1, 1])
16 print(X[k.labels_ == 2, 1])
```

[코드 10-15] 실행결과

```
[[ 5.1  3.5  1.4  0.2]
 [ 4.9  3.   1.4  0.2]
 [ 4.7  3.2  1.3  0.2]

 . . . 중략 . . .

 [ 6.5  3.   5.2  2. ]
 [ 6.2  3.4  5.4  2.3]
 [ 5.9  3.   5.1  1.8]]

데이터에서 라벨이 0을 가지는 두 번째 컬름들
[ 3.5  3.   3.2  3.1  3.6  3.9  3.4  3.4  2.9  3.1  3.7  3.4  3.   3.   4.
  4.4  3.9  3.5  3.8  3.8  3.4  3.7  3.6  3.3  3.4  3.   3.4  3.5  3.4  3.2
  3.1  3.4  4.1  4.2  3.1  3.2  3.5  3.1  3.   3.4  3.5  2.3  3.2  3.5  3.8
  3.   3.8  3.2  3.7  3.3]

데이터에서 라벨이 1을 가지는 두 번째 컬름들
[ 3.2  3.2  2.3  2.8  2.8  3.3  2.4  2.9  2.7  2.   3.   2.2  2.9  2.9  3.1
```

```
 3.   2.7  2.2  2.5  3.2  2.8  2.5  2.8  2.9  3.   2.8  2.9  2.6  2.4  2.4
 2.7  2.7  3.   3.4  3.1  2.3  3.   2.5  2.6  3.   2.6  2.3  2.7  3.   2.9
 2.9  2.5  2.8  2.7  2.5  2.5  2.8  2.2  2.8  2.7  2.8  3.   2.8  3.   2.7
 2.5  3. ]

데이터에서 라벨이 2을 가지는 두 번째 컬름들
[ 3.1  3.   3.3  3.   2.9  3.   3.   2.9  2.5  3.6  3.2  2.7  3.   3.2  3.
 3.8  2.6  3.2  2.8  3.3  3.2  2.8  3.   2.8  3.8  2.8  2.6  3.   3.4  3.1
 3.1  3.1  3.1  3.2  3.3  3.   3.   3.4]
```

필요한 컬럼과, 라벨에 따라 새로운 리스트를 만들어 주게 됩니다.

이렇게 생성된 새로운 리스트를 matplotlib에 넣으면 그래프로 그려줍니다. x축 좌표들과 y축 좌표들을 넣어주게 되면 x, y에 대한 그래프로 그려주게 됩니다.

2-3-4 SVM

SVM은 교사학습 방법의 하나이며, 분류와 회귀분석을 위해 사용합니다.

[코드 10-16] SVM 사용 (파일명 : ./codes/ch10/10.16.py)

```
1  from sklearn import svm
2  from sklearn import datasets
3
4  clf = svm.SVC( )
5  iris = datasets.load_iris( )
6
7  X = iris.data
8  y = iris.target
9
10 clf.fit(X, y)
11
12 result = clf.predict([[ 6.9, 3.1, 5.4, 2.1]])
13 print(result[0], iris.target_names[result[[0]]])
```

[코드 10-16] 실행결과

```
2 ['virginica']
```

교사학습은 데이터를 먼저 학습시킨 후 데이터를 넣으면 그 데이터가 어떤 데이터인지 답을 알려줍니다. fit()을 이용하여 학습한 후 predict()를 이용하여 예측합니다.

꽃받침 길이 6.9, 너비 3.1, 꽃잎 길이 5.4, 너비 2.1인 꽃은 virginica라고 답을 알려줍니다.

우리는 해당 알고리즘의 정확도를 측정할 수 있습니다. sklearn 프레임워크는 데이터를 테스트 데이터와 학습 데이터로 분리하여 정답률을 구할 수 있습니다.

[코드 10-17] 데이터 분리 (파일명 : ./codes/ch10/10.17.py)

```
 1  from sklearn import svm, metrics
 2  from sklearn import datasets
 3  from sklearn.model_selection import train_test_split
 4
 5  clf = svm.SVC( )
 6  iris = datasets.load_iris( )
 7
 8  X = iris.data
 9  y = iris.target
10
11  # 기존 데이터를 훈련 데이터와 테스트 데이터로 분리
12  X_train, X_test, y_train, y_test = train_test_split(X, y)
13
14  # 훈련 데이터를 학습
15  clf.fit(X_train, y_train)
16
17  # 테스트 데이터 예측
18  predict_result = clf.predict(X_test)
19
20  # 테스트 데이터와 예측된 데이터 라벨 비교
21  score = metrics.accuracy_score(y_test, predict_result)
22  report = metrics.classification_report(y_test, predict_result)
23
24  print('정답률 : ', score)
25  print('보고서 : ', report)
```

[코드 10-17] 실행결과

```
정답률 :   0.921052631579
보고서 :                    precision    recall  f1-score  support


          0         1.00       1.00       1.00         13
          1         0.82       0.90       0.86         10
          2         0.93       0.87       0.90         15

avg / total       0.92       0.92       0.92         38
```

sklearn에서 train_test_spllit()을 이용하여 훈련 데이터와 테스트 데이터로 쉽게 분리할 수 있습니다. metrics는 테스트 데이터와 예측 결과를 비교하여 정답률과 보고서를 만들어주는 기능을 제공합니다.

[코드10-18] 훈련 데이터, 테스트 데이터 분리 (파일명 : ./codes/ch10/10.18.py)

```
 1 from sklearn.model_selection import train_test_split
 2 data = [[1,2], [2,3],[4,5], [1,2], [2,3],[4,5], [1,2], [2,3],[4,5],
 3 [1,2], [2,3],[4,5], [1,2], [2,3],[4,5]]
 4 label = [1,2,3,4,5,6,7,8,9,10, 11,12, 13, 14, 15]
 5
 6
 7 test_count = 3
 8
 9 for i in range(test_count):
10     print('\n%d 번째 데이터 분리'%(i))
11
12     X_train, X_test, y_train, y_test = train_test_split(data,
13 label)
14
15     print('훈련 데이터 : ', X_train)
16     print('훈련 데이터 라벨 : ',X_test)
17     print('테스트 데이터 : ',y_train)
18     print('테스트 데이터 라벨 : ',y_test)
```

[코드 10-18] 실행결과

```
0 번째 데이터 분리
훈련 데이터 :  [[4, 5], [1, 2], [2, 3], [4, 5], [2, 3], [2, 3], [4, 5], [1,
2], [1, 2], [1, 2], [4, 5]]
훈련 데이터 라벨 :  [[1, 2], [2, 3], [4, 5], [2, 3]]
테스트 데이터 :  [6, 10, 5, 9, 14, 2, 15, 4, 7, 1, 12]
테스트 데이터 라벨 :  [13, 11, 3, 8]

1 번째 데이터 분리
훈련 데이터 :  [[1, 2], [1, 2], [2, 3], [2, 3], [1, 2], [2, 3], [4, 5], [4,
5], [1, 2], [2, 3], [4, 5]]
훈련 데이터 라벨 :  [[2, 3], [4, 5], [4, 5], [1, 2]]
테스트 데이터 :  [7, 10, 8, 14, 13, 11, 12, 15, 4, 2, 3]
테스트 데이터 라벨 :  [5, 6, 9, 1]

2 번째 데이터 분리
훈련 데이터 :  [[2, 3], [1, 2], [1, 2], [4, 5], [4, 5], [1, 2], [1, 2], [2,
3], [2, 3], [4, 5], [2, 3]]
훈련 데이터 라벨 :  [[4, 5], [2, 3], [1, 2], [4, 5]]
테스트 데이터 :  [2, 7, 1, 9, 3, 4, 10, 14, 5, 6, 8]
테스트 데이터 라벨 :  [12, 11, 13, 15]
```

train_test_split() 함수를 이용하면 데이터 셋을 훈련용과 테스트용으로 쉽게 나눌 수 있습니다.

2-4 정리

실제 머신러닝의 알고리즘은 쉬운 수학적인 개념부터 복잡하고 어려운 수학적인 내용을 다룹니다.

파이썬에서 제공하는 머신러닝 프레임워크를 이용하여 교사 학습의 SVM, 비교사 학습의 K-Means 알고리즘을 다루어 보았습니다. 또한, 해당 결과를 그래프를 통해 알아보았습니다.

우리가 파이썬을 사용하면 실제로는 복잡하게 구현해야 하지만 코드 몇 줄만 가지고 쉽게 사용할 수 있습니다. 또한, 테스트를 통해 해당 알고리즘의 정확도를 편하게 확인할 수 있습니다.

3 그래프 그려보기

머신러닝을 다루면서 그래프를 그려 보았습니다. 파이썬에서는 그래프를 그리는 라이브러리로 matplotlib를 사용합니다. 선을 이용한 그래프, 좌표를 찍어주는 그래프, 막대를 이용한 그래프, 원형 그래프 등 여러 그래프를 그릴 수 있습니다.

3-1 선을 이용한그래프

선을 이용한 그래프를 그릴 때 plot( ) 함수를 이용합니다.

[코드 10-19] 선을 이용한 그래프 - ① (파일명 : ./codes/ch10/10.19.py)

```
1  import matplotlib.pyplot as plt
2
3  data = [1,2,3,4,3,2,1]
4
5  plt.figure('그래프 이름')
6  plt.plot(data)
7  plt.show( )
```

[코드 10-19] 실행결과

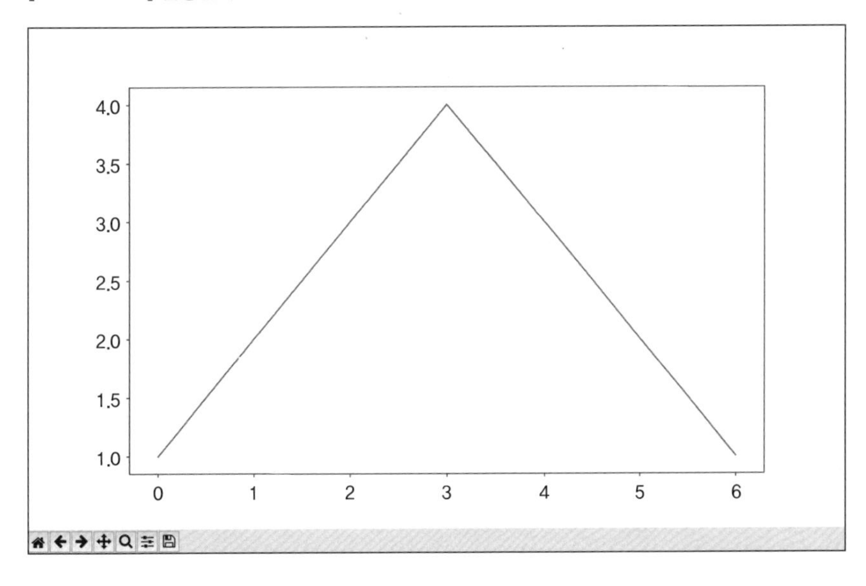

matplotlib.pyplot를 as를 이용하여 plt로 사용합니다. figure( ) 함수는 그래프의 이름을 설정할 수 있습니다.

다음으로는 그래프를 그려주는 부분입니다. plot( ) 함수를 이용하면 선을 이용하여 그래프를 그릴 수 있습니다. 이 부분을 바꿔가면서 막대 차트, 원형 차트, 좌표 그래프로 사용할 수 있습니다.

show( ) 함수는 그래프를 띄워주는 부분입니다. plot( ) 함수는 인자 하나만 들어갈 경우 x축을 자동으로 생성하면서 y축 값만 넣게 됩니다. 하지만 plot( ) 함수는 x 인자와 y 인자 모두 넣을 수 있습니다.

[코드 10-20] 선을 이용한 그래프-② (파일명 : ./codes/ch10/10.20.py)

```
1  import matplotlib.pyplot as plt
2
3  x = [10, 20, 30, 40, 50, 60, 70]
4  y = [1,2,3,4,3,2,1]
5
6  plt.figure('그래프 이름')
7  plt.plot(x, y)
8  plt.show( )
```

[코드 10-20] 실행결과

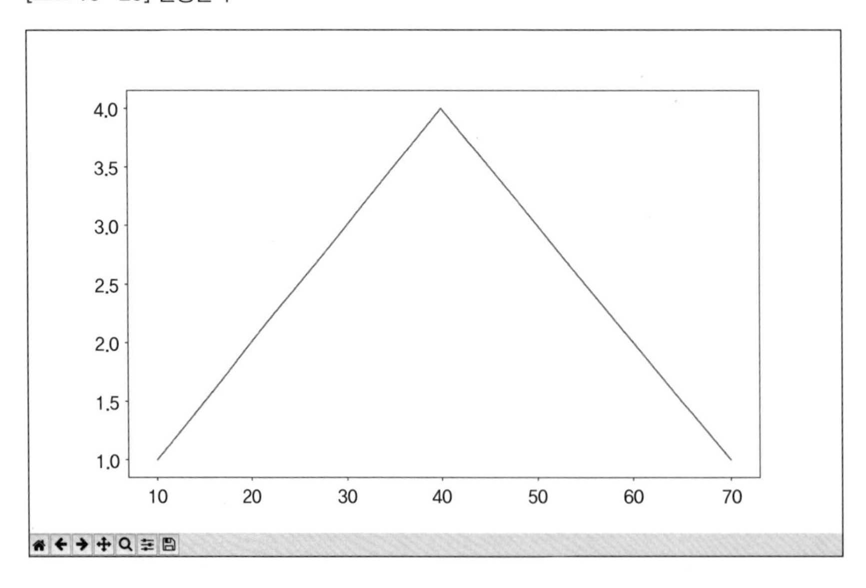

2개의 인자로 x축과 y축 모두 설정 가능합니다. 이렇게 x, y축 데이터를 넣을 경우 각각의 데이터 개수가 같아야 합니다.

[코드 10-21] x, y 데이터의 개수가 다를 경우 (파일명 : ./codes/ch10/10.21.py)

```
1  import matplotlib.pyplot as plt
2
3  x = [10, 20, 30, 40, 50, 60]
4  y = [1,2,3,4,3,2,1]
5
6  plt.figure('그래프 이름')
7  plt.plot(x, y)
8  plt.show( )
```

[코드 10-21] 실행결과

```
ValueError: x and y must have same first dimension, but have shapes (6,)
and (7,)
```

[코드 10-21]을 실행하면 두 개의 인자가 다른 모양이라고 메시지를 띄워줍니다. 모양이라는 것은 각 데이터의 길이입니다. 데이터의 길이가 맞지 않으면 그래프를 그릴 수 없게 됩니다.

[코드 10-22] 삼각함수 그래프 그리기 (파일명 : ./codes/ch10/10.22.py)

```
1  import matplotlib.pyplot as plt
2  import numpy as np
3
4  time = np.arange(0, 10, 0.01)
5  y = np.sin(time)
6
7  plt.figure('sin 그래프')
8  plt.plot(time, y)
9  plt.show( )
```

[코드 10-22] 실행결과

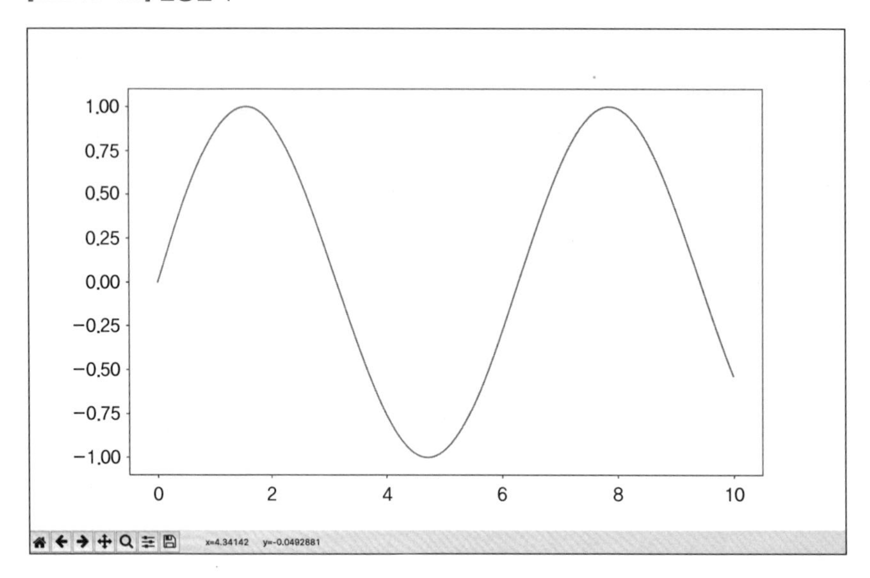

numpy를 이용하면 삼각함수의 sin 함수를 구현할 수 있습니다.

[코드 10-23] sin, cos 그래프 비교하기 (파일명 : ./codes/ch10/10.23.py)

```
 1  import matplotlib.pyplot as plt
 2  import numpy as np
 3
 4  time = np.arange(0, 10, 0.01)
 5  sin_y = np.sin(time)
 6  cos_y = np.cos(time)
 7
 8  plt.figure('sin, cos 그래프')
 9  plt.plot(time, sin_y)
10  plt.plot(time, cos_y)
11  plt.show( )
```

[코드 10-23] 실행결과

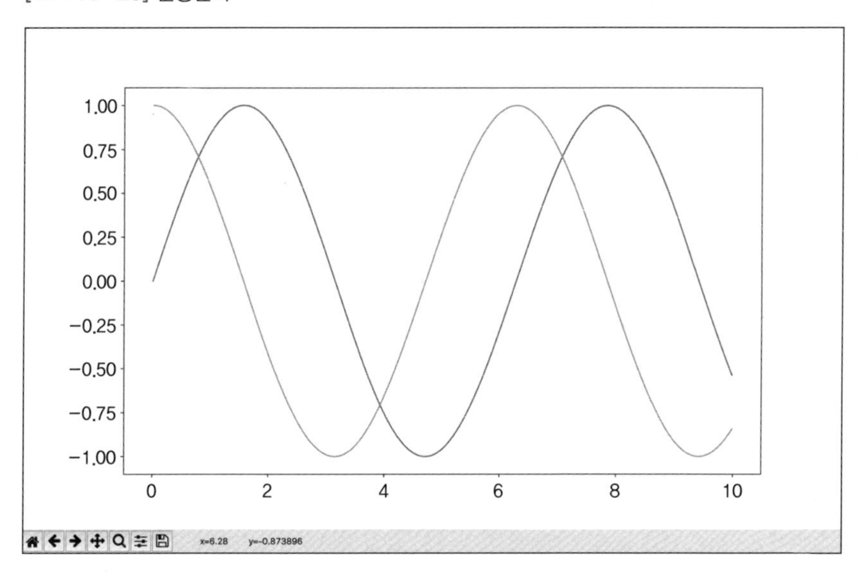

cos 함수와 sin 함수를 그려 보았습니다. 해당 그래프가 0부터 있고 해당 함수에 아무런 연산을 하지 않았기 때문에 각각 sin, cos 그래프인 것을 알 수 있습니다. 하지만 각각의 그래프 색상이 어떤 그래프인지 라벨을 달아주면 효과적으로 정보를 전달할 수 있습니다.

[코드 10-24] 그래프에 라벨 달기 (파일명 : ./codes/ch10/10.24.py)

```
 1  import matplotlib.pyplot as plt
 2  import numpy as np
 3
 4  time = np.arange(0, 10, 0.01)
 5  sin_y = np.sin(time)
 6  cos_y = np.cos(time)
 7
 8  plt.figure('sin, cos 그래프')
 9
10  plt.plot(time, sin_y, label='sin') # label 인자로 범례설정
11  plt.plot(time, cos_y, label='cos') # label 인자로 범례설정
12
13  plt.legend( ) # 범례
14
15  plt.xlabel('time') # x축
```

```
16  plt.ylabel('value') # y축
17  plt.title('sin, cos Graph') # 그래프 이름
18
19  plt.grid( ) # 그리드 설정
20  plt.show( ) # 그래프 보이기
```

[코드 10-24] 실행결과

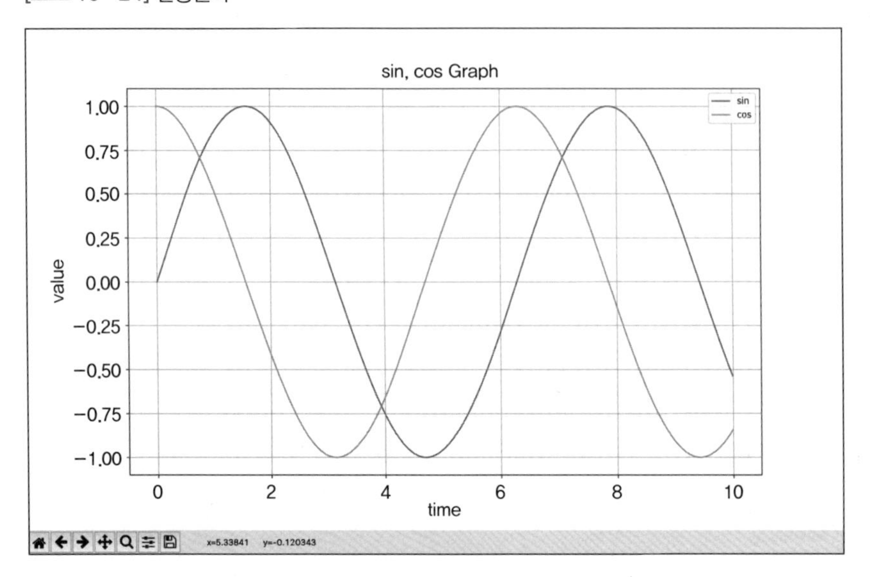

다양한 효과를 넣어 주어 정보 전달을 효과적으로 할 수 있습니다. 우측 상단에 각 그래프의 이름을 범례라고 합니다.

3-2 막대 그래프

막대 그래프를 그릴 때는 plot( ) 함수가 아니라 bar( ), barh( ) 함수를 이용합니다.

[코드 10-25] 세로형 막대 그래프 그리기 (파일명 : ./codes/ch10/10.25.py)

```
1  import matplotlib.pyplot as plt
2
3  data = [10, 20, 30, 5]
4  x = [0, 1, 2, 3]
5
```

```
6  plt.bar(x, data, width=0.3)
7  plt.show( )
```

[코드 10-25] 실행결과

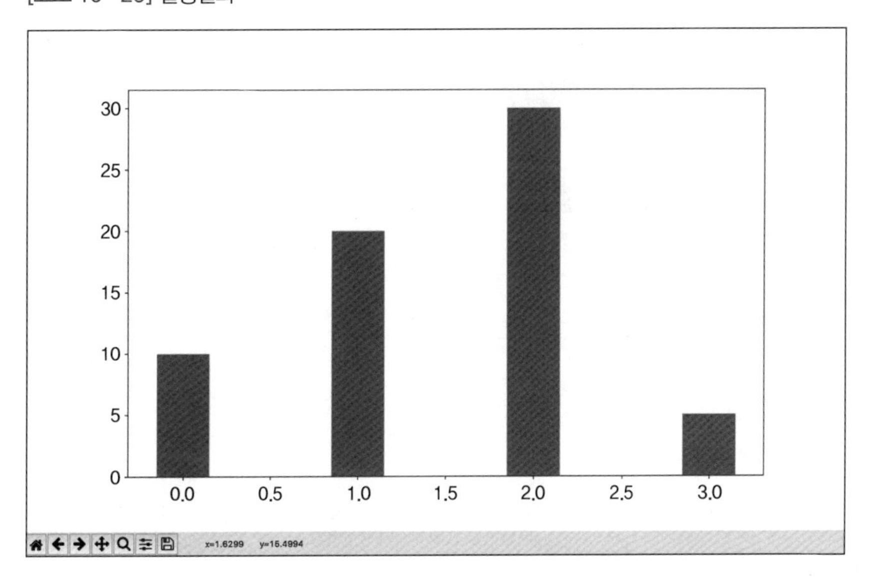

bar() 함수를 이용하면 세로형 막대 그래프를 그릴 수 있습니다. bar() 함수는 총 3개의 인자가 들어갑니다. 첫 번째는 x 좌표, 두 번째는 y 값, 세 번째는 각 그래프의 넓이가 들어갑니다. 세 번째 인자는 굳이 넣을 필요가 없지만 좀 더 보기 좋게 세 번째 인자를 이용하여 막대의 넓이를 조절할 수 있습니다.

[코드 10-26] 가로형 막대 그래프 그리기 (파일명 : ./codes/ch10/10.26.py)

```
1  import matplotlib.pyplot as plt
2
3  data = [10, 20, 30, 5]
4  x = [1,2,3,4]
5
6  plt.barh(x, data, height= 0.3)
7  plt.show( )
```

[코드 10-26] 실행결과

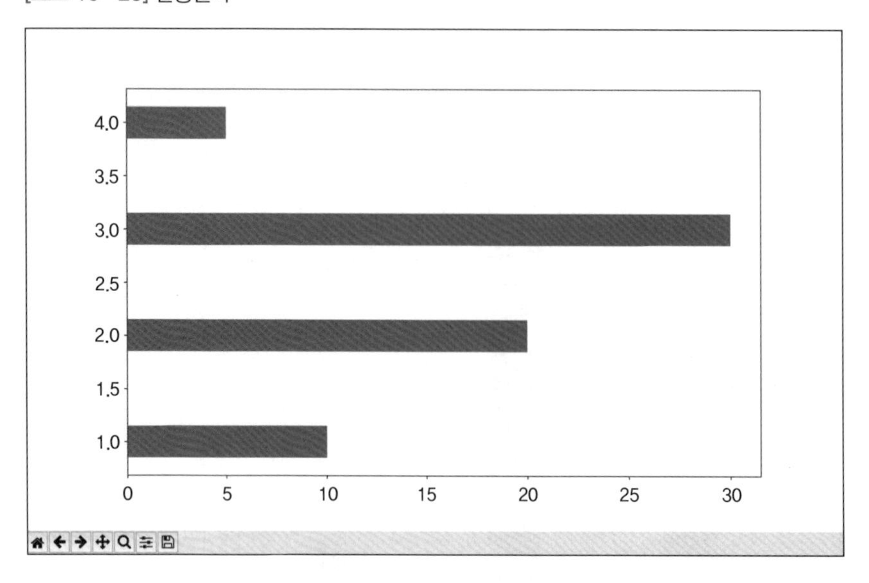

가로형 막대 그래프를 그릴 때 barh() 함수를 이용합니다. 가로형일 때는 width가 아니라 height를 이용하여 막대의 굵기를 설정할 수 있습니다.

matplolib는 다양한 막대 그래프 형태를 제공합니다.

[코드 10-27] 분할 막대 그래프 (파일명 : ./codes/ch10/10.27.py)

```
1  import matplotlib.pyplot as plt
2
3  data1 = [10, 20, 30, 5]
4  data2 = [5, 10, 15, 2.5]
5
6  x = [1, 2, 3, 4]
7
8  plt.bar(x, data1, width = 0.3)
9  plt.bar(x, data2, bottom=data1, width = 0.3)
10
11 plt.show( )
```

[코드 10-27] 실행결과

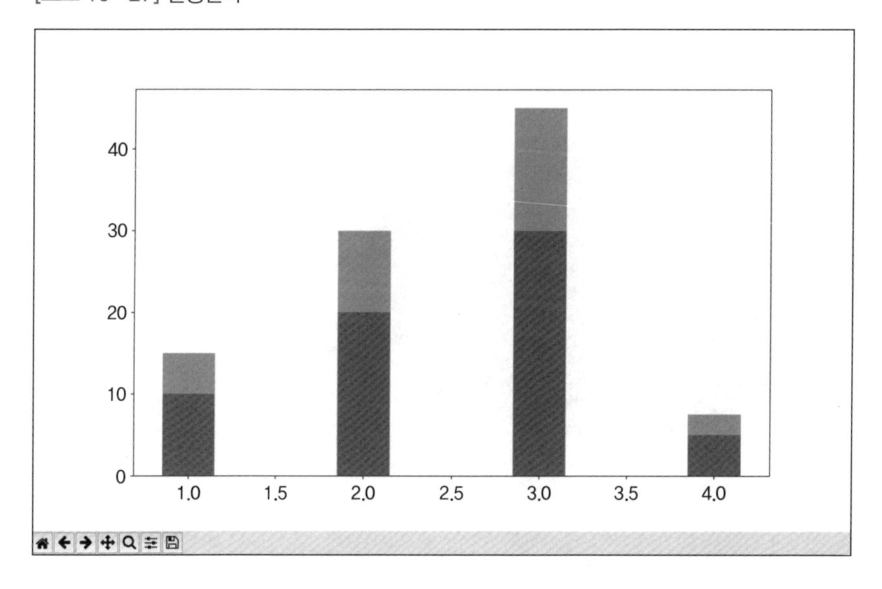

bottom을 이용하면 분할 막대 그래프를 그릴 수 있습니다.

3-3 다양한 그래프

선을 이용한 막대 그래프 이외의 다양한 그래프를 그릴 수 있습니다.

[코드 10-28] 원형 그래프 – ① (파일명 : ./codes/ch10/10.28.py)

```
1  import matplotlib.pyplot as plt
2
3  data = [10, 20, 30, 5]
4
5  plt.pie(data)
6  plt.show( )
```

[코드 10-28] 실행결과

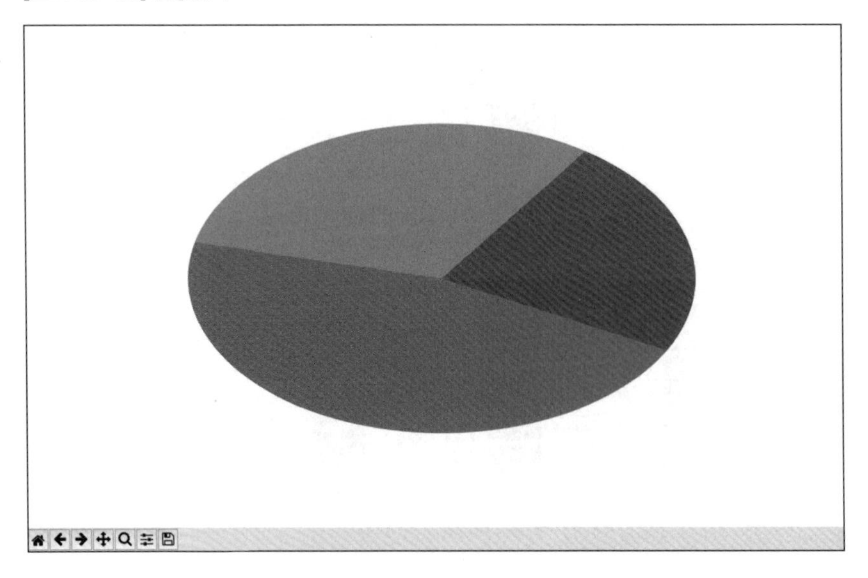

pie( ) 함수를 이용하면 간단하게 원형 그래프를 그릴 수 있습니다.

[코드 10-29] 원형 그래프 - ② (파일명 : ./codes/ch10/10.29.py)

```
1  import matplotlib.pyplot as plt
2
3  data = [10, 20, 30, 5]
4  labels = ['A', 'B', 'C', 'D']
5
6  plt.pie(data, labels=labels, startangle=90, autopct='%1.1f%%')
7  plt.show()
```

[코드 10-29] 실행결과

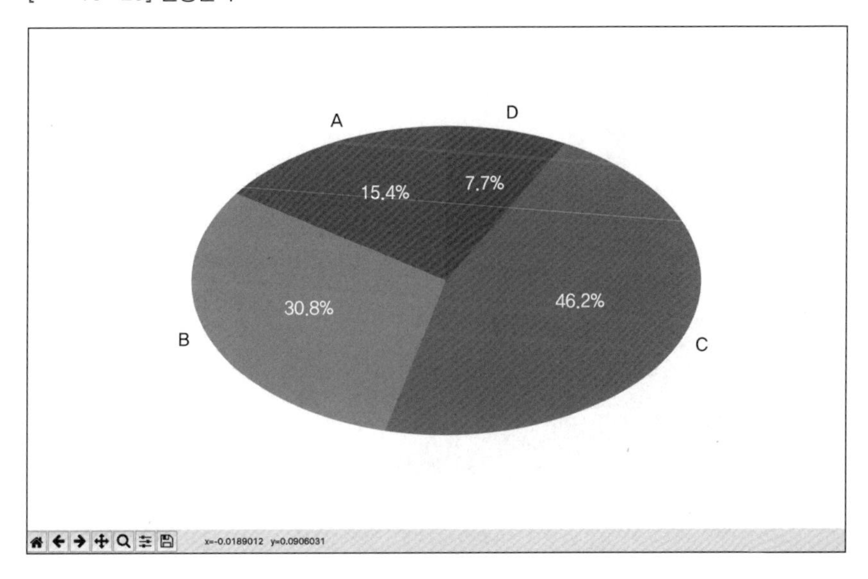

autopct를 이용하면 각각 데이터의 비율을 적어줍니다.

labels를 이용하여 각각 데이터의 라벨을 붙여줍니다.

startangle을 이용하여 원의 시작 각도를 정할 수 있습니다.

[코드 10-30] 히스토그램 (파일명 : ./codes/ch10/10.30.py)

```
1  import matplotlib.pyplot as plt
2  import numpy as np
3
4  data = np.random.randn(1000)
5
6  plt.hist(data, bins=30)
7  plt.show( )
```

[코드 10-30] 실행결과

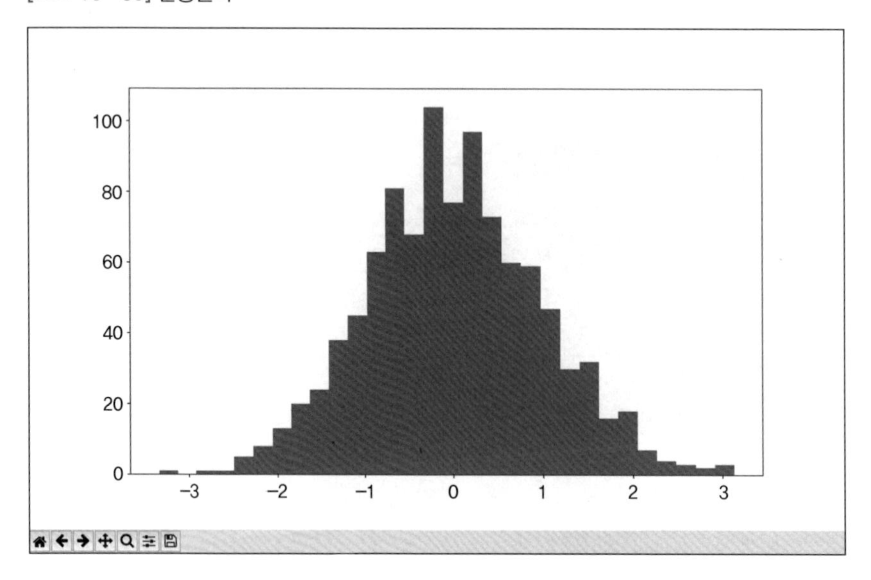

hist( ) 함수를 이용하면 히스토그램을 그릴 수 있습니다.

randn( ) 함수는 정규분포에서 얻은 값을 생성해주는 부분입니다. 1000을 넣었기 때문에 1000개의 값을 생성합니다.

4 정리

파이썬으로 flask를 이용하여 서버를 만들어 보았습니다. 여기서 서버와 클라이언트가 어떤 식으로 동작하는지 감을 잡았을 것입니다.

크롤러를 통해 수집한 데이터로 머신러닝을 돌리는 데 필요한 머신러닝 프레임워크를 알아보았습니다. 파이썬에서는 다양한 프레임워크를 제공하지만 이중 sklearn이라고 하는 프레임워크를 사용했습니다.

마지막으로 matplotlib를 이용하여 다양한 그래프를 그리는 방법을 알아보았습니다. 수집한 데이터를 활용해 그래프를 그릴 수 있고, 수집한 데이터를 머신러닝을 이용하여 처리한 후 그래프를 그릴 수 있습니다. 그래프를 활용하면 수치로 표현된 정보를 더욱 쉽게 전달할 수 있습니다.

flask를 이용하여 서버를 만드는 부분은 크롤러를 만드는 데 직접 필요한 부분은 아니지만, 크롤러 대상의 원리를 파악하기 위해 필요한 학습입니다. 우리는 클라이언트와 서버의 관계에 대해 이해해야 좀 더 효율적인 크롤러를 만들 수 있고, 더욱 쉽게 웹을 분석할 수 있습니다.

찾아보기